STURMGESCHÜTZ ABTEILUNG 197

二战德国陆军 第197突击炮营战史

第653重装甲歼击营前身部队的作战历程

编 著/黄 锴·冯 涛

吉林文史出版社
JILINWENSHICHUBANSHE

图书在版编目（CIP）数据

二战德国陆军第197突击炮营战史：第653重装甲歼击营前身部队的作战历程 / 黄锴，冯涛编著. -- 长春：吉林文史出版社，2016.8
ISBN 978-7-5472-3305-4

Ⅰ. ①二… Ⅱ. ①黄… ②冯… Ⅲ. ①第二次世界大战－装甲兵部队－军事史－德国 Ⅳ. ①E516.9

中国版本图书馆CIP数据核字(2016)第186571号

ERZHAN DEGUO LUJUN DI YIJIUQI TUJIPAOYING ZHANSHI：
DI LIUWUSAN ZHONGZHUANGJIA JIANJIYING QIANSHEN BUDUI DE ZUOZHAN LICHENG

二战德国陆军第 197 突击炮营战史：
第 653 重装甲歼击营前身部队的作战历程

编著 / 黄锴 冯涛
责任编辑 / 吴枫
策划制作 / 崎峻文化 · 左立
装帧设计 / 崎峻文化
出版发行 / 吉林文史出版社
地址 / 长春市人民大街 4646 号 邮编 / 130021
电话 / 0431-86037503 传真 / 0431-86037589
印刷 / 重庆共创印务有限公司
版次 / 2016年 9 月第 1 版 2016年 9 月第 1 次印刷
开本 / 787mm × 1092mm 1/16
印张 / 22 字数 / 300千
书号 / ISBN 978-7-5472-3305-4
定价 / 79.80元

Contents 目录

前言

二战时期的德国陆军第197突击炮营组建于1940年年底，后在1943年年中被改编为装备“斐迪南”坦克歼击车的第653重装甲歼击营。有些读者可能要问，在第653重装甲歼击营的战史已问世的情况下，为什么还要出版第197突击炮营的战史，笔者尝试回答这个问题：

第197突击炮营装备的三号突击炮，在二战初期无疑是一种新式武器系统，德军的三号突击炮采用三号坦克底盘，最初安装一门短身管75毫米主炮，用于为步兵单位提供火力支援，打击敌军的坚固目标和支援性火力点，如堡垒、机枪火力点和炮击炮火力点等目标。第197突击炮营存在的时间，基本与德军突击炮的早期实战的时间相符，因此可以作为研究德军突击炮实战历史的参考。

第653重装甲歼击营官方战史已问世后，细心的读者可能会发现，关于该营前身第197突击炮营的战争经历并不是特别详细。近年，恰好许多军事历史爱好者挖掘出了大量197突击炮营老兵的战士日记、回忆材料和作战报告以及相册。尽管这些资料不是官方的战史，但将其汇编出版，在一定程度上填补了德国陆军第197突击炮营和第653重装甲歼击营完整的二战战史。

本书通过多位第197突击炮营官兵的个人日记、回忆和行动报告，展现第197突击炮营的组建历程、训练成军，以及在巴尔干、苏联国境线、乌克兰、克里米亚和东线中部地区的战斗历程。书中多位老兵的日记和回忆多方位直观地描述了一些激烈战斗，让人有一种如临其境的感觉。需要指出的是，这些日记、回忆和行动报告不代表编著者的立场。

最后，笔者在此感谢编辑老师们的辛勤劳动以及在本书制作过程中指导和帮助笔者的各位。

愿喜爱二战著名部队战史的读者们一如既往地关注和支持笔者！

黄锴

2015年12月

第一章
第197突击炮营的组建和训练历程
（1940年11月25日至1941年4月6日）

该章节日记的作者为第197突击炮营第1连的齐尔克上士（Feldwebel Zielke），记录了第197突击炮营的组建过程以及第1连的征战史。

那是战争年代的1940年秋季。

此时，也就是1940年11月底，炮兵教导团第6营（VI./Artillerie-Lehr-Regiment）在于特博格（Jüterbog）组建了两个兄弟突击炮营，分别为第192和第197突击炮营。

1940年11月22日，经德军最高统帅部批准，在炮兵教导团第6营军官训练班的告别聚会上宣布了这两个营的军官名单。赫尔穆特·克里斯特少校（Helmut Christ）将出任第197突击炮营营长，营副官为汉斯·利特克中尉（Hans Liedtke），而营部联络军官为阿德里安·加特纳中尉（Adrian Gärtner，同时在第1连兼任连军官）；乌尔里希·布林克中尉（Ulrich Brinke）则被任命为第197突击炮营第1连连长。

第1连的其他军官，包括克劳斯·瓦格纳少尉（Klaus Wagner）、约翰内斯·施皮尔曼少尉（Johannes Spielmann）、菲尔比尔少尉（Fellbier）。第197突击炮营的正式组建日期为1940年11月25日（星期一），组建地位于于特博格的“新营区”（New Camp）。

第197突击炮营组建初期的军官名单：

营部连连长：格拉尔德·德·拉·雷诺提尔中尉（Gerald de la Renotiere）；

营部连军官：海因里希·克雷奇默尔少尉（Heinrich Kretschmer）、卡尔·塞茨少尉（Karl Seitz）和维尔纳·普罗伊塞尔少尉（Werner Preußer）；

第2连连长：富尔中尉（Fuhr）；

第1排排长：埃贝哈特·孔策少尉（Eberhrd Kuntze）；

第2排排长：汉斯·博比施少尉（Hans Bobisch）；

第3排排长：维尔纳·萨拉蒙少尉（Werner Salamon）；

第3突击炮连长：格韦中尉（Goewe）；

第1排排长：赫伯特·雷拜因少尉（Herbert Rehbein，1941年3月1日被授予少尉军衔）；

第2排排长：贝恩哈特·康纳克少尉（Bernhard Konnak）；

第3排排长：未知；

营技术主管：战争管理参事（Kreigsverwaltungsrat，即负责装备维护工作的文职人员）鲁道夫·沙弗拉内克（Rudolf Schaffranek）。

1940年11月28日。最初，即便尚未接收到装备，部队还是开展了一些无车训练项目。另外，部队还举行了一些关于突击炮基本情况和概念的理论教学课程。今天，军官们终于从“阿道夫 · 希特勒”营区（Camp Adolf Hitler）来到了“新营区”。昨天，就如何处理不同军阶中较高级军衔战友间关系相关的一些细节问题，营长与官兵们进行了详细讨论。

1940年11月29日。今天，我们连拥有了一辆指挥车，它的表面有些坑坑洼洼，但好歹还能行驶。

1940年12月4日。今天，营长在帝国青年义务劳动军（Reichsarbeitsdienst）营房前的操场上召开了正式的组建大会。当天，第一批人员运输车被送抵部队。另外，我们还接收了一辆欧宝“超级”卡车（Opel Super）。

1940年12月7日。沃勒曼上士（Wollermann）和汉斯 · 韦格林上士（Hans Wegelin）被授予少尉军衔，但晋升的正式生效日期为1940年10月1日。

1940年12月8日。今天，部队在“新营区”北面的手榴弹靶场进行了实弹投掷训练。

1940年12月12日。由于此时我们尚未接收到通讯设备，我们的无线电员被派到“旧营区”（Old Camp），与第191突击炮营第1连在那里参加无线电通讯训练。

1940年12月18日。今天，我们连举行了圣诞节聚会。离别的伤感在弥漫。连里半数军官在今天离开了部队，而早在数天之前，士兵们则已经陆续以班组为单位分批回家休假。

1941年1月2日。今天，我们连在（东）装备中心[Equipment Center (East)]举行了第一次射击教学。

1941年1月3日。今天，部队在加伦维茨山（Gallwitz Hill）和齐滕要塞（Fort Ziethen）附近再次

■ 1940年11月，炮兵教导团在柏林驻地的一辆三号C型突击炮。这辆突击炮的底盘编号为90111，为某连的A号车。另外，还可以从左侧挡泥板上和驾驶员观察缝旁看到炮兵教导团的标志。

进行了射击训练。这次是在能见度低下的雪地中进行的。这是我们连的第一次射表射击，增加了难度和复杂性的行进间射击训练。

1941年1月11日。经过一个星期紧张的训练，我们连今天开展了第一次战斗射击训练。营长亲临训练现场。我们连射击成绩良好，完成了训练任务。

1941年1月18日。今天，我们营在于特博格靶场举行了全营合成训练，我们第1突击炮连展示了武器的威力。

1941年1月22日。今天下午，团长来到我们营区，参观了我们的车辆。

1941年1月24日。今天，我们开始在旧营区的靶场进行了旨在熟悉装备的轻武器射击训练。

1941年1月26日。营里向上级报告称部队已经做好了出营上阵的准备工作。由此，人人都卷入了未知的未来。

1941年1月30日。近来，理论教学逐步被越来越多的排级和班级训练所取代。由此，各班构建起了凝聚力，而指挥官和士兵之间的感情也得到了加强。下午早些时候，第2排在伯格米勒(Bürgermühle)附近进行了一次演习。这次演习要求第2排担任一个步兵团的先头单位的一部分，任务是粉碎阻挡我军前进的“敌军抵抗”，并清理出前进的通道。虽然冬天的天气十分寒冷，但是第2排仍按照计划完成了这次演习任务。我们连的其他单位观摩整个演习过程。

1941年2月4日。我们营开始开拔，不过目的地并不是我们所期望的遥远之地，只是暂时前往本土的西里西亚地区（Silesia）。我们将驻扎在第8军区的布里格（Brieg）。由于距离是如此之近，部队仅让履带式车辆进行铁路运输。突击炮在津纳森林（Zinna Forest）装车时，发生了一起悲剧。D号突击炮驾驶员温根罗思下士（Wengenroth）竟然让没有驾驶经验的上等兵机械师克里格（Krieg）驾驶车辆，后者在卸车过程中因操作不慎，将前者夹在了C号突击炮之间。受伤的温根罗思下士随后被立即送往于特博格的医院。

1941年2月5日。昨天，温根罗思下士最终伤重不治，死在医院中。

1941年2月6日。从8时30分开始，我们营出发陆续离开新营区，部队开拔次序依次为营部、第1连、第2连和第3连。路线为：从于特博格经102号帝国公路至达梅（Dahme）和吕考（Luckau），然后从那里上高速公路，在沿着冰雪覆盖的光滑路面经过科特布斯－弗里斯特（Kottbus–Frist），从特里贝尔镇（Triebel）下高速公路。根据安排，部队将在特里贝尔村外围一个被树林环绕的兵站休息，在那里给车辆加油，吃午饭。14时15分，我们营的车队穿过特里贝尔镇。我们在小镇东面又上了122号帝国公路。我们沿着公路迅速穿过了冰雪覆盖的下萨克森石楠草原（Lower Saxony Heath），穿过诺伊哈默训练场（Neuhammer Training Area），然后在海瑙（Haynau，*距离于特博格约230公里*）西面向西转道115号帝国公路。我们在海瑙的一条支路停车，然后在“三座山”饭店过夜。

1941年2月7日。部队从海瑙出发的时间定为8时30分，当时的气温只有－15℃，部队顺利无阻地出发了。但是，第2连后来与其前方的车队失去联系，迷路了。我们艰难穿过博贝尔－卡茨巴赫靶场（Bober–Katzbach）的山脚，很快来到了莱格尼茨（Liegnitz）附近的平原地带。然后，我们沿着积雪而打滑的道路穿过一个个村子朝着布里格（*距离海瑙约160公里*）进发。我们被分到了穆德拉兵营（Mudra Kaserne）。这是一座漂亮的新兵营，配有宽敞的车库。

1941年2月9日。中午11时，部队为温根罗思下士举行了简短而隆重的追悼仪式。营长在悼词中褒扬了逝者，并提醒我们忠于职守以赢得胜利。

1941年2月10日。根据1941年2月7日发布的一份《普遍军事公告》，各突击炮营的德文名称由“Sturmartillerie Abteillung”更改为“Sturmgeschütz Abteillung”。这意味着我们现在是第197突击炮营第1连。下午，第9军军长赫尔曼 · 盖尔步兵上将（Hermann Geyr）短暂地视察了我们的驻地。

1941年2月11日。中午，部队迎来了一位高级军官：第262步兵师师长埃德加 · 泰森中将（Edgar Theißen）的视察。我们连以密集队形机动到训练场。检阅完毕后，营长向将军介绍了营内的军官。将军对于他的师被选中接纳我们营而向我们表示感谢，而且他确信我们营无论部署在哪里都会卓尔不群。第262步兵师的全体成员都渴望能够与我们并肩作战。

1941年2月17日。我们对在这个星期六至星期天的夜晚竟然遇到短暂的空袭警报而吃惊不已。

1941年2月20日。最近几天里，各排在附近地区开展了一些演习活动。我们用卡车进行了队列训练。从1941年2月20日至3月8日，赫尔穆特 · 乌尔布里希特少尉（Hellmut Ulbricht）和他的排将在布吕恩（Brünn，今捷克城市布尔诺）附近的维绍训练场（Wischau）进行训练。我们营从三个连各抽调一个排在那里组建了一个演习连，并由第3连的格韦中尉任该连指挥官。此时，部队撤销了对上等列兵克里格的调查。一份调查报告否定他存在过失杀人的行为，并认为克里格处置得当，因此对事故没有责任。

1941年2月21日。1941年2月19日14时到17时20分，部队在纳姆斯瑙训练场（Namslau）举行了一次演习。1941年2月20日9时30分到12时，部队又开展了一次演习，这次是与第56步兵师第192步兵团第3营进行协同演习。由施皮尔曼少尉和沃勒曼少尉分别指挥的排，在连长布林克的监督下参加了这次演习。现场观摩的所有人对我们的突击炮的表现无不致以钦佩之情。

1941年2月25日。部队在昨天进行了一次夜间道路行军训练。各排的卡车队在不同的道路上从布里格经耶格恩多夫（Jägerndorf）、洛森（Lossen）、约翰斯多夫（Johnsdorf）和克赖泽维茨（Kreisewitz）行驶了大约25公里，然后回到布里格。

1941年3月3日。今天，在瓦格纳少尉的主持下，部队在战术教学中在海德附近进行了一次越野行军。除其他训练目的外，这些演习的主要目的是让突击炮的车长们掌握捕捉目标时机，在实践中检验教科书上的知识。

1941年3月5日。昨天，部队在法尔肯贝格（Falkenberg）附近的拉姆斯多夫训练场（Lamsdorf）开展了一次实弹演习。上午，施皮尔曼少尉和沃勒曼少尉的排在连长的带领下来到那里，进入了准备阵地，然后在第192步兵团第3营发起进攻时转移到射击阵地。不幸的是，由于靶场安全条件过于苛刻，我们的突击炮无法进行实弹射击。因此，这些突击炮只能展示他们的存在，用教练弹进行模拟射击。这次演习还反映出了一个问题：由于地面太软，这些突击炮陷得越来越深，最终动弹不得。演习结束后，参加演习的4辆突击炮中的3辆只能由营部连的18吨牵引车进行回收。

1941年3月6日。昨天，我们在泡劳村（Paulau）的靶场进行了步枪校正训练。到目前为止，射击成绩最好的是弗里茨 · 施罗德尔上士（Fritz Schrödel）。这天上午，部队在连长的监督下进行了一次地形机动演习。这次演习由施皮尔曼少尉设定规则并由他指挥，他将指挥所设在布里格东北面，使用背负式电台指挥演习。演习按照计划顺利进行，部队一直前进到了奥得河（River Oder）的河床地带。

1941年3月7日。今天，连长带着瓦格纳少尉和第3排排长沃勒曼少尉去了维绍训练场。施皮尔曼少尉再次出任代理连长。下午，部队在大诺伊多夫（Groß-Neudorf）附近进行了一次无线电通讯演习。所有指挥车和装甲弹药运输车都参加了演习。由于时间紧迫，这次演习效果并不理想。

1941年3月13日。今天，部队在布里格东南方的耶森地区实施了另外一次无线电通讯演习。这次演习的规定要求：在一个沿着两条路线推进的步兵师行动中，在各自行军路线上各连长、排长和伴随“徒步军士”（Dismount NCO，**注1**）间进行无线电互通通讯联系。部队最终按照计划圆满完成这次演习。

1941年3月14日。上午，战术课程组在布里格东面的莱森丘陵（Lessen）地带开展了一次越野行军演习。这次演习使用背负式电台和剪式望远镜练习，评估排长或“徒步军士”与各突击炮车长之间的联系（钟面弹着指示法）。这次演习显示出钟面弹着指示法的巨大好处，可以让下达命令的人员独立下达开火指示。

1941年3月19日。上午，部队进行了一次越野行军。下午，部队则在康拉德斯瓦尔道（Konradswaldau）附近进行了一次无线电通讯演习。

1941年3月22日。上午，根据之前制订的计划，部队又进行了一次大规模车辆检修工作。

1941年3月26日。今天，部队在奥佩恩（Oppeln）附近举行了一次突击炮连展示。得到第1连的车辆加强的第3连被调到那里进行单独展示。第9军军长赫尔曼·盖尔上将与另外两名将军以及第9军的其他军官观看了这次展示。营长介绍了情况之后，这些先生们视察了第3连。最后，第2连（缺第3排）与一个步兵营进行了一次协同作战演习。这次演习进展十分顺利。军长赞扬了这次演习的设定和实施过程，并注意到这类在非实战条件下所开展的演习的缺陷，而这是一种根本无法消除的顽疾。

1941年3月27日。从今天开始，驾驶员和无线电员开始学习西里尔字母。

1941年3月28日。今天，我们连为连长布林克中尉庆祝了生日。

1941年3月29日。今天，一名摩托车传令兵突然给我们营传来了一份调令。部队顿时士气高涨，人人都期望参加战斗。

1941年3月30日。10时30分，营部通过电话通知我们连立即做好出发准备。连长认为他可以报告部队能在5个小时内做好出发准备工作。

1941年3月31日。星期二之前我们营根本无法报告做好了出发的准备工作。

1941年4月5日。部队在这个礼拜一直都在等待开拔。在R型和SSK型火车到达之前的这些天里，我们一直都在强化开拔的准备工作。

1941年4月6日。今天，营里宣布了各部开拔的时间表。营长在召开了各级指挥员会议后，部队向所有军官和特别任务军士们通报了会议内容。

注1：“徒步军士”是配属给各连的额外士官，负责担任连队的前沿观察员。这是德军突击炮部队所保留的一种炮兵部队的传统。在突击炮数量稀少的情况下，德军突击炮部队在战场上不会部署这类前沿炮兵观察员，这种情况通常出现于在东线的突击炮部队执行间接火力支援任务中。实际上，一旦命令要求不部署前沿观察员，这些“徒步军士”则会立即被编入连队中履行其他职责。在德国，他们被称为“不随车的下士”。

第197突击炮营各突击炮连战斗车辆编制（1941年4月6日）

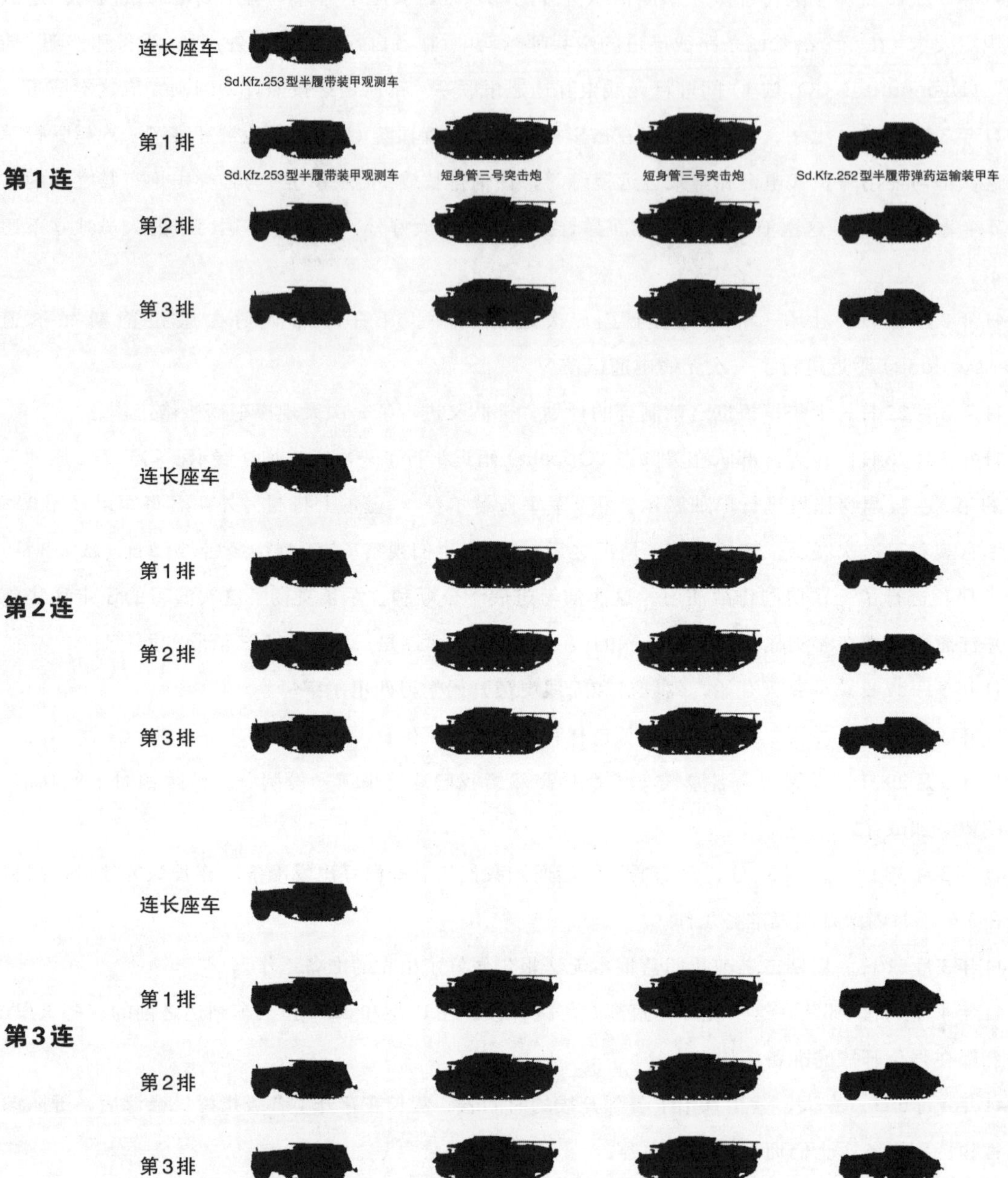

■ 上图为 1940 年 11 月，第 2 炮兵教导团第 6 营开始为第 197 突击炮营的军官举行相关突击炮专业培训。

■ 下图为第 197 突击炮营第 1 连的一辆突击炮正在前往于特博格附近的靶场，参加第一次教学射击训练。

1940年至1941年冬天，在施韦因富特的一辆属于第200突击炮补充与训练营的突击炮。该营主要负责为第197突击炮营提供补充人员。

■ 上图及下图拍摄于1941年1月，第197突击炮营第1连当时正在于特博格附近的加伦维茨山和齐滕要塞进行战斗射击训练。

■ 上图是1941年1月2日第197突击炮营第1连在于特博格进行冬季训练以及首次射击训练时拍摄。

■ 下图为官兵们开着新式突击炮列队前进，乘员们戴的是内衬防撞头盔的突击炮兵贝雷帽，这种笨重的帽子不受欢迎，在德军中装备的时间很短——1941年春天就停止发放给突击炮部队了，之后就被受官兵们喜欢的软帽取代。

■ 上图为第 197 突击炮营第 1 连的 B 号突击炮。

■ 下图为 1941 年 1 月第 197 突击炮营的军官在于特博格的合影。从左到右：乌尔布利希特少尉、布林克中尉（第 197 突击炮营第 1 连连长）、施皮尔曼少尉和沃勒曼少尉。

■ 上图为几名第1连的士兵在新接收的D号突击炮上留影。此时这辆突击炮正面仍有两个编号标志，一个位于车体右侧的正面，一个位于右侧挡泥板上。

■ 下图为结束一次射击训练后返回营地的C号突击炮。

■ 1941年2月4日，第3连正在于特博格附近的津纳森林火车站装车，启程前往位于西里西亚布里格的新驻地。上图中可以看到一些突击炮已经被装上了火车，站台上还有三辆突击炮等待装车。下图为E号突击炮在众人的注视下缓慢地驶上铁路平板车。

■ 正驶上铁路平板车的第197突击炮营第3连的E号突击炮。

■ 上图一辆突击炮正小心翼翼地穿过接坡，驶上铁路平板车。突击炮在铁路装车作业中必须要求驾驶员深谙车辆的尺寸和接坡宽度，谨慎行驶，以免突击炮落下接坡。

■ 下图为第197突击炮营第3连所搭乘的火车抵达布里格时拍摄的。部队即将开始卸车工作。

■ 上图及下图为1941年2月4日，第197突击炮营在于特博格的津纳森林火车站登上火车，前往西里西亚的布里格（第8军区）。

■ 左图及下图为第197突击炮营第3连在布里格的一场暴雪中完成了卸车工作。

■ 上图为运送弹药补给单位的火车抵达布利格时的场景，士兵们已经下车，准备将卡车一一卸下。

■ 下图为停放在布里格穆德拉兵营车库外空地上的第197突击炮营第3连的D号突击炮。

■ 第197突击炮营在布里格接收的一批新的排长座车——Sd. Kfz. 253型半履带式装甲运兵车。上图及下图为一辆编号为Z2的该型车辆。

■1941年2月13日，第197突击炮营第1连全连在布里格（西里西亚）的穆德拉兵营集合，接受第262步兵师师长泰森中将的检阅。

■ 第 197 突击炮营第 1 连在迎接泰森中将视察时，将所有车辆集中在了穆德拉兵营的操场上。在上图及下图中可以看到 6 辆突击炮，数辆 Sd. Kfz. 253 型半履带式装甲车、一辆牵引着平板拖车的牵引车、大量卡车以及其他一些车辆。

■ 1941年2月11日，第262步兵师师长埃德加·泰森中将来到第197突击炮营视察。为此，该营第1连特意在操场上集合全连的人员和车辆，接受这位将军的视察和检阅。上图为该连装备的一辆Z3号半履带装甲车。下图为泰森中将在几名军官的陪同下爬上了一辆突击炮，查看这种在当时非常新颖的武器装备。

■ 左图为第197突击炮营部连的车队行驶在苏台德地区白雪皑皑的博布卡茨巴赫山脉(Bober-Katzbach Gebirge,今波兰境内)。此时该连的车辆上都已经涂装了第197突击炮营的营徽——“大炮雄鹰”(Kanonenadler)。

■ 车队行驶在结冰的道路上时常会出现意外。下图为第197突击炮的一辆排长座车，在结冰的道路上滑下了路基，不得不使用其他车辆进行牵引。

■ 上图为第197突击炮营维修单位的一些成员，在穆德拉兵营维护一辆弹药输送车（Sd. Kfz.252型半履带装甲车）时的留影。

■ 下图为第2连驻扎在布里格期间的一辆排长座车。

■ 上图为在一次演习中，一名摩托车传令兵与第 2 连的 D 号突击炮的两名车组乘员在突击炮前合影。这辆隐蔽在矮树丛中的突击炮的车长为埃里希 · 施密特霍伊泽军士长（Erich Schmidhaeuser）。

■ 下图为第 197 突击炮营第 1 连驻扎在西里西亚期间的一辆突击炮及其车组，在一片被大雪覆盖的树林中合影。这辆突击炮属于施皮尔曼少尉的排。

■ 1941年2月，第3连的部分单位来到了布吕恩附近小镇维绍。上图为该连的一些士兵和当地的一些塞尔维亚儿童在一起。突击炮上也坐满了许多好奇的儿童。

■ 下图为诺伊森斯下士和特里特上士手中拎着当地人送的饭菜，与两名妇女合影。

■ 1941年2月29日，第197突击炮营从各连中抽调单位组成了一个演习连，在第3连连长格韦中尉的指挥下，在维绍训练场附近的库切劳（Kutscherau）周边举行了一次合成演练。上图为一名参加演习的摩托车手传令兵。

■ 下图为一张拍摄于1941年2月29日演练中的照片，可以看到一辆排长座车和一辆人员乘用车。

■图为一辆挎斗摩托在演习中被困在泥泞中。Z1号排长座车的几名乘员下车，正在帮助摩托车手推车。

■ 图为一辆来自第 2 连的突击炮在演习中高速行驶，转移阵地。

■ 在1941年2月29日的演练中，上图中的这辆第3连的突击炮完全地诠释了突击炮在隐蔽阵地中的最佳伪装措施，其车身和四周都覆盖着浓密的树枝。

■ 下图为演习休息期间，几名突击炮成员聚在一起享受温暖的阳光。

■ 在1941年2月29日的演练中，第197突击炮营演练了连级、排级、班级和单炮的作战行动。上图及下图为这次演习期间休息时拍摄。在下图中可以看到一名背着电台的“徒步军士”从一辆突击炮旁经过。

■ 这次演习也进行了“徒步军士”与突击炮之间的配合演练。德军原本计划用“徒步军士”使用背负式电台，在部队通过恶劣地形时引导突击炮行车，或者战斗中为突击炮指引炮火。但是，这种战术在实际战斗中并不实用，因而后来被弃用。图为一名背负着电台的“徒步军士”从一辆突击炮经过。

■ 下图为一辆突击炮在演习中通过一处泥泞的开阔地。由于驾驶员视野有限，因此车长将上半身探出战斗室内，另一名士兵站在突击炮尾部为驾驶员观察地形，引导驾驶员开车。

■ 上图为演习结束后，三名第197突击炮营成员在一辆车身上披满树枝的突击炮前合影，准备返回营地。

■ 1941年3月8日，第197突击炮营在科耶廷（Kojetin）再次登上火车，返回布里格。下图为一辆突击炮在一名士兵的指引下，驶上了火车的平板车。

■ 1941年3月初，第3连在法尔肯贝格附近的拉姆斯多夫训练场进行了一次越野行军演练。上图及下图为该连的F号突击炮正在翻越一处土坡。

■ 上图及下图为同样正在翻越土坡的第3连的F号突击炮。

■ 上图为正驶下土坡的F号突击炮，可以清晰地看到喷涂在车首正面右侧的第197突击炮营的营徽。值得指出的是，此时第3连的营徽的底色为黄色。

■ 下图为拍摄于奥佩恩训练场的第1连的A号突击炮。这辆突击炮的编号被喷涂在营徽的右侧，第1连的营徽的底色为白色。

■ 1941年3月22日，第197突击炮营对全营车辆进行了一次全面检修工作。上图及下图为一些维修单位的成员正在为一辆突击炮检修行走机构。

■从这张照片可以看到正在接受检修的突击炮为第1连的F号突击炮。通常对突击炮进行全面检修工作需要消耗维修单位大量时间。

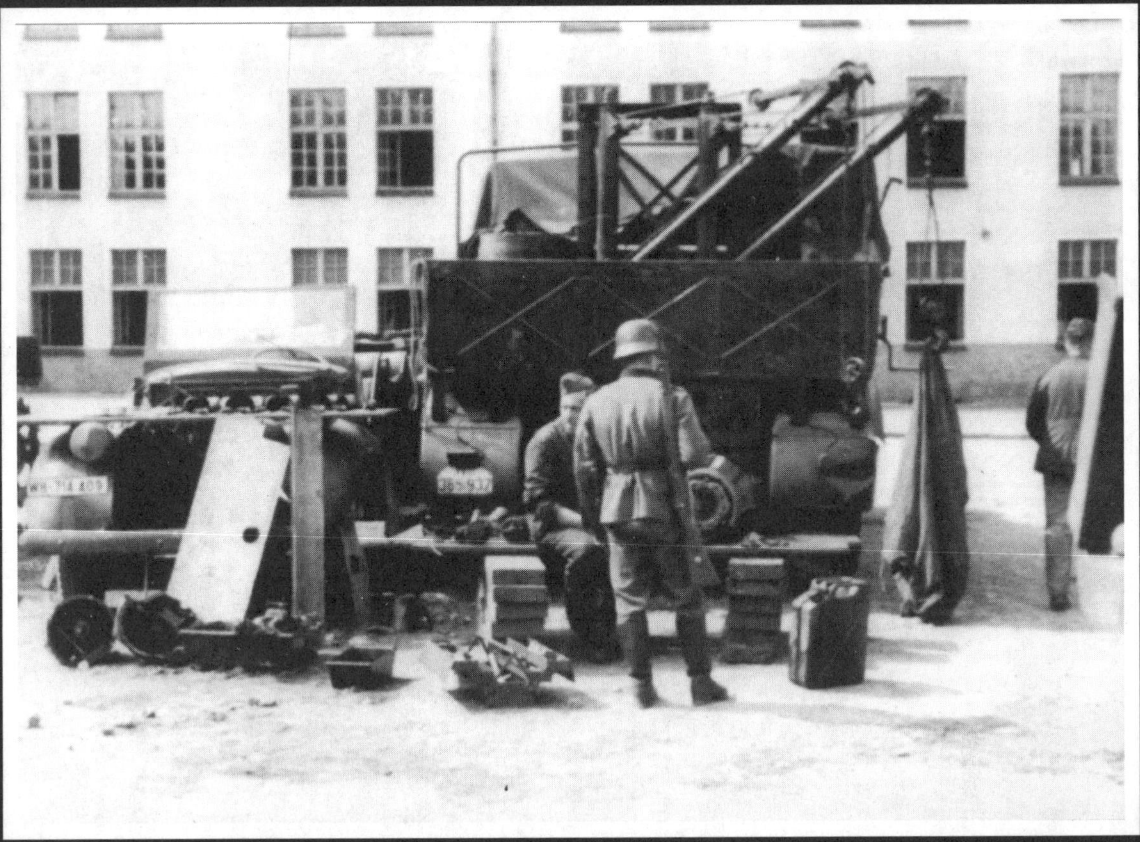

■ 如果在检修时需要进行吊装作业，那么便会用到一辆属于营部连的“法莫”18吨牵引车（Famo 18–ton prime mover）。这辆牵引车上安装了一台起重机。上图中这辆牵引车的车尾右侧上的营徽的底色为绿色，代表其属于营部连。

■ 车辆检修完毕后，需要接受营里的战争管理参事沙夫拉内克的检查。下图为一辆半履带式装甲车检修完毕后，该车的车组成员与自己的座驾合影。

■ 1941年3月23日为德国的年度“国防军日”。为此，第197突击炮营邀请了一些驻地的居民来到营区内参观。上图为一名少年站在突击炮前留影，突击炮顶部则站着三名儿童。

■ 下图为1941年3月24日对公众展示的B号突击炮。

■ 上图及下图为1941年3月26日，第197突击炮营在奥佩恩举行了一次突击炮连展示。第3连为此次展示的主角。为了丰富展示的内容，第197突击炮营让第1连的部分车辆也参加了这次展示活动。下图中可以看到出席展示活动的第9军军长盖尔上将在一些军官的陪同下，行走在整齐排列的车辆中间。一些排长座车的乘员则分别在各自的车辆前列队，接受将军的视察。

■ 上图及下图为展示活动结束后，一些官兵与突击炮的合影。

第二章
远征巴尔干以及继续备战时期
（1941年4月7日至1941年6月21日）

以下为第197突击炮营第1连的齐尔克上士在巴尔干战役中的日记，记录了第197突击炮营在这场战役中所参加的长途行军。

1941年4月7日。8时30分，我们连从穆德拉兵营出发，前往布里格货运火车站准备登车。尽管下着倾盆大雨，但是部队在运输军官瓦格纳少尉的监督下还是有条不紊地完成了装车工作。由于缺少车头，我们营只能将所有突击炮集中装上一列特殊的火车——E型货运火车（Transportzug E）。即使如此，整个装车工作还是花了三个多小时。我们连的所有士官和士兵在货场一直等到了夜里22时，才等到了一列B型货运火车（Transportzug B）。

1941年4月8日。3时58分，火车出发了。火车离开布里格，经海德布雷克（Heydebreck）驶往奥德贝格。然后，它穿过维特科维茨钢铁厂（Wittkowitz Iron Works），继续向摩拉维亚施特劳（Moravian Strau）方向行驶。乡下到处笼罩着一层薄薄的积雪。此时，冰冻开始威胁到部队。一些卡车上的发动机冷却水很有可能会在这种严寒天气下结冰。为此，我们抽干了所有车辆的冷却水。所有士兵都被安置在舒适的人员车厢中，而且野战厨房也为部队准备了美餐。

我们继续朝着摩拉维亚方向前进，亚布伦（Jablunka）、亚沃尔尼克（Jawornik）和白雪皑皑的喀尔巴阡山（Carpathians）逐渐消失在地平线。暴风雪却是我们的“忠实伙伴”。当1941年4月8日至9日的夜晚降临之时，列车继续滚滚向南，穿过伦登堡（Lundenburg）朝着维也纳行驶。4月9日4时，我们抵达维也纳。我们接着要去哪里？传闻称我们将前往匈牙利。当我们经过数小时的绕道，抵达维也纳新城（Wiener Neustadt）的时候，显然我们是要去施蒂里亚（Styria，奥地利的一个州）的某地。10时，列车抵达塞默灵（Semmering）附近的格洛格尼茨（Gloggnitz）。随后，第二台火车头从后方被推了过来。

长蛇似的火车弯弯曲曲地前进，越过了一座座高架桥，远处的群山飞逝而过，然后消失在隧道中，悄然越过塞默灵火车站。一列缓缓前进的特种火车从旁边驶过——似乎是帝国元帅戈林的火车。然后，我们的火车在此下坡，驶入米尔茨河（Mürz River）的绿色河谷。从布鲁克（Bruck）开始，米尔茨河一直陪伴着我们。格拉茨（Graz）已经出现在我们前方，不过火车仍在继续向南行驶。最终，火车停在一个名叫卡尔斯多夫（Karlsdorf）的小村里。这就是我们的目的地。此时的时间为14时30分。到16时50分，我们已经将所有车辆卸下了火车，为它们注满了冷却水并吃完了午饭。我们连随后行驶在通往施皮尔费尔德（Spielfeld）的道路上。我们连的驻地在米尔茨河的一处支流河谷内的埃伦豪森（Ehrenhausen，卡尔斯多夫到埃伦豪森的距离约为38公里），这里已经离边境不远了。我们住在“金狮”旅店（Gasthof Zum Goldenen Löwen）。士兵们被安顿在舞厅的稻草堆上，而军官和士官们分散住宿在村子的民宅里。连长去了第132步兵师。我们已经被配属给该师。该师此时隶属于第51军，而该军

属于马克西米里安 · 冯 · 魏克斯大将的第2集团军。

1941年4月10日。今天，我们营陆续抵达埃伦豪森及其周边地区。不幸的是，由于德拉瓦河（Drau River）的一些桥梁已经被炸毁，部队无法与第132步兵师的先头部队建立起联系。马尔堡（Marburg，今斯洛文尼亚第二大城市马里博尔）的一座工兵桥（浮桥）的承重能力只有8吨。这意味着我们只能等工兵部队在德拉瓦河某地架起一座16吨的桥梁。这期间，连队收集了一些木料，以便在需要的时候用作垫在履带下的柴束。

1941年4月11日。我们营从16时起就开始准备出发。22时，部队穿过下沃高（Untervogau），来到了施特拉斯（Straß）郊外的一个十字路口。上级计划让我们营加入索默行军集群（Marschgruppe Sommer），排列在第808臼炮营（Mörser-Abteilung 808）身后，以便在穿过佩陶镇（Pettau，至此地的行军距离约为12公里）后与第132步兵师建立连接。大约23时，一名军官出现在佩陶的一座大桥前方，他通知我们桥还没有架好。然后，我们营回到了营地。

1941年4月13日。4月12日，星期六，14时，我们营从埃伦豪森再次出发。行军队列顺序：营部、第1连、第2连、第3连和维修单位。这次行军路线穿过穆雷克（Mureck），部队从那里越过作为界河的穆尔河（Mur River）。我们的车队行驶在盘山公路上，前往沃尔灵（Wölling）。沃尔灵的房子上大多挂上了万字旗。部队从那里开始一路下山，来到戈戈尼茨小河（Gogonitz Creek）。这条小河与一条公路和一条通往圣莱昂哈特（St.Leonhard）的小路平行。在通往佩陶的路上，夜色笼罩着我们，行军速度越来越慢，最终部队下达了停止前进并休息的命令。伴随着次日清晨的复活节钟声，部队才再度上路。路况越来越差，某些路段只能容得一辆车单独通过。

臼炮营的沉重装备严重损坏了路面，车队通过时必须注意那些随处可见的深坑，我们只能缓慢向佩陶的大桥靠近。最终，我们把温迪施－布海伦（Windisch-Biiheln）甩在了身后。我们快速穿过了佩陶东北面的一块平原。随后，我们又穿过了一系列坦克障碍，看到许多被捣毁的碉堡。我们于14时前穿过小镇佩陶的街道，准备跨过铁路桥（埃伦豪森到佩陶的距离约为50公里）。工兵们已经修复了损坏的桥梁，使其他的承重能力达到了20吨，并拆掉了上面的铁轨。14时，营部和我们连的突击炮已经到了桥的另外一侧桥头，不过我们连的其他部队没有跟上，因为骑士十字勋章获得者汉斯 · 米科施中校（Hans Mikosch）指挥的突击工兵（第51工兵营）干涉了我们营的行动。显然，这些突击工兵必须立即赶往前线。人们惴惴不安，行动还是被耽搁了。随后，部队分发了食品，士兵们开始休息。

1941年4月14日。我们在佩陶外围没有逗留太长时间，在15时45分继续前进。我们在高低起伏的地形上前进，穿过洛夫伦茨（Lovrence）到了罗希奇（Rohitsch）。我们翻过多纳察山（Donacha Gora）的山脊，在午夜时分来到罗克以东2000米弯弯曲曲的道路上。我们在那里停留了一会儿。道路狭窄，几乎窄到了最低限度。我们前面的一个榴弹炮营的车辆已经堵在了路上。最终，我们再次出发了。我们穿过了山口和下施蒂里亚州的旧边界，进入克罗地亚。在克拉平斯凯－托普利采（Krapinske-Toplice）被告知因为我们营急需增援前线，所以我们还必须再走80公里。我们继续向萨瓦河（Save River）进军，沿着弯弯曲曲的道路前进。我们在波杜斯德（Podused）经一座钢架桥跨过了萨瓦河，然后风尘仆仆地一直挺进到亚斯特雷巴斯科（Jastrebarsko，距离佩陶为183公里）火车站。连队在一座货运火车站前方集合。我们住在附近一座名叫克维特科维克（Cvetkovic）的村子里。虽然我们想继续前进，一直走到前线，不过驾驶员和车辆需要的不仅仅是短暂的休息。这座村子有2000名克罗地亚人。我们被安顿在社区公屋里，另外部队还征用了很多民宅。

1941年4月16日。我们好好休息了一番之后，于1941年4月15日（星期二）15时15分继续前进。起初，我们渡过了布格河（Bug River），来到了卡尔施塔特（Karlstadt，今克罗地亚卡尔洛瓦茨）。我们在城里第一次看见了我们的盟军——意大利人。我们继续向南进军，于17时30分跨越数座桥梁来到克维特科维克。我们营很快就住了下来。每个人都认为可以睡个好觉，不过我们很快被告知要继续行军。据说第132步兵师在乌纳河（Una River）遇到了抵抗。我们期望借此能与敌人展开战斗。我们于21时30分出发，沿着深深的沟壑穿过绵延起伏的山地，马不停蹄地穿过陡峭的山脊以及尘土飞扬的窄路。我们一路上经过图西奥维克（Tusiovic）、沃伊尼奥（Vojnio）、克里斯蒂亚（Kristinja）和巴哈察（Bahaca）。

跟在突击炮后面间隔15分钟车程的卡车队，在巴哈察绕了道，必须穿过采廷格勒（Cetingrad）到克拉杜沙（Kladusa），以便跟上我们营的行军。不过他们未能如愿。也就是在这期间，塞尔维亚人投降了。于是，剩下的行军，也就是前往乌纳河畔的奥托卡（Otoka）的行动被叫停了。我们营来到了戈科瓦（Gojcova，距离克维特科维克约88公里）。7时，卡车队终于也抵达我部指定地点。一些联络车和餐饮车在途中要么驶下了路基，要么在路边翻了车，但它们最终在没有牵引车的帮助下重新回到坚实的路面上。摩托车传令兵库内施（Kunesch）在克拉杜沙和采廷格勒之间途中失踪，到目前为止仍没有找到他。现在我们身处波斯尼亚人的土地。这里的房子很简陋，居民都很邋遢，一副下等人的尊荣。部队在这里搭好帐篷，大伙儿或炖或烤着以低廉价格买来的鸡肉。

1941年4月17日。部队在6时20分出发，返回卡尔施塔特。因为一辆搭载了坦克的平板拖车在巴哈察压垮了一座大桥，部队不得不在托波尔斯科（Topolsko）绕道，最终经一番灵活的行军在13时抵达了卡尔施塔特（距离戈科瓦约83公里）。我们在城外一片草地上集合。士兵们被安置在一所中学的体育馆里，军官和士官们则住进了一些民宅里。

1941年4月19日。星期五和星期六飞快地过去了。我们对车辆进行了维护。摩托车传令兵库内施追上了我们。他之前一直骑到了乌纳河畔的奥托卡。卡尔施塔特街头交织着身着制服的军人和便服的当地人。德国士兵、意大利士兵和新组建的克罗地亚军队的士兵在这座要塞城市中四处闲逛。城内的酒吧一片歌舞升平，杯觥交错，市场也呈现出一派繁荣。

1941年4月20日。在这个元首生日的上午，我们从卡尔施塔特出发。我们营加入了第785炮兵团和第536炮兵团的行军队伍。我们营的行军顺序依次为：营部、第3连、第2连和第1连。行军路线经过诺瓦基（Novaki）到亚斯特雷巴斯科。我们享受着好天气，在波杜斯德（Podused）渡过萨瓦河。在此之后，我们沿着弯弯曲曲的道路来到克拉平斯凯－托普利采，然后穿过了群山到了克拉皮纳（Krapina）。抵达罗加泰茨（Rogatec）时，飘扬在此处的万字旗告诉我们，部队已经离开飘扬着红白蓝三色旗的克罗地亚，再度回到了被收复的下施蒂利亚（Lower Styria）地区。就在波德普拉特（Podplat）郊外，正当我们可以看到无垠的平原之时，第3连的一辆突击炮突然抛锚，堵住了道路。我们用另外一辆突击炮将它拖到了一旁。最终，部队在夜幕降临时来到了温迪施－费斯特里特（Windisch-Feistrit）郊外，随后在圣胡赛村（Sv. Hoce）扎营过夜（当天的行军距离为180公里）。

1941年4月21日。14时，我们冒着倾盆大雨离开斯洛文尼亚村庄圣胡赛，前往马尔堡，在那里渡过德拉瓦河。然后，我们在德拉瓦河左岸逆流而上。我们的左边是咆哮的河流，右边是悬崖。我们穿过梅伦贝格（Merenberg）到了下德劳堡（Unterdrauburg，今德拉沃格勒）。我们在那里越过了帝国的旧边界，进入克恩滕州（Kärnten）。19时30分，我们抵达当天的目的地——鲁登村（Ruden，距离圣胡赛约97公里）。我们随后搭起了帐篷。连队的所有车辆都完成了这次远程跋涉。不幸的是，这时发生了一起事故：一辆行驶中的突击炮的履带和挡泥板撞到一等兵柯尼希（König），他臀部皮肤被撕了下来。虽然如此，他依然是幸运的！

1941年4月22日。6时，我们从鲁登山谷出发，经过了弗尔克尔马克特（Völkermarkt）——这里有座漂亮的石桥横跨宽阔的河谷，来到克拉根福（Klagenfurt）。不过，逐渐下降的地势让我们无法看到山景。我们从克拉根福来到沃尔特湖（Lake Wörth）北部边缘，行驶在一条路况良好的沥青公路（116号帝国公路）上，经费尔登（Velden），于中午时分到了目的地菲拉赫（Villach）。我们连随后在一处校园运动场上集合。

1941年4月23日。我们连90%的人员被安顿在一些民宅中，其余士兵住在停放连队车辆的小学里。部队准备对车辆进行例行维护。

1941年4月27日。连队所有人现在都被安顿在私人住宅中。今天，元首阿道夫·希特勒从被占领的下施蒂里亚州返回途中经过了菲拉赫。菲拉赫的党政军民代表在火车站喜气洋洋地迎接了他。

1941年4月28日。炮兵上士雷拜因被晋升为少尉，晋升生效日期为1941年3月1日。他将被调到第3连，代替赖因施塔特尔少尉（Reinstädter）的职务。

1941年4月29日。今天下午，在施皮尔曼少尉的带领下，无线电员、突击炮车组乘员和卡车驾驶员经费尔登前往玛利亚－沃特（Maria–Wörth）。我们在“菩提树”饭店（Zur Linde）喝咖啡，吃蛋糕并休息了一会儿。下午，我们又在令人愉悦的阳光之下去划船，打乒乓球，然后游览了当地的一些风景名胜。

1941年4月30日。连队今天继续维护了车辆。上午，在连长指导维护工作时，战争管理参事沙弗拉内克检查了我们连的车辆。下午，从施韦因富特（Schweinfurt）来的补充兵员来到了部队。

1941年5月1日。今天，连队的手球队与第51工兵营的一个工兵连举行了一场比赛。在1比21的比分之下，我们只得承认输了。

1941年5月2日。今天，连长随着连队的一部去了沃尔特湖。

1941年5月3日。今天，连队士官团在连长的带领下攀登了海拔2100米高的多布拉奇峰（Dobratsch，菲拉赫阿尔卑斯山的一座山峰）。

1941年5月5日。今天，三个突击炮排在各自排长的带领下前往米尔施塔特湖（Lake Millstadt）。

1941年5月9日。连队在星期二开始做出发的准备工作。连队在星期三5时开始集合，然后在5时45分开拔前往火车西站。6时，火车开始装车。我们的突击炮再次和其他连队的突击炮集中装上了一列特殊的火车。

由于铁路方面的问题，出发时间延误了，火车直到12时才开车。起初，我们经格兰河畔圣法伊特（St. Veit an der Glan）来到穆尔河畔布鲁克。从这里开始，火车穿过塞默灵到了维也纳。1941年5

月8日上午，我们跨过了多瑙河，然后经伦登堡进入帝国保护国（Reich Protectorate，即波西米亚和摩拉维亚保护国）和布吕恩。随后，我们在布鲁索（Brusou）再度穿过帝国保护国的边境，继续经茨维陶（Zwittau，今捷克小城斯维塔维）穿过苏台德省东部，并在数次穿过边境线后进入格拉茨（Glatz，今波兰城市克沃兹克）地区。我们被告知这里便是我们的目的地。此时，这里的树上还披着一层薄冰。大伙儿很快散去了最初的失望情绪。车辆在火车站通过长长的接坡驶下了火车。已经部分冻住的散热器很快解冻了。7时30分，部队开始公路行军前往格拉茨。我们将进驻第38步兵团的营地——毛奇兵营（Moltke Base）。

1941年5月17日。我们在毛奇兵营不仅需要维护车辆和装备，而且需要强化普通士兵们的凝聚力，并积累在武器装备上的技术能力。为达成这些目标，部队在一定程度上延长了勤务日的工作时间。宿舍尽管不是全新的，但齐全的设施仍让我们感到非常满意。这里的车库也能很好地为我们的车辆遮风挡雨。这座拥有25000人口的小城，为我们提供了很多活动和娱乐场所。另外，这座公路边的城市曾被冠名为“腓特烈大帝的要塞”（Fortrewss of Fredirick the Great），时至今日其仍保留着浓厚的普鲁士边塞城市的印记。1941年5月14日，从施韦因富特又来了5名补充兵。

1941年5月19日。今天，部队在位于兵营东面且与兵营相邻的训练场上开展了一次越野演习。站在老山顶堡垒（Old moutain bastion）上可以远眺整个演习过程。作为训练指挥官，连长模拟了一个突击炮排的行动部署。乌尔布里希特少尉的第2排，与由瓦格纳少尉指挥的“敌军”交火，并用钟面弹着指示法，“消灭”了他们。

1941年5月21日。上午，部队在连长的指导下维护了车辆。检测结果令人十分满意，甚至战争管理参事沙弗拉内克也对我们连的车况不吝赞扬之词。作为奖励，连长下午给驾驶员们全部放了假。

1941年5月23日。今天，我们在毛奇兵营后面的靶场里进行了特定条件射击练习（150米、蹲姿和立姿射击）。下午，一些补充驾驶员驾驶装甲牵引车进行了越野驾驶训练，补充无线电员则练习接收无线电信息。

1941年5月27日。今天，部队开展了一场大规模无线电通讯演习。所有指挥车、装甲弹药运输车和Sd.Kfz.15型汽车参加了这次演习。格拉茨为此次演习起点，演习区域位于奈斯河（Neiße River）和赖希斯坦因靶场（Reichstein Range）之间地区，一直延伸到瓦尔塔镇（Wartha）。部队使用同频测试了各排和“徒步军士”的部署。部队在演习中首次通过让另一个排使用无线电将炮火观察信息传递给连长。

1941年5月28日。昨天，我们连邀请格拉茨的所有妇女来“裁缝小屋”（Tailor's Hut），参加在晚上举行的部队欢送会。士兵们的情绪受到了极具音乐天分的“沃勒曼”乐队（Wollermann band）的激发，纷纷步入舞池跳舞。二等兵多尔什和列兵汉斯·马斯洛夫斯基（Hans Maslowski）等人演出的剧目精彩绝伦，充满了幽默和想象力，深受众人欢迎。当晚的最佳舞者当属二等兵科勒（Köhler）。在如此欢愉的氛围之下，大家都喝了不少酒。随着夜色加深，人们的情绪渐入佳境。这场欢送会一直持续到阳光再度洒入这个小屋。

1941年5月29日。连队准备从格拉茨出发。明天，也就是1941年5月30日星期五，我们将出发前往未知的目的地。我们连将组成第二梯队，我们营的突击炮将再次集中登上一列特种列车。

1941年5月30日。在这个星期五的7时30分，连队来到伦格尔斯多夫（Rgengersdorf），等待装车。在行动指挥官施皮尔曼少尉的指挥下，部队很快完成了登车工作。部队原本预计在10时39分开车，但实际上提前到了9时59分。火车载着我们再次开向格拉茨，随后穿过瓦尔塔镇，离开了这片土地。

卡门茨宫（Kamenz Palace）那经过加固的高塔映入我们的眼帘，人工湖奥滕高湖（Lake Ottengau）的湖水拍打着铁路路基，奈斯河被我们甩到了后面。内尔施塔特（Nerstadt）附近的比绍夫斯科普山（Bischofskoppe）作为苏台德地区最后一座山脉向我们告别。我们在科瑟尔（Kosel）跨过了狭窄的奥得河，来到海德布雷克。然后，我们继续向南，到了拉蒂博尔（Ratibor），17时30分，火车在这里更换了一个车头。夕阳西下，火车滚滚驶过奥德贝格（Oderberg）。1941年4月8日，我们就是在这里前往南方的，而这次我们要从这里驶向东方！土地和居民的容貌逐渐开始“东方化”。我们跨过了一条河，那是维斯瓦河。火车在杰济采（Dzieditz）又换了一个车头。然后，铁路线南面的贝斯基登靶场（Beskieden Range）模糊的轮廓随后消失在傍晚的微光中。22时，我们看到了克拉科夫市（Krakow）的灯光。这座城市目前仍没有实施灯火管制。然而，这里仍然不是我们的目的地，火车继续滚滚驶向东方。

新一天灰蒙的晨光懒洋洋地笼罩在一个简陋的火车站上。这里便是距离普热梅希尔（Przemysl）直线距离60公里的热舒夫（Rzeszow）。5时，我们下了火车。衣衫褴褛的犹太人清除了被撞倒的路障。连队很快得以出发。我们向北行军，穿过扎卡罗夫－叶扎夫（Sakalow-Jezewe），然后在这里掉头向东。我们在克热绍夫（Krzeszow）渡过了桑河（San River）。我们在村子里与第2连建立了联系。营长下令继续行军。部队在途中休息了30分钟后，我们跟在第2连身后沿着一条军用公路行军，过比里莱（Biljeraj）、什切布热申（Szezebrzeszyn）和扎瓦达（Zawada），来到扎莫希奇（Zamosc）。随后，我们在扎莫希奇附近的一片草场午休。

然后，我们在前往赫鲁别舒夫（Hrubieszow）途中穿过了一个村子的犹太区。随后，我们驶下公路，朝着南面前进，行走在一条坑坑洼洼的乡间小路上。作为先头连，我们连通过这一路段还算顺利。原本作为先头连的第2连则走了另外一条路线。尽管行军速度越来越慢，但我们还是通过了这一路段。接下来，我们看到了捷列亚村（Terebia），并继续在一条同样糟糕的道路上行进了7公里。我们在萨赫恩村（Sahryn，距离热舒夫214公里）的一条岔道上集合。这里就是我们此行的目的地。

先遣队之前已经为连队选好了宿营地，全连从而妥善地在村子里住了下来。这里的条件确实要比我们预计的要好很多。此番行军十分顺利，途中并没有发生什么意外。少量卡车和摩托车曾因一些小问题在途中耽搁了一小段时间。天气晴朗干燥，但到处尘土飞扬。

1941年6月1日。营部、营部连、第2连和第3连的驻地在附近的图尔科夫采（Turkowice）。我们与第2连建立了电话联系，又借此与营部建立了联系。大约15时15分，突击炮单位也来到了这里。

1941年6月2日。今天，连队在“停车场”（实际上是一块无名的野地）维护了车辆。在这次长距离行军中，突击炮的负重轮损伤严重。通过我们的努力，车辆又恢复了状态。今天，我们购买并宰杀了一头猪。我们迅速用砖头垒起一个炉子。这头猪将很快被我们炖熟。

1941年6月6日。连队今天给车辆换了个位置。村里的希腊正教教堂周围有片大树林立的树林，它们停在那里可以得到很好的保护。这个村子原先居住的是信仰希腊正教的乌克兰人。在波兰统治时期，波兰人占据了这个村庄，原本属于乌克兰人的大庄园被划分为许多集体农庄。

1941年6月9日。昨天和今天，乌克兰人庆祝他们的圣灵降临节，向我们展示了他们的宗教仪式和民族风俗。我们宰了一头小阉牛，还搞到了一些来自卢布林（Lublin）的啤酒。今天，连队有人得到了晋升，一等兵戈特沙尔克（Gottschalk）被晋升为下士。

1941年6月13日。今天是星期三，我们又买了一头猪。我们可以从负责野战交易事务的施密特下士那里购买个人需求物品。连队的车辆再度上路行驶。燃料运输车从位于霍尔姆（Cholm）的加油站为我们运来了大量灌得满满的油罐。我们连派出的一支建筑分队在乌尔布里希特少尉的监督下修缮了通往扎莫希奇的道路。在乌尔布里希特少尉的督导下，这支建筑分队与南面一个建筑连以及连部的通讯联络都得到了保证。

1941年6月20日。连队今天被剥离出我们营，于21时30分离开之前位于莱什佐科夫（Leszokow）东北1.5公里处的集结地——霍罗布若夫（Chorobrow）南郊以西1.7公里处的“手帕树林”（Handkerchief Woods）。我们连已经被调拨给第48（摩托化）军所属第75步兵师。连队开拔前，营长克里斯特少校为我们举行了一场欢送会。另外，康纳克少尉在今天从第3连加入了我们连。经过一场急行军，连队于22时15分抵达新集结地。连队的先遣单位正在这里搭建帐篷，连队的车辆将在这些帐篷内过夜。

1941年6月21日。全连官兵在清晨6时起床。随后，部队对车辆进行了伪装，并在林线地带构建防护掩体。9时，第48（摩托化）军军长维尔纳·肯普夫上将（Werner Kempfe）简短地视察了部队。在此之后，连长带着各排排长、连部军官和康纳克少尉离开了营地，前往第202步兵团驻地开会。20时，连部人员和通讯单位先期离开了营地。20点30分，连军士长向部队传达了元首对东线的训令词。

以下为曾在营部连担任连军官后，在第1连担任排长的维尔·普罗伊塞尔少尉的日记，记录了从巴尔干战役和苏德战争爆发前的一些事情。

1941年4月6日，星期日。西里西亚，布里格。第一批重型车辆已经开始装车，德军已经进入南斯拉夫和希腊。我们会及时到达那里么？

1941年4月7日，星期一。上午7时，营部连登上了火车。9时，一切准备就绪。之后，第1连和第2连开始登车。布里格铁路货运站挤满了货运火车。

1941年4月8日，星期二。2时30分，火车驶出了布里格。7时，我们到达海德布雷克。随后，火车继续经过拉蒂博尔、奥德贝格、摩拉维亚施特劳、摩拉维亚魏斯基兴（Weisskirchen）、伦登堡（17时抵达）和维也纳。

1941年4月9日，星期三。火车在维也纳穿行了一整夜，随后又继续经维也纳新城，前往塞默灵。当时，帝国元帅戈林的高炮列车正停在那里。14时，我们听说我军已经拿下了希腊名城塞萨洛尼基（Saloniki）。我们继续穿过格拉茨前往维尔东（Wildon），于19时左右抵达了那里。我们下了火车，此时第1连已经抵达边境地区。我带着三名摩托车传令兵返回格拉茨，以便向其他连队传递命令。

1941年4月10日，星期四。第2连抵达。我在红十字会的厨房里睡了一夜后，向第2连传达了命令。早上7时，第3连也抵达了格拉茨。由于铁路事故，该连已经严重延误了时间。我向他们传达了命令后，返回了营部。机枪军士约瑟夫·穆斯勒下士(Jopsef Mussler)在返回的途中出了交通事故，大腿骨折。我不得不将他送往格拉茨的一座后方医院。下午早些时候，我来到了莱布尼茨(Leibnitz)南面的埃伦豪森，部队已经在这里建立起了营地。下午，我又前往马尔堡（马里博尔）购买一些东西。当晚，我在一户私宅中过了夜。

1941年4月11日，星期五。今天是耶稣受难日。下午，我勘察了一条经穆雷克通往佩陶的行军路线。第184突击炮已经抵达了穆雷克。这里的一座大桥尚未建好。我在这里也见到了第一批南斯拉夫战俘，他们将用于帮助修建大桥。晚上，我和营长一道去了团部。我们在夜里离开了团部，迅速回到了营地。

1941年4月12日，星期六。中午时分，部队终于开拔，踏上了此前一天勘察过的路线。由于一个重型榴弹炮营行进在我们前方，因此部队行军十分缓慢。到了夜间，车队几乎完全走不了了。

1941年4月13日，星期日。今天是复活节。白天，部队的行军速度终于快了起来。我在德拉瓦河大桥附近勘察了一处休息地。这座铁路桥已经被改造为一座临时公路大桥。我们终于在下午可以开拔前往那里，下午晚些时候，部队继续向南进军，穿过了风景旖旎的群山。天黑后，由于我们前方的一个炮兵营难以在山区行军，因此部队的行军速度再度降了下来。不过在此之后，我们的速度又快了起来。这期间，我勘察了一些发卡弯，确定部队的平板拖车能否通过这些弯道。

1941年4月14日，星期一。今天是复活节后的星期一。我出发勘察路线时，接到了返回营里的命令。部队当时正在休息，也刚刚接到了需要再行军80公里的命令。我一回到部队，部队便在6时整再次出发。我们在将近中午时渡过了萨瓦河，很快便抵达了位于亚斯特雷巴斯科。所有人都住了下来。当地的风景和民众加深了我们此前对巴尔干的印象，他们穿着古怪的农民服饰站在公路旁。在营地中，当你洗漱的时候，你会被当作来自其他星球的生物，遭到当地人的围观。晚上，我们吃了辣香鸡，并最终睡到了真正的床上，一直睡到了次日早上。

1941年4月15日，星期二。上午，我们去了卡尔施塔特，在一些民宅中住了下来。我的座驾万向节出了故障，被我送回到了位于诺瓦基的维修单位。晚上，当我们坐在一家大酒馆中准备吃辣味菜烩牛肉时，部队突然下达了出发的命令，要求我们前往乌纳河畔的奥托卡。根据命令，我们应在次日6时整抵达那里。我登上了营长座车，最终在次日凌晨抵达了奥托卡。

1941年4月16日，星期三。我们在这里躺下睡觉。半个小时后，加特纳中尉来到了这里，传达了后撤70公里的命令，我们营已经在那里建立了营地。在第一丝晨光之下，我们发现已经来到了穆斯林聚居的波斯尼亚地区。清真寺的尖塔已经取代了基督教的尖塔。经过一路颠簸，营长座车也断了轴，我们直到下午才抵达营地。随后，我们在那里过夜。我们已经接到命令，于次日返回卡尔施塔特。由于南斯拉夫军队已经放下了武器，因此所有陆军总预备队单位正在陆续撤退。

1941年4月17日，星期四。清晨6时，部队出发前往卡尔施塔特，于下午抵达并住了下来。

1941年4月18日，星期五。全天休息。12时，我国与南斯拉夫正式停火。我们在整个进军过程中被配属给第132步兵师和第51军。我们通常与第808臼炮营和第58炮兵团第2重型野战榴弹炮营一起行军。随后，我们被配属给了第785特殊任务团司令部。这个司令部与其他一些特种司令部一起，直接接受第2集团军司令部的指挥。预计在本月20日，我们将返回格拉茨，重新登上火车。我们将被送往哪里？当时或许根本没有人知道！

1941年4月19日，星期六。部队休息了一整天。我们一直在等待开拔。此时，我们获悉可能将前往菲拉赫。

1941年4月20日，星期日。今天是元首生日。部队在上午出发，经来时相同路线前往波德洛日（Podloz）。我们经比斯特里察（Bistrica）来到了马尔堡郊外的一个村庄。部队随后在这里过夜。

1941年4月21日，星期一。上午10时，我们再度上路。我们在马尔堡渡过德拉瓦河，随后穿过梅伦贝格和下德劳堡，再穿过德国边境线，一直来到克拉根福远郊36公里处的鲁登村。从马尔堡开始，我一直沿着与德拉瓦河平行的公路行军，沿途享尽了变化多端的瑰丽风光。穿过边境线后，卡拉万克斯山脉（Karawanken Range）很快便出现在了公路左侧，其顶峰依然披着皑皑白雪。随后，我们在鲁登村扎营过夜。

1941年4月22日，星期二。部队上午继续行军，穿过克拉根福前往菲拉赫。旖旎的沃尔特湖位于部队行军路线的左侧，远处则是壮丽的卡拉万克斯山脉。我们再次行进在了美妙的沥青路面上。我们在菲拉赫住了下来，住进了波斯特饭店（Hotel Post）。

1941年4月29日，星期二。我们与营部连的部分人攀登了菲拉赫阿尔卑斯山的多布拉奇峰。这座山峰为菲拉赫周边地区的最高峰。天气美妙极了，越过林木线后，山上仍可以看到积雪。我们用了两个半小时上山，下山则花了两个小时。

1941年5月2日。今天，我们坐缆车上了坎策尔布道台（Kanzel），然后从这里徒步攀登海拔1911米的格尔利茨山（Görlitz），欣赏了壮观的朱莉安阿尔卑斯山（Julisch Alps）和陶恩山（Hohe Tauern）。你甚至可以远眺到大格洛克纳山（Grossiglockner）。

1941年5月5日，星期一。今天，我与连长和营部军医一起去了魏森湖（Weissensee）。连长在这里探望了一些他曾经到此休假期间认识的老朋友。此地风景秀丽。我们远眺了陶恩山，返程在穿过盖尔山谷（Gail Valley）时欣赏了朱莉安阿尔卑斯山的壮观景色。

1941年5月7日，星期三。凌晨1时，我们登上了火车。火车在5时45分出发，穿过了穆尔河畔布鲁克、塞默灵、维也纳新城和维也纳。

1941年5月8日，星期四。火车今天继续前进，经布吕恩、茨维陶、波希米亚特里包（Bohemian Tribau）、盖厄斯贝格（Geiersberg，*奥地利境内*）和米特尔瓦尔德（Mittelwalde，*今波兰缅济莱谢*），前往格拉茨附近的伦格尔斯多夫（*今波兰城镇克罗斯诺维采*）。大约19时30分，我们在这里下了火车，从这里前往格拉茨，在那里住进了一座兵营。部队在格拉茨待了三周，这段时间是我此生最美好的时光。

1941年5月29日，星期四。晚上20时，部队在伦格尔斯多夫登上了火车，火车随后在大约23时离开了格拉茨中央火车站。

1941年5月30日，星期五。火车行驶了一整夜，途中经过了卡门茨、尼斯河、拉蒂博尔、奥得贝格、杰齐茨（Dziedzitz）、奥斯威辛和热舒夫。我们在热舒夫下了火车，从这里向北行军了60公里一直来到克热绍夫。根据计划，我们将在这里过夜。但是，此地并没有为我们提供宿舍。我们只在其中一座营房里每人分到了一条面包。我们在这里见到了许多部队正源源不断地向东方运动。部队中流传着各种相互矛盾的流言，当时我们仍不知道究竟会与俄国发生什么事情。我们在行军中看到了一些野战机场和一些做了伪装的部队，他们只在夜间行军。

1941年5月31日，星期六，上午8时，部队继续行军，经过比乌戈拉伊（Bilgoraj）和扎莫希奇，前往赫鲁别舒夫附近的图尔科维茨村（Turkowice）。营部连在一座孤儿院附近扎营。大多数时候，我们都住在帐篷里。此地的路况是如此的糟糕，以至于我们都害怕要在恶劣天气里出发行军。这里的景色倒是相当好。鉴于当前不错的好天气，我们都想要在这里待上几周。部队随后在图尔科维茨平静地度过了两周。

1941年6月16日，星期一。早上6时，部队离开了图尔科维茨，我们奉命前进至一片离俄国边境不远的树林中。此时，我们营已经被配属给第57步兵师。随后，部队继续经蒂绍夫采（Tyszowce）、切尔卡兹（Czerkazy）、波图茬（Poturzyn）和瓦雷茨（Warez），一直来到莫兹库夫（Myszków）村附近的一片树林中。我们在这里搭起了帐篷。大家的情绪都很消沉。我们都认为，如果没有与俄国开战，那么我们肯定会对国家的领导失去信心。傍晚时分，我前往边境线上的小镇贝尔茨（Belz），去发电报。看来我们的邮件已经都被扣在路上了。部队在帐篷里住了一些日子，所有人的情绪都很压抑。

1941年6月21日，星期六。现在几乎可以确定，我们要和俄国开战。军官们大声地向士兵们宣读了元首的训令。根据元首神话般的理由，我们再度点燃了履行国民义务的激情，镇定地展望着元首为我们勾勒的未来。当晚，部队转移到了进攻集结地。由于我军将在凌晨3时15分发起进攻，因此我不得不整夜驱车四处奔波，协调各部的准备工作。当然，我们当晚也根本没有任何睡意。

■ 1941年3月30日，第197突击炮营已经做好了出发的准备工作，但由于帝国铁路的运力短缺，该营直到1941年4月7日才装上了火车。此时，该营的大多数士兵都不知道目的地究竟在哪里。

■ 上图为1941年4月7日两辆已经被装上火车的突击炮。下图为一辆停在火车平板车上的半履带装甲车，车身前后都用钢缆牢牢地固定在平板车上。

■ 上图为第197突击炮营首任营长克里斯特少校，在部队经铁路行军前往奥地利途中，在火车车厢内拍摄的一张照片。

■ 下图为营部连在搭乘火车前往奥地利卡尔斯多夫前，对装备进行最后一次检查。照片左侧蹲在地上的为营部连连长格拉尔德·德·拉·雷诺提尔中尉，中间为连军士长。右侧为日后跟随诺提尔中尉多年的司机杰拉德·布施（Gerhard Busch）。

■ 上图为在等待出发的命令时，第3连驾驶员卡尔 · 里斯特下士（Karl Rist）坐在一辆 Kfz. 15型乘用车的踏板上。

■ 下图为部队接到开拔前往南斯拉夫的命令后，一名军官站在一辆半履带车上号召官兵们登车启程。

■ 上图为在奥地利边境地区集结的第197突击炮营第2连，正在等候穿过边界进入南斯拉夫的命令。

■ 下图为第2连在待命期间，连军士长（中央）与另外两名高级军士在一辆突击炮前合影。

■第197突击炮营启程向南斯拉夫进军初期便遇到一道天然障碍物——一条小溪。图为第3连的D号突击炮正在驶下溪岸。

■ 上图及下图为正在涉水渡过小溪的第3连D号突击炮。

■1941年4月10日，第197突击炮营各部陆续抵达埃伦豪森，突击炮一字排开停在这个小镇的路旁，在进入南斯拉夫前最后一次检查车辆的状况。

■ 此照摄于1941年4月10日，为已经来到巴尔干战区的第197突击炮营第2连的突击炮。

■ 上图与前页照片为同日拍摄，也是第197突击炮营第2连的车辆，该营在1941年4月10日这天展开部署，不过由于德拉瓦河上的桥梁被毁，所以各连只得停下等待建好一座能承受其装备重量的桥梁。

■ 左中图仍然摄于1941年4月10日，在等待建桥的过程中，突击炮兵们在自己的突击炮上开饭。照片中可见这两辆突击炮的战斗室上面都用一层防水布盖住。

■ 左下图是1941年4月13日第197突击炮营终于从普图伊过河之后所摄，随后他们经阿格拉姆前往卡尔施塔特。照片中的部队是第197突击炮营第2连。

■ 在向南斯拉夫进军途中，由于第808臼炮营的车队堵住了道路，为此乌尔布里希特少尉前出，勘察行军路线。上图为乌尔布里希特少尉的座车驶入了第808臼炮营的车队，卡在了路旁的土坡上。乌尔布里希特少尉站在车上面色凝重地看着拥挤的车队。

■ 下图为第1连的一辆突击炮停在奥地利与南斯拉夫界河穆尔河位于小镇穆雷克的大桥入口处，准备经这座大桥，进入南斯拉夫境内。

■ 上图为第3连的一辆突击炮正在经穆雷克的大桥，跨过奥地利和南斯拉夫的界河穆尔河。

■ 下图为1941年4月14日，第197突击炮营第3连的车队停在南斯拉夫的一条乡间公路上，准备前往罗希奇。

■ 上图为停在通往罗希奇公路上的第3连的战斗单位的车队，几辆半履带车前方为该连的突击炮。

■ 左图为停在通往罗希奇公路上的第3连的补给车队。

■ 由于南斯拉夫军队的撤退速度远远超过了德军的预料，因此第197突击炮营在向克罗地亚进军的过程并没有遇到任何抵抗。上图及下图为正在一条公路旁休息的第197突击炮营的车队。

■ 上图及下图为第197突击炮营在一条路况很好的公路旁进行技术性停车休息，检查车辆的油量和发动机冷却液的容量。

■ 上图为1941年4月14日，第197突击炮营向萨瓦河进军途中，在多山的南斯拉夫境内穿越了大量蜿蜒曲折的发卡弯道。

■ 下图为第3连的突击炮车队正行驶在阿格拉姆西面的萨瓦河大桥上。

■ 上图及下图为第197突击炮营抵达克罗地亚小村沃拉弗耶（Volavje），受到了克罗地亚当地居民的友好欢迎。一些士兵甚至席地而坐，在人群中弹起了风琴。

■ 上图为第2连穿过一个克罗地亚小镇时的场景。照片前面的半履带车为连长富尔中尉的座车。

■ 下图为富尔中尉的座车特写，可以看到车顶架设了一挺 MG 08/15 机枪。

■ 1941年4月15日，第197突击炮营抵达了克维特科维克村。图为第3连的突击炮整齐地停放在村外的农田中。

■ 上图及下图为第197突击炮营在克维特科维克村扎营时拍摄的两张照片。站在一辆突击炮前的是列兵奥古斯特 · 贝克（August Beck）。

■ 上图为整齐停放在路旁田野中的第2连的车队。

■ 下图为第2连摩托车传令兵班的摩托车整齐地停放在一起。这些摩托车和照片左侧的一辆弹药拖车上已经沾满了长途行军的灰尘。

■ 第3连同样在一片田野中扎营，准备在此地过夜，一些士兵在车辆中间架起了吊床。第3连连长格韦中尉（戴大檐帽者）正注视着手下们工作。几名士兵正在检查右侧一辆半履带车的发动机，这些车辆都已经沾满了灰尘，照片远处可以看到整齐停放的第2连的车辆。

■ 上图为1941年4月16日，第197突击炮营抵达卡尔施塔特，随后在城外的一片草地中集结并扎营。从这张照片中可以看到，由于长途在路宽恶劣的道路上行军，突击炮的负重轮上的橡胶轮轮缘已经严重磨损。

■ 由于此时塞尔维亚当局已经宣布投降，第197突击炮营便没有接到继续前进和战斗的命令。于是，部队下达了维护车辆的命令。下图为士兵们正在营地中休息。

■第197突击炮营维修单位成员和车辆技师们正在对各辆突击炮进行维护，其余士兵则抓紧时间整理自己的个人物品。照片中正在补袜子的是诺伊森斯下士。

■ 上图为士兵们正围坐在一起保养枪械。两名士兵坐在人群中央负责为大伙儿奏乐。

■ 下图为营部副官利特克中尉（左）与第1连连长布林克中尉在温暖的阳光下闲聊。两人此时都穿着原野灰色的突击炮部队野战服。

■ 虽然第197营没有参加巴尔干战役的实战，但是这里糟糕的道路质量和山地行军对轮式和履带车辆的损害很大，所以维修部门依然一直忙忙碌碌，上图就是巴尔干战役期间该营的维修队在对损坏的车辆进行维修的场景。

■ 第197突击炮营于1941年4月20日开始离开南斯拉夫，下图是该营第2连第2排的Sd.Kfz.253型半履带装甲车。

■ 上图为返回奥地利的命令下达后，第197突击炮营立即做好了出发的准备工作。

■ 左图为站在Z3号排长座车上的第3排排长沃勒曼少尉。1941年6月26日，沃勒曼少尉在战斗中阵亡。

■ 上图为第2连的一辆突击炮陷在了路边的沼泽地中，只能使用其他车辆进行牵引。

■ 下图为在进入奥地利之前，第197突击炮营在一条小河中对车辆进行了彻底的清洗。

■ 正在返回奥地利克恩滕地区的第2连的车队。

■ 上图为部队出发前，就营部连返回奥地利的行军注意事项，营长克里斯特少校（右）正在向营部连连长雷诺提尔中尉（左）下达最后的指示。

■ 下图为1941年4月底5月初的某个日子，第197突击炮营的部分军官集体游览奥地利菲拉赫附近的群山风光。

■ 上图为列兵内格尔（Nerger）坐在一辆刚刚清洗完毕的Sd.Kfz.252弹药运输车上留影。

■ 左图为在壮丽的阿尔卑斯山风光之下，第197突击炮营的突击炮做好了装上火车的准备工作。1941年5月9日，第197突击炮营开始启程前往西里西亚的格拉茨。

■ 1941年5月30日，第197突击炮营在波兰热舒夫卸下了火车，随后行军经索科洛夫（Sokolow），前往位于前波苏边境线附近的集结地。上图为一名第197突击炮营的士兵在索科洛夫饶有兴致地指着路旁的告示牌。这张由地方军管司令部设置的告示牌上，警告经此地的人员不得向前继续行进40公里，或者不得在此地逗留超过三天以上。

■ 抵达边境地区后，第197突击炮各连奉命进驻不同的营地，为此各部在一些道路上设置了指示牌，引导行军路线。下图中的指示牌显示这条道路通往第3连的营地。

■ 1941年6月20日，第197突击炮营各连前进至距离布格河更近的新的集结地。第1连来到了一片被称为“手帕”的树林。此地位于霍罗布若夫以西1.7公里处。上图为隐蔽在“手帕”树林中的第1连的突击炮。

■ 这片树林中有很多乌鸦鸟巢，到处都是羽翼未丰的雏鸟。许多士兵时常拿着这些落下鸟巢的小乌鸦逗乐。据称，第1连在这片树林中吃了许多小乌鸦。左图为一名士兵正用一根树枝托着一只小乌鸦。

■ 上图为第3连的3名士兵在集结地中打牌，从左向右分别为特里特、维利 · 奥皮茨（Willi Opitz）和诺伊森斯。这期间，第197突击炮营的士兵们在集结地中的许多时间都是打牌度过的。

■ 下图为第1连的出纳彼得（Peter）在发薪日向战友们发放军饷。

■ 大量德军进入边境地区，让周边的乌克兰裔波兰人意识到了可能即将爆发新的战争。上图为一些当地的平民带着复杂的心情看着来来往往的德军。

■ 下图为隐蔽在布格河前一片树林下的第197突击炮营的一辆突击炮。士兵们紧张地等待着即将发生的战事。照片右侧为第197突击炮营最年轻的一名候补军官——勒克（Löck），他日后将成为一名少尉。

■ 为了准备进攻苏联，全营于1941年5月30日从格拉茨（西里西亚）行军到波兰东部。上图为他们在萨赫恩村和图尔科夫采镇附近的森林里扎营时所摄，照片中可见两辆 Sd.Kfz.253型半履带装甲车。

■ 下图摄于1941年6月20日，为第197突击炮营第3连的3辆突击炮（编号 C、D 和 E）在布格河畔的新集结区。突击炮上罩有防水帆布，可防尘和防雨。注意防水帆布上喷涂的字母。

■ 上图为第197突击炮营第3连的一辆高射机枪载车（Kfz. 4）的乘员在为入侵苏联的作战做最后的准备，也就是维护和清理武器。

■ 下图是维修队和突击炮兵们配合，一起对突击炮进行必要的维护工作，以确保它们在即将来临的大战中运转良好。

■ 上图为一辆突击炮正在开始补充弹药，可见战斗室顶盖上立着3发75毫米主炮炮弹。

■ 下图为一名突击炮兵在开战前正在抓紧时间给家人写一封信。

第三章
乌克兰战记
（1941年6月22日至1941年11月20日）

以下为第197突击炮营第1连的齐尔克上士在苏德战争期间在乌克兰境内作战时的日记。

1941年6月22日。3时15分，炮弹和火箭弹落到了索卡利（Sokal）及其东北方向的高地上。我们连准备在扎布兹（Zabuze）沿着与布格河平行的一条公路前进。3时50分，连队作为我们营的最后一个连，在索卡利经一座大桥跨过了布格河。这座大桥位于第57步兵师战区内，连队因此必须调头向左行军，前往第75步兵师和第202步兵团的地段。部队过河后，连长向各排发布了这么一道信息：“我军尚未肃清主路上的敌人，部队得从其他路线穿过该地区！”各排随即调头向右，穿过火焰熊熊的索卡利东北郊的园林地带，前往一座砖厂。第202步兵团在那里遭遇到强大苏军碉堡群。我们的突击炮及时介入战斗，摧毁了碉堡群前方的大量机枪巢，苏军碉堡群也暂时哑火了。因此，第2排接到命令，绕过碉堡防线和反坦克壕，转向右面，前往通向塔尔塔科夫（Tartakow）的公路；第1排则绕过碉堡群，转向左面；第3排随后跟在了第2排身后。第2排与第202步兵团第2营在索卡利至塔尔塔科夫公路左侧并肩作战。

经过一番艰难战斗，第2排来到了赫布科夫（Horbkow）。第1排的富特上士（Foth）在突击炮里被苏军近距离平射火力击中，成为我们连第一位阵亡的士兵。我们顶着敌军逐渐缓和的抵抗，继续向塔尔塔科夫前进。部队必须消灭苏军在那里的猛烈反坦克火力。由于友军仍在炮击塔尔塔科夫，部队因此暂时停止继续前进。第2排留在了塔尔塔科夫，负责警戒东北方向。一个小时后，第1和第3排抵达塔尔塔科维采（Tartakowice），他们随后在这里经历了5个小时的炮火煎熬。下午，他们曾两次奉命出战。苏军一个炮兵连用猛烈的炮火将我们的步兵压制在阵地上。在消灭这个炮兵连的战斗中，我们的突击炮击毁了两辆苏军装甲车，并击伤了另外一辆。俄国人从东北方向发动了一次反击，第2排因此第二次奉命出击，随后击退了苏军的这次进攻，并摧毁了一门轻型火炮和两门反坦克炮。第2排在晚上撤回到了塔尔塔科夫，随后在那里度过了一个平静的夜晚。

连队其余单位在3时30分起床，并继续留在“手帕树林”。只有三个后备炮组和一辆18吨牵引车（带平板拖车），经索卡利于清晨时分与连作战单位会合。20时20分，所有辎重队经过霍罗布若夫和奥普尔斯克（Opulsko），前往扎布兹。它们随后在24时抵达了那里。公路上挤满了向前推进的车队。

1941年6月23日。大约3时，第3排动身前往塔尔塔科夫东北郊，前去警戒俄国人可能发起了的一次反击。3个小时后，连队再度开拔，作为第202步兵团的侧翼警戒力量，前往塞瓦亚兹（Cerwiatyze）。

在此过程中，第2排排长乌尔布里希特少尉的头部被子弹擦伤。我们从那里越野行军前往奥赫洛普科夫（Ochlopow）。随后，我军在那里组建了一支由布林克中尉指挥的先遣队。这支先遣队下辖第202步兵团第2连（自行车连）、两个反坦克炮排和我们连。

最初，部队在那里与苏军后卫部队发生了小规模战斗。随后，我们来到采霍夫（Cechow），途中没有遭遇任何敌人。但是，先遣队在那里遭到了苏军的抵抗。在村子内经历了一场艰难战斗后，我们的步兵和突击炮肃清了敌人。在这场战斗过程中，邻近的几个村子内也发生了战斗，燃起了大火。在采霍夫村内的战斗中，E号突击炮突袭了两门正准备沿狭窄村道撤退的苏军榴弹炮。它仅用几发炮弹便逮住了这两门炮及其牵引车。然后，我们继续前进，前往乔洛诺夫村（Choloniow）。部队随后在这个村子的树林地带搜寻可能隐藏在那里的俄国坦克，但没有找到任何苏军坦克的踪迹。部队随后在一条小河对岸建立了一个桥头堡，并在那里过夜。

辎重队在4时动身，对车辆进行了重新编组。6时45分，苏军空袭了索利卡的大桥。当苏联轰炸机从连队上空飞过时，辎重队马不停蹄地渡过了布格河。随后，部队向赫布科夫（Horbkow）进发。他们埋葬了富特上士。之后，弹药运输队和战斗辎重队跟随在战斗单位身后，经塔尔塔科夫、克尼兹（Knicze）和德鲁茨科波尔（Druzkopol），前往采霍夫。战斗辎重队在采霍夫郊外停了下来，布置了警戒力量，苏军在村内的抵抗瓦解。随后，我们继续向乔尔诺罗夫（Cholnorow）进军，于20时30分抵达了那里。

1941年6月24日。部队人员在23时醒来。战斗单位立即出发，经茨温亚采（Zwiniacze）、霍拉特恩（Holatyn）和利帕（Lipa），前往博罗梅尔（Boromel）。苏军在霍拉特恩－多尔尼（Holatyn–Dolny）进行了抵抗。部队将敌人赶出了房子。部队随后迎着敌军的零星抵抗，一直推进到了斯特里河（Styr River）畔的博罗梅尔，一路上遇到的抵抗微不足道。由于苏军烧毁了桥梁，部队难以在河对岸建立桥头堡。傍晚，一次错误的警报迫使我们将突击炮部署到村子的北郊。最终，俄国人并没有发起进攻。连队随后度过了一个平静的夜晚。

辎重队在当天4时再度动身。8时15分，战斗辎重队经茨温亚采、霍拉特恩和利帕到了斯特里河畔的博罗梅尔。

1941年6月25日。4时15分，辎重队在连军士长沃伦穆特（Wohlmuth）的带领下，进入了博罗梅尔，但随后又在5时返回利帕。上午，连队从博罗梅尔返回。那里无法搭设步兵的4吨便桥。为此，部队不得不在没有第202步兵团的伴随下，绕道利帕。尽管在瓦格纳少尉的命令下，利帕的一座桥梁得到了加固，但三辆突击炮驶过大桥后，它还是坍塌了。在这一天里，这三辆突击炮和一些指挥车辆继续前进，经过别列斯托茨克（Beresteczko），并在那里渡过了斯特里河。随后，他们继续前往普拉佐瓦（Plaszowa），从那里经韦尔本（Werben），前往洛帕瓦兹（Lopawaze）。最终，他们在那里过夜。连队的其余突击炮和辎重队只能继续留在利帕，等待工兵部队修复坍塌的大桥。也就是在今天，连队重新回到我们营的指挥之下。

1941年6月26日。连队分成若干个车队再度出发。第1排前往米尔诺夫（Mylnow）。在没有动用重型武器的前提下，一个营级规模先遣队已经拿下了这个村子。苏军在这个地区投入了约一个团规模的狙击手，这让形势陡然紧张了起来。前线急需我们排提供火力支援。部队随即经历了激烈的战斗。施皮尔曼少尉在冲锋枪卡壳时，用枪托击碎了一名苏军的脑壳（值得一提的是，施皮尔曼少尉在战斗中丢失了这支冲锋枪）。施皮尔曼少尉在随后的战斗中轻微受伤。下午晚些时候，第3排也加入了那里的战斗。该排在同一天晚上的一次进攻行动中，排长沃勒曼少尉不幸阵亡。第2排和第3排随后继续朝着斯莫尔德瓦（Smordwa）方向前进。然而，部队夺取那里并没有什么意义。第3排随后将被派往姆利诺夫。这天，辎重队一直推进到斯莫尔德瓦，欠第1排和第3排的连队此时正在该地休息，这两个排则留在了米尔诺夫附近。

1941年6月27日。第2排余部和辎重队在斯莫尔德瓦休息了一天。第1排和第3排仍留在姆利诺夫附近地区，期间没有发生任何战斗。下午，部队在姆利诺夫的墓地为沃勒曼少尉举行了葬礼。

1941年6月28日。连队在10时出发。行军路线经过斯莫尔德瓦、博克尼玛（Boknyma）、科辛（Kosin）和西特诺（Sitno）。在西特诺外围，连队遭遇了一些苏军坦克。连队从一片小树林中出击，此地正好部署了一个团部和一个M18型野战榴弹炮连。我们在这片树林后面和苏军坦克爆发了一场激战。俄国人的坦克当时位于通往西特诺的公路上，而这条公路挤满了卡车。我们在战斗中消灭了一辆坦克，但维尔克纳下士（Wirkner）的C号炮却在被击中后失去了行走能力。此外，这辆突击炮内部并没有遭受其他损伤。站在其附近的二等兵施塔门（Stammen）却不幸负伤。除了我们连，第2连也参加了战斗。两个连的突击炮一字排开齐射，好一幅壮观的场面！

辎重队原本也应在10时出发。不过，由于出现了耽搁，他们实际直到20时30分才真正出发。辎重队的行军路线经过斯莫尔德瓦和波库普那（Bokupna），之后经坦克的行进路线，穿过丹尼多夫卡（Danidowka），一直来到奥斯特罗夫（Ostrow）郊外。部队随后从那里越过原野前往科辛，然后前往索尔鲁金（Soweruki），并在那里过夜。列兵弗伦策尔（Frenzel）骑着摩托车出了事故，部队只能将他送进医院。

1941年6月29日。今天，部队行军经西特诺、阿德拉莫夫卡（Adramowka）和科潘斯（Kopanse），一直来到克鲁基（Kruki）。西特诺到处都是被击毁的坦克和卡车，这简直就是一副最可怕的人间浩劫，我军显然曾经给苏军车队实施了效果极佳的集中炮火打击。我们的突击炮搭载着步兵继续前进。辎重队于4时30分从萨沃祖基（Sawozuk）出发，于9时15分抵达伊瓦什祖基（Iwaszezuki）。14时30分，辎重队再次出发。20点45分，他们又经西特诺、阿达莫夫斯基和科潘斯，前往克鲁基。6月30日4时30分，辎重队抵达克鲁基。29日这天，苏联空军的活动非常活跃。

1941年6月30日。部队在克鲁基休息。17时30分，战斗单位一直推进到伊克瓦河（Ikwa River）畔的塔拉兹－斯塔里（Taraz–Stary）。然而，连队没有过河，在这里扎营住了下来。辎重队今天继续留在克鲁基。迪福纳下士（Deffner）在卸下一件武器时意外受伤。

1941年7月1日。部队继续向东方进军，期间消灭了两辆坦克。7时45分，辎重队从克鲁基出发，于10时抵达塔拉兹－斯塔里。

1941年7月2日。连长布林克中尉得了心绞痛。为此，瓦格纳少尉受委托接过了代理指挥权；菲尔比尔少尉现在接管了第3排。我们连奉命前去解围被围困在考特里恩堡（Katrynburg）的部队，被围部队中也包括第2连第2排。18时30分，辎重队接到了营部的命令。这份命令称我们营将撤出战斗，配属给第55军。我们接到指示，前往霍伊卡－维索维茨公路（Horynka–Wicsowiec road）旁的霍伊卡南郊建筑区南面的树林地带，并在那里休整。今天，战斗单位被调往霍伊卡。

1943年7月3日。9时15分，辎重队也到了霍伊卡。之后，维修单位也来到那里。战斗单位已经占据了一片新的集结地。今天，连队公布称我们连已经配属给第43军，必须立即做好出发的准备工作。不过，连队报告无法立即出发：首先，部队必须校正4辆突击炮的主炮；其次，一辆突击炮需要更换负重轮；最后，目前还有两辆突击炮仍在维修单位接受维修。

1941年7月4日。全连在霍伊卡南面的树林里过了一夜。由于连日的降雨，树林中的地面和道路已经泥泞不堪，部队只能使用半履带式和全履带式车辆，将轮式车辆牵引上公路。另外，部队还为轮式车辆上了防滑链。15时15分，战斗单位开拔前往维斯尼奥维茨（Wiesniowiec），然后从那里前往维兹博维茨（Wirzbowiec）。辎重队则在一个小时后出发前往新维斯尼奥维茨（Wiesniowiec Nowy）。

1941年7月5日。部队于8时30分出发，经维兹博维茨、科尔纳佐夫卡（Kornazowka）和帕金尼亚（Packinia），前往弗拉斯茨济恩采（Wlaszczynce），随后于10时30分抵达。辎重队今天留在了新维斯尼奥维茨。

1941年7月6日。我们连已经被调拨给第9步兵师。5时30分，部队出发前往比亚洛佐尔卡（Bialazerko）。然后，我们与第36步兵团第3营一起，越过了苏联与波兰的旧边境。边界后方有很多被苏军遗弃的碉堡。在宽广的开阔地带上，我们只看到一些正在逃亡的苏军步兵。傍晚，布林克中尉回到了连队，立即接过了指挥权。连队在巴萨尔亚（Basalja）附近的一个小树林中过夜。

辎重队于13时从维斯尼奥维茨出发，于21时到达距离苏波两国旧边界约3.8公里的比亚洛佐尔卡。辎重队行军路线为经维斯尼奥维茨、维兹德克（Wyzgerdek）和布赫洛夫（Buhlow）至比亚洛佐尔卡（行军距离约45公里）。

1941年7月7日。连队继续推进，一直来到克利腾卡马拉（Klitenka Mala）。辎重队也到了那里（行军距离约35公里）。

1941年7月8日。连队与一个反坦克炮排、一个自行车连，组成了一个先遣队。先遣队一直来到了齐岑诺夫卡（Cyceniowka），在那里突袭并消灭了一支苏军卡车队。连队从各个方向对苏军展开追击，抓了很多俘虏。7时45分，辎重队从克利腾卡马拉出发，于16时45分与作战单位在弗龙科沃斯（Wronkowce）会合。随后，部队在弗龙科沃斯过夜。

1941年7月9日。战斗单位前往斯维尼亚（Swinia），在那里度过了1941年7月9日至10日的夜晚。辎重队这次没有变换位置。

1941年7月10日。连队与第57步兵团第1营一起前进。起初，部队在途中并没有遭遇抵抗。根据报告，敌军拉德西（Ladyhy）部署了大量堡垒。一些俘虏提到苏军在此处部署了一条由堡垒组成的防线。部队已经进入“斯大林”防线（Stalin Line）。随后，部队派出一支步兵巡逻队，摸向一个苏军碉堡，侦察守军是否会抵抗。莱特下士（Raydt）带着一台背负式电台随巡逻队一同出发。最初，看起来敌军部队不会采取抵抗。但是，苏军很快便开火了。此时，巡逻队恰好来到了一处开阔地带，顿时陷入了悲惨之境。第3排随即奉命出发，前去解救这支巡逻队。在整个解救行动中，部队并没有遭受任何伤亡。但是，F号突击炮刚刚来到一座碉堡前方，发动机突然死火，顿时动弹不得。E号突击炮随即赶到对其伸以援手，并把它拖出了险境。当天，苏军用火炮和迫击炮向我军阵地实施了一整天的猛烈炮击。连队晚上在拉德西过夜，辎重队则从沃罗诺科沃斯前往萨姆茨克，随后在17时45分抵达那里（行军距离约38公里）。

1941年7月11日。夜里，苏军向连队所在地区实施了猛烈的炮击。期间，CD号弹药运输车被一发152毫米炮弹击伤。15时，连队与第57步兵团第2营一起发起进攻。我军突破了“斯大林”防线。我军迅速突破了碉堡防线，不过随后又爆发了激烈战斗。辎重队在萨姆茨克过夜。俄国人在中午发动的炮击，迫使辎重队将集结地从村南郊转移到了公路旁的树林里。

1941年7月12日。连队今天经拉德西、卡利诺夫卡（Kalinowka）、奥斯特罗波尔（Ostropol）和约瑟福维卡（Josefowka），行军至佩斯基（Pysk）。辎重队则继续留在萨姆茨克。

1941年7月13日。今天，连队一直推进到了雅布隆卡（Jablonka）。连队和第57步兵团第1营一起向那里发动了进攻，占领了敌军阵地。随后，猛烈的敌军炮火不时地落在已经被我们夺取的一处高地上。期间，瓦格纳少尉被弹片击伤。11时30分，辎重队离开了萨姆茨克，取道卡利诺夫卡和奥斯特罗波尔，一直来到佩茨基（Pyzki，行军距离约28公里）。

1941年7月14日。战斗单位一直前进到了乌拉诺夫（Ulanow）。12时，辎重队拔营，经过雅布诺夫卡、马里亚诺夫卡（Marjanowka）和拉胡采（Lahuca），前往乌拉诺夫（行军距离约45公里）。

1941年7月16日。战斗单位与第57步兵团第1营一起出发，经卢斯那（Lusna）和罗金兹（Roginzy），前往库斯托夫斯（Kustowzy）。整个行军后半段遇到了瓢泼大雨，E号突击炮则在卢斯那失去了行走能力。连队在库斯托夫斯与第9侦察营接到了一个特别任务。连队继续前去进攻瓦伊那（Wajna），随后留在了那里。

1941年7月17日。战斗单位留在瓦伊那。辎重队从乌拉诺夫前往沃科尼采（Woconince，行军距离约8公里）。无休无止的降雨将战区内的路面化成了深不见底的水潭，辎重队只能在沃科尼采过夜。

1941年7月18日。今天，战斗单位和辎重队继续留在原地。

1941年7月19日。战斗单位继续留在瓦伊那。连日的降雨让未经修缮的道路根本无法继续通行，迫使辎重队只能调头向北继续行军。辎重队于11时出发，经沃科尼采（Woconince）、乌拉诺夫、普里夫斯（Prikowce）、布亚格洛索德克（Bajgrosodek）和别尔基切夫（Barditschew），前往马尔卡诺夫卡（Markanowka），并最终在19时抵达了那里。今天，布林克中尉被授予了一级铁十字勋章。另外，战斗单位的13名成员则被授予了二级铁十字勋章。

1941年7月20日。8时，战斗单位出发前往马尔卡诺夫卡。随后，整个连队汇集在了那里。原本据说这是一个拥有5000名居民的村子！事实上，这是一个十分落败的村子！

1941年7月21日。部队今天在马尔卡诺夫卡休息。

1941年7月22日。部队今天继续在马尔卡诺夫卡休息。

1941年7月23日。部队在4时出发，前往新的集结地。行军路线从马尔卡诺夫卡经别尔基切夫、日托米尔（Shitomir）和通往基辅（Kiev）的公路，一直推进到西滕尤基奇（Szitnjuki）。此次行军距离约150公里。17时30分，连队抵达西腾尤基奇。

1941年7月24日。战斗单位前往安德烈耶夫卡（Andrejewka），并向第50步兵团报到。由于行动路线上的一些桥梁遭到了破坏，部队无法实施预定向铁路线发起进攻的计划，战斗单位只能留在安德烈耶夫卡。今天，辎重队仍留在西滕尤基奇。

1941年7月25日。今天是个休息日。敌军的炮火十分活跃。

1941年7月26日。今天又是一个休息日。敌军的炮击十分零落。

1941年7月27日。自本月25日以来，连长患上了眼疾，只得前往日托米尔的医院。于是，施皮尔曼少尉再次奉命代理指挥连队。苏军猛烈的炮火迫使他下令将连队从安德烈耶夫卡后撤到利波夫卡（Lipowka）。

1941年7月28日。今天是休息日。20时30分，连队接到了在1941年7月30日和31日发起进攻的命令。此时，连队已经被调拨给第70步兵团。

1941年7月29日。部队今天继续休息。

1941年7月30日。3时45分，战斗单位从位于利波夫卡的集结地开拔。根据第111步兵师的命令部队穿过科罗洛夫卡（Korolowka）和奥斯尤尔奇奇纳（Osjorschischina）向北行军，为随后进攻基辅－奥列瓦克铁路线（Kiev–Olewak）夺取一处出发阵地。于是，施皮尔曼少尉率领连队的两个排出发，但每个排只有两辆突击炮。大约5时，连队来到了奥斯尤尔奇奇纳。此时，晨雾已经升起，因此部队的行踪并没有被苏军发现。部队没有在奥斯尤尔奇奇纳停留，继续向第70步兵团第2营靠拢。

跨过一座大桥后，部队沿着通往马亚东诺夫卡的道路继续前进。这条道路的右侧为一片沼泽地，左边则是一片旷野。第70步兵团第7连就部署在这片旷野中，此地距离大桥约1000米。突击炮抵达之后，友军开始精确炮击北面的树林，那里正好是此次进攻的目标，炮击卓有成效。在突击炮的火力掩护下，友军步兵快速突入树林。突击炮用几发精准的炮弹解决了一些苏军抵抗据点。苏军士兵开始纷纷投降。突击炮很快也攻入了树林，开始寻歼苏军。突然，苏军从左侧袭击了B号突击炮。就在它调头准备解决攻击它的苏军之前，在左侧行动的其他突击炮迅速用几发炮弹解决了那门俄国人的步兵炮。

突击炮在树林中来回机动，向拥挤的苏军步兵群和车队开火，直至敌军的踪迹消失在远处。部队完成了此次进攻的目标。步兵随即开始挖掘工事。完成任务之后，连队回到了奥斯尤尔奇奇纳的大桥附近。在此过程中，二等兵阿尔（Ahl）被隐蔽的苏军步兵击伤。此时已经快9时了。第70步兵团第1营从7时开始就在戈拉亚（Golaja）遭到苏军的猛烈炮击。该营的进攻受到了压制，无法继续前进。我们的突击炮介入了那里的战斗，显著提升了步兵们的士气。我军随后拿下了戈拉亚。苏军进行了顽强的抵抗，不得不依靠逐屋争夺战占领这个村子。

上等兵卡皮施克（Kapischke）和医疗兵冯·蒂曼（von Thümen）在战斗中负伤。卡皮施克的负伤意味着，自战争爆发以来，连队的5名“徒步军士”中已经有4人负过伤了。连队随后后撤到科罗洛夫卡，然后在那里过夜。下午，连长回到了部队，再次接过了连队的指挥权。

1941年7月31日。今天，战斗单位最初仍留在科罗洛夫卡。下午，他们被前推至柳德维诺夫卡（Ljudwinowka）后面。19时，他们与第70步兵团第2营一起推进到马亚丹诺夫卡（Majdanowka）。这个村子里并没有苏军，他们已经向北撤退。随后，连队在那里过夜。辎重队则在拉瓦尔洛夫卡停留了一整天。

1941年8月1日。战斗单位今天进行了重组，编为两个排，每个排各两辆突击炮，分别由施皮尔曼少尉和乌尔布里希特少尉指挥。4时，乌尔布里希特少尉带领他的排前往维什涅雅科夫（Wischnjakow），前去与第70步兵团第7连建立连接。该连此时部署在马亚丹诺夫卡东北部郊。突击炮抵达后，该连随即向东前往维什涅雅科夫－奥斯尤尔奇奇纳公路岔道口，途中并没有遭遇敌人。如此，部队迅速抵达上级指定的目的地。

随后，部队接到了继续前进的命令。然而，此地的沼泽地形无法让突击炮继续向东进军。为此，在两个步兵班的伴随下，突击炮排转而向东北方向行军，来到一片树林边缘的一处地势稍高的地方。从这里看到公路和基辅－奥列瓦克铁路。部队随后与敌人在300米到400米距离上展开了交火。为了获得更好的射界，施罗德尔上士的E号突击炮行驶到了D号突击炮的前面。此时，伴随着一声巨大的爆炸声，这辆突击炮顿时被一股黑色浓烟完全笼罩。它碾到了一颗地雷，右侧驱动轮几乎完全被炸毁了。在D号突击炮的掩护下，乘员们冒着枪林弹雨逃离出突击炮。最后一个跳下车的是驾驶员克洛特下士(Kloth)。在此过程中，他踩上了一颗地雷，被炸成了碎片。这颗地雷爆炸的威力是如此巨大，以至于D号突击炮内部的通风设备都被震坏了，散热器内的冷却水在短时间内上升到了120℃。部队不得不将这辆突击炮拖回马亚丹诺夫卡，无法继续为E号突击炮提供掩护火力。

苏军猛烈而精准的火炮和迫击炮火力，迫使我军步兵无法守住战线，退回到了最初进攻的目的地。排长也和步兵一道撤出了战斗。两个小时之后，连长带着第1排和一个扫雷分队，向E号突击炮靠拢。然而，他们仍然无法回收这辆突击炮，也无法守住阵地。苏军的炮火十分猛烈，他们被迫再次撤退。苏军随后抢走了这辆突击炮。同时，乌尔布里希特少尉为第1排探明了一条向东进攻的通道。上午，在苏军的猛烈炮击下，第1排根本无法通过此地，从而无法支援我军从戈拉亚向北发起的预定进攻。

大约中午时分，第1排与第70步兵团第2连，从该团第7连的阵地出发，开始向东发起进攻。最初，部队的进攻十分顺利，一直推进到了维什涅雅科夫(Wischnjakow)庄园，从而达成了此次进攻的目标。步兵随后开始挖掘散兵坑，躲避苏军的猛烈炮火。突击炮遭到了苏军精确火力打击，而且炮火越来越猛。突击炮只能通过不停地改变阵地，才能避免被炮火击毁。

18时15分，苏军以大约两个营的兵力发动了一次反击。我们观察到，这些苏军步兵是被一些骑在马背上的人驱赶进入战场的。在我们的突击炮的火力打击下，苏军的这次进攻很快便崩溃了。EF号装甲弹药运输车前往友军战线后方接载弹药的途中，碾到了一颗地雷。这辆车就这样被炸毁了，二等兵克茨马克(Czermak)阵亡，一等兵赫尔曼·坎茨(Hermann Cantz)则严重受伤。将近19时15分，连队退回到了马亚丹诺夫卡，随后在那里过夜。

1941年8月2日。10时，辎重队离开拉瓦尔洛夫卡前往位于科罗勒夫卡的一处农庄。15时，作战单位也跟着辎重队来到了那里。

1941年8月3日。9时，全连动身前往马卡罗夫(Makarow)。随后，全营也向那里开拔。部队计划在那里对车辆进行检修。我们连已经被解除了与第111步兵师的临时隶属关系，重新回归我们营，而我们营此时已经被编入第45军。

1941年8月4日。部队今天在马卡罗夫休整。

1941年8月5日。部队继续在马卡罗夫休息。

1941年8月6日。部队仍然在马卡罗夫休息。今天，二等兵克茨马克被安葬在戈拉亚东北郊公路岔路口右侧280米处。躺在他右边的是第70步兵团第3连的二等兵韦加里(Wegary)。

1941年8月7日。部队今天仍留在马卡罗夫。

1941年8月8日。连队于8时45分开拔。部队在主要补给路线上行军，经帕萨夫卡(Passawka)、罗西洛沃(Rosylowo)、马赫伊西恩(Mahysihn)、马拉亚亚斯诺尔卡(Malaja Jasnorka)和舍拉诺卡(Shernowka)，前往普莱斯科热(Plessezkoje)。另外，部队今天向一些官兵颁发了普通突击章。

1941年8月9日。连队今天位于普莱斯科热。

1941年8月10日。连队于5时45分出发，经过斯基托克（Skitok）、格莱瓦察（Glewacha）和瓦西里科夫（Wassilkow），一直来到马拉亚奥利相卡（Malaja Oljshanka）。

1941年8月11日。部队在马拉亚奥利相卡休息了一天。

1941年8月12日。连队今天继续在马拉亚奥利相卡休息。

1941年8月13日。我们营已经被配属给第9步兵师。战斗单位经巴克西（Bucty）和波托克（Potok），转移到位于尚巴达瓦（Schandawa）的新集结地。由于附近的桥梁无法通行，部队推迟了进攻。

1941年8月14日。战斗单位已经做好了行动的准备工作。“斯图卡”俯冲轰炸机攻击了位于卡涅夫（Kanew）的第聂伯河大桥。辎重队今天继续留在马拉亚奥利尚卡。

1941年8月15日。14时30分，连队朝着科斯特亚涅兹（Kostjanez）方向发起进攻。在此过程中，连长座车碾到了一颗地雷。这辆车无法行驶了，好在乘员都没有受伤。这辆车在没有任何步兵掩护的情况下，在离苏军200到300米远的地方停留了一整天。然而，苏军也没有胆量夺取这辆突击炮。

1941年8月16日。8时，部队向卡涅夫发起进攻。13时，连队来到卡涅夫。一等兵维勒尔（Weller）被弹片打伤。辎重队今天留在西内亚夫卡（Ssinjawka）。

1941年8月17日。我们营脱离了第9步兵师。战斗单位和辎重队随后前往德拉奇（Dratschi）。

1941年8月18日。连队今天留在德拉奇。维尔克纳下士（Wirkner）的C号突击炮，此前于6月28日在西特诺被一发苏军炮弹击伤后送去维修，今天在返回连队的途中却在远离战线的地方碾到了一颗被遗漏的地雷。维尔克纳下士因此受伤。

1941年8月19日。连队今天继续留在德拉奇。

1941年8月20日。连队今天仍留在德拉奇。

1941年8月21日。我们营已经被配属给第294步兵师。9时，连队离开德拉奇，于14时15分抵达米罗夫卡（Mirowka）。

1941年8月22日。今天，我们营的战斗单位合并为一个连，并由布林克中尉指挥。部队随后出发经卡尔加里克（Kargalyk）和诺沃塞尔克（Nowosselke），前往维伦亚（Werenja）。辎重队则随后出发，前往米罗夫卡。

1941年8月23日。6时，部队开始进攻苏军位于在第聂伯河右岸特里波列（Tripolje）的桥头堡。我军已经实施了非常猛烈的炮火准备工作，其猛烈程度可谓前所未有。进攻开始后，发现桥头堡内已经看不到任何苏军。连队在特里波列进行了短暂的休息。随后，苏军也对特里波列进行了短暂的炮击。整编连中有两名士兵负伤，不过值得一提的是，他们不是我们部队的。一辆观察车碾到了一颗地雷，列兵施奈德（Schneider）在这场事故中受了轻伤。下午，连队经卡加尔里克撤回到米罗夫卡。

1941年8月24日。连队今天前往基罗沃（Kirowo）。

1941年8月25日。连队今天留在基罗沃。我们营已经从第6集团军调到了第17集团军，后者则把我们营分配给了第11军。

1941年8月26日。连队今天的行军路线：基罗沃－施潘多夫卡（Schpendowka）－温策托夫卡（Winzetowka）－博戈斯拉夫（Bogoslaw）－梅德温（Medwin）－尼相卡（Nisjanka）－斯文尼戈罗德卡（Swenigorodka）。

1941年8月27日。部队今天的行军路线：斯文尼戈罗德卡－施波拉（Schpola）－斯拉托波尔（Slatopol）－施波夫科（Schpowko）－费达瓦尔（Fedawar）。

1941年8月28日。今天的行军路线：费达瓦尔至霍尔比奥卡（Horbioka）。

1941年8月28日。今天的行军路线：霍尔比奥卡至米罗诺夫卡（Mironowka，行军距离5到6公里）。

1941年8月30日。部队在米罗诺夫卡休息了一天。

1941年8月31日。部队今天继续在米罗诺夫卡休息。

1941年9月1日。部队今天继续留在米罗诺夫卡。

1941年9月2日。连队今天最初前往帕夫里西（Pawlysch），然后又在那里等待渡过第聂伯河的命令。战斗单位随后渡过了第聂伯河，辎重队留在帕夫里西。部队使用渡轮过河，渡河过程一帆风顺，也没有遭到苏军的任何骚扰。连队随后在河对岸扎营。据称，敌人当时就在距离营地2000米外的地方。

1941年9月3日。连队今天从伏龙之（Frunse）前往波托基（Potoki）。辎重队留在原来的位置。上午，连长乘坐一辆弹药运输车，带领一个连一直进攻到了位于波托基的第聂伯河的一条干涸的支流地带。尽管发生了激烈交火，但在这条支流的这一侧并没有发现苏军。苏军在这条第聂伯河支流的远端的密林中精心部署了一些机枪巢，大树上还隐藏着一些狙击手。为此，我军步兵受到了一些伤亡，连长的座车也多次被击中，所幸只被击穿了一个地方。

1941年9月4日。连队留在了波托基。辎重队也在今天和连队会合。辎重队在横渡第聂伯河时候遭到了空袭，炸弹落在了离一艘渡轮咫尺的河面中。不过，苏军的空袭并没有给部队带来损失。苏军的空中活动十分活跃。苏军持续空袭第聂伯河渡口，自然骚扰到了我军的渡河行动，但他们显然并没有获得显著成效。当时，我军只有两到三架战斗机在这一战区提供空中掩护。苏军总能够抓到机会，在我军战斗机于战区另一端巡逻时发动空袭。即使我们的战斗机遭遇苏军战机，他们通常仍能够占据优势，而俄国战机只能被迫撤出战斗。苏军在夜间也发动了空袭。

1941年9月5日。今天，战斗单位前往拉夫里科夫卡（Lawrikowka）。他们已经被配属给第101步兵师。他们和步兵一起拿下了两个重要的村子。这次作战获得大胜。第101步兵师的官兵对我们的突击炮的效果感到欢欣鼓舞。友军步兵的伤亡微乎其微。苏军用迫击炮实施了猛烈炮击。战斗结束后，战斗单位回到了拉夫里科夫卡。

1945年9月6日。部队在拉夫里科夫卡休息了一天。辎重队向前靠拢。苏军的空中活动再度活跃起来。下午，6架德军战斗机攻击了以环形队形飞行的苏军轰炸机机群。他们击落了其中4架轰炸机！这次交战之后，天空中的敌机似乎被一扫而空。下午晚些时候，连队被调往西霍迪（Sichody），目的是于次日在波托基渡过普肖尔河（Pssiol River），并加入克列缅丘格（Krcmentschug）的战斗。苏军实施的爆破行动，给位于波托基的一座铁路大桥带来了严重损伤。他们甚至炸掉了步行桥。目前，铁路大桥的修复工作尚在进行中。工兵和帝国青年义务劳动军正在并肩修复这座大桥，我们营的一些后备车组也加入大桥的修复工作。苏军炮兵狂热地试图骚扰我军的修复工作，并摧毁桥梁。当连长到上前查看修复工作的时候，他的头部被弹片轻微击伤。不过，他仍坚持继续指挥部队。

1941年9月7日。连队已经被配属给第125步兵师的第419步兵团。连队与第419步兵团第2营一起，在波托基跨过了铁路桥，前往“杨树村”（Village of Poplars）——罗曼基（Romanki）。苏军用迫击炮猛烈炮击了那里。列兵米夏埃尔（Michael）便在这场炮击中受伤。连队随后支援第111步兵师侦察营向奥姆耶尔尼克（Omjelni）进军，途中击毁了几门苏军火炮。一发反坦克炮弹打穿了连长的座车，打伤了二等兵海涅曼（Heynemann）、施勒明格（Schlemminger）和列兵马斯洛夫斯基。幸运的是，连长竟然毫发无伤。汽车着火了，连长取下灭火器，冷静地阅读了上面的说明书，然后扑灭了火焰。下午晚些时候，连队肃清了第419步兵团第3营前方的阵地。苏军已经被击退至巴德突吉（Bordjugi）和利特温基（Litwinenki）。辎重队今天迁移到了利希沃迪（Lichwody）。

1941年9月8日。部队今天与第419步兵团第2营一起进攻，兵不血刃地拿下了万舒里（Wanschuli）。至9时，部队已经完成了此次进攻的目标。连队随后前往托加里（Togari）。部队发现这个村子里已经没有敌人。B号突击炮将部署在一处高地前坡的两个苏军炮兵连驱逐到了山后面。然后，苏军猛烈炮击了我们的突击炮。我们连被迫撤退到一个集体农场的场院里。苏军显然发现了我们的动向，向这座农场实施了猛烈炮击。列兵利普（Lipp）阵亡，威廉·弗林特罗普下士（Wilhelm Flintrop）和克莱登下士（Kläden）负伤。列兵利普后来被安葬在集体农场里。连队随后向万舒里转移，并在那里过夜。辎重队今天前移到了罗曼基。

1941年9月9日。15时20分，连队和第419步兵团第1营出发，前去进攻利特温连基（Litwinjenki）。我军很快占领了这个村子。尽管已经完成了当天的任务，但部队仍继续前进，又占领了巴德突吉村。在巴德突吉村外，B号突击炮的观察窗被一挺苏军重机枪击碎了。这辆突击炮被迫撤了下来。A号突击炮也在该地区被击中。弹簧顶零件的盘型装置击中了炮长一等兵科尼希的头部，让他一度退出了战斗。车长不得不暂时顶替了他的岗位，然而他随后也被敌军的机枪击毙了。一发在车首斜面被弹飞的子弹轻微击伤了一等兵驾驶员埃德加·谢勒（Edgar Scheeler）。战斗结束后，连队撤回到了万舒里。

1941年9月10日。战斗单位在万舒里休息了一天，辎重队则留在罗曼基。

1941年9月11日。由于糟糕的天气，部队取消了进攻奥姆耶尔尼克的行动。战斗单位和辎重队留在了各自原来的位置。

1941年9月12日。经过一场激战，我军拿下了奥姆耶尔尼克。普罗伊塞尔少尉和医疗兵冯·蒂曼在战斗中负伤。连队随后留在奥姆耶尔尼克。辎重队今天仍在罗曼基。连队已经完成了在该地区的任务。我军已经在克列缅丘格建立了一座桥头堡，并显著扩宽了这座桥头堡。克莱斯特装甲集群（Panzergruppe Kleist）的部队正鱼贯进入该地区，经此向北进军并与从罗姆尼向南进军的古德里安装甲集群（Panzergruppe Guderian）会合。我军的战役意图是合围并歼灭基辅地区的布琼尼元帅（Budjenny）的苏军西南方面军。

1941年9月13日。连队已经配属给第100轻型步兵师。11时，部队在罗曼基集结，之后于13时从那里出发。行军路线从罗曼基经波托基大桥至西瑟勒斯基（Sseleskij）。17时30分，部队抵达西瑟勒斯基。连队随后在野外露营。

1941年9月14日。连队已经被配属给第54步兵团。14时，部队发起进攻，进攻目标为汉诺夫卡（Gannowka）火车站东面的铁路线。部队在行动中拿下了安德烈伊基（Andrejki）和杜杜基（Duduki），随后又向前推进了12公里。这是到目前为止，我们连队最顺利的一天，仅第1排就在当天缴获了16门炮，第2排则消灭了两个苏军炮兵连并缴获了大量火炮。在缴获的火炮中，一门为180毫米加农炮。因此，苏军在该地区的炮兵力量已经被瓦解。在随后通往波尔塔瓦的途中，部队只遭遇了苏军轻型炮兵火力。

1941年9月15日。第100轻型步兵师已经突破了苏军防线，抵达汉诺夫卡东面的铁路线。该师组建了一支先遣队。不用说，我们连成了这支先遣队的一部分。部队随后到达科赫亚基（Koheljaki）。苏军在少数村子里进行了抵抗，但很快便被粉碎了，没有任何人能阻挡我们前进。辎重队今天前移到了安德烈伊基。亚当下士（Adam）被一名疯狂的苏军坦克手击伤，那名苏军士兵隐藏在战线后方一辆不能动的坦克里。当亚当下士想看看这辆坦克的内部并打开了舱盖时，这名苏军坦克手打伤了他。随后，我们用一枚手榴弹解决掉了这名疯狂的俄国人。

1941年9月16日。先遣队今天势不可挡地继续向前推进，经梅尔科沃（Merkowo）前往莱曼（Leman）。我们的快速推进完全出乎了俄国人的意料。先遣队深入到敌军后撤的卡车车队中。第1排缴获了23辆卡车，第2排缴获了16辆。随后，第1排在莱曼过夜。下午，第2排一直前进到安德烈伊基。8时，辎重队从安德烈伊基向梅尔科沃前移。随后在12时抵达梅尔科沃。

1941年9月17日。今天，先遣队一刻不停地继续前进。第2排与先遣队一起行动，连长也和这个排在一起。C号突击炮在行军一开始便碾上了一颗地雷。不过，损伤不是太糟糕，这辆突击炮可以继续前进。部队在安德烈夫卡（Andrewka）建立了一个桥头堡。第2排随后继续前往瓦西里伊基（Wassjki）。这时，出现了大量苏军坦克，其中相当一部分是重型坦克。第2排在从安德烈夫卡到瓦西里伊基的途中击毁了两辆坦克。我们在安德烈夫卡的阵地遭到了8辆苏军坦克的进攻，不过苏军未能得逞。第1排与埃克施泰因行军集群（Marschgruppe Eckstein）一起前进，行军路线为从莱曼至普洛斯罗热（Ploskoje），然后前往安德烈夫卡。由于普洛斯罗热的一座桥梁受损，这个排只能调头向北行军，穿过新德米多夫卡（Nowo Demidowka）。队伍随后在那里遇到了一些苏军坦克，一辆苏军中型坦克在战斗中失去了作战能力。在继续向安德烈夫卡进军途中，部队又在很远的距离上遭遇了8辆苏军坦克。这个排随后在安德烈夫卡过夜。辎重队今天前行至普洛斯罗热。需要指出的是，当前该地区的形势非常不确定。

1941年9月18日。所有战斗单位向着瓦西里伊基行军。部队今天与苏军坦克发生了激战。部队将高炮和突击炮推到了前头，一门88毫米高炮被炸成碎片。我们的突击炮在这里也起了决定性作用，摧毁了8辆苏军坦克，其中就包括了一辆重型坦克。战斗单位随后在雷布兹（Rybzy）过夜，辎重队留在普洛斯罗热。

1941年9月19日。今天，战斗单位留在雷布兹，辎重队去了马苏罗夫卡（Masurowka）。

1941年9月20日。连队接到命令，与第101侦察营、两个自行车连和一个重炮营一起，前去清剿雷奇洛夫卡村（Reschlowka）。在随后的战斗中，我军在村子里与占据数量优势的苏军坦克爆发了一场激战。C号突击炮被击中，不得不撤出战斗。哈克下士（Hacker）在突击炮被击中的时候负伤。连长带着施皮尔曼少尉和蒂尔下士（Thiel）上前，寻找隐藏起来的苏军坦克和迫击炮。当他们观察一条小河的远端时，一辆苏军坦克开火了。一发炮弹打断了连长的左腿。一会儿后，一辆苏军坦克向A号突击炮开火，严重击伤了一等兵科尼希；康纳克少尉和列兵霍斯特·戈林斯基（Horst Golinski）则受了轻伤。不过部队最终在没有发生其他意外和伤亡的情况下，肃清了这个村子。傍晚，连队去了德米多夫卡（Demidowka）。施皮尔曼少尉被任命为连队的代理连长，菲尔比尔少尉则接管了第1排。

1941年9月21日。战斗单位和辎重队去了波尔塔瓦（Poltawa），战斗单位随后继续前往迪利亚内克（Dullianek）。连队再次被配属给了第100轻型步兵师。

1941年9月22日。连队已经被配属给第54步兵团第2营，负责掩护第100轻型步兵师的左翼。我军发现瓦科隆赫（Wakolonje）已经没有敌军。部队随后向捷尔诺夫奇纳推进，期间只发生了小规模遭遇战。

1941年9月23日。连队前往向克鲁托伊奥贝列格（Krutoi Bereg）。连队被配属给第57步兵团。14时，辎重队被前移至克留科瓦（Krjukowa）。

1941年9月24日。战斗单位和辎重队今天前往达尔斯卡列耶夫卡（Darskajejewka）。

1941年9月25日。连队今天位于达尔斯卡列耶夫卡。第1排被部署在马格登科（Magdenko）附近。指挥车在今天的战斗中被击中，菲尔比尔少尉、二等兵特劳布和施勒明格阵亡，二等兵容（Jung）和列兵许特尔（Hütter）负伤。C号突击炮失去行动能力，两发炮弹卡在了减速器里，所幸这个车组并没有人受伤。战斗单位随后在拉德申（Ladyshen）过夜，辎重队则留在老地方。

1941年9月27日。连队已经被配属给第217步兵团第2营，并与其一起发起了进攻。部队今天遇到了一支苏军高加索部队！我们在战斗中抓获了很多俘虏。连队在拉德申的一个集体农场过夜。辎重队则来到了马格登科。

1941年9月28日。连队今天上午留在拉德申的集体农场。中午向诺博夫卡（Nobowka）方向发起进攻。由于苏军猛烈的炮火，部队随后停止进攻。拉德申的集体农场也遭到苏军猛烈炮击。因此，连队转移到了特罗博夫卡（Trobowka）。

1941年9月29日。战斗单位白天在特罗博夫卡休息，随后在傍晚向马格登科转移，在那里与辎重队会合。

1941年9月30日。连队今天前往波尔塔瓦。

1941年10月1日至10日。连队今天留在波尔塔瓦，维护车辆。

1941年10月11日。战斗单位再次被配属给第57步兵师。7时，部队从波尔塔瓦出发前往别洛布罗夫（Belobrowy）。利特克中尉今天接管了连队的指挥，普罗伊塞尔少尉和赛茨少尉分别指挥第1和第2排，施皮尔曼成为连军官。经过了100多公里的行军后，战斗单位在将辎重队留在菲连科夫（Filenkow）后抵达纳斯通科夫卡（Nastonkowka）。途中有地方下起了大雪，部队直到天黑后才抵达那里。路面已经变软了，给轮式车辆的行军工作造成了相当大的困难。连队可能将被配属给第157侦察营。这个侦察营接管了第57步兵师的一处防御地段，目前正作为步兵部署在阵地上。

1941年10月12日。部队今天被配属给了第199步兵团。下午，第2排在连长和排长的带领下，掩护我军的战斗前哨单位撤回到主战线。第2排在行动中仅获得了有限的胜利。傍晚，所有人都回到了营地。

1941年10月13日。部队今天没有行动。雨雪交加的天气正在不断恶化。

1941年10月14日。连队的隶属关系又有了变化，再次被配属给第157侦察营。拂晓，战斗单位前往库斯塔列夫卡（Kustaraika）。部队仍然没有分配到任务。由于那里没有可以住宿的地方，连队在夜色降临时撤回到了纳斯通科夫卡。

1941年10月15日。施皮尔曼少尉去了辎重队，协调补给问题。由于极其恶劣的天气，部队在补给上遇到了很多麻烦。黎明时分，战斗单位前往库斯塔列夫卡。12时，连队的指挥隶属关系再次发生变化，被配属给了第179步兵团。不过，就在两个小时前，第2排已经奉命前往第199步兵团地域，前去抵御苏军在那里发动的一次进攻；第1排则带着两辆突击炮前去支援第157侦察营的自行车部队，逼退了两辆T-34坦克。晚上，这两个排都回到了库斯塔列夫卡。

1941年10月16日。为了在敌军进攻时立即做出反应，第1排在拂晓时出发前往其原先的阵地。第2排在下午替下了第1排。夜幕降临时，所有战斗单位都回到了营地。相当的平静，至少从步兵和炮兵的角度来看是如此。周边的一些村子今天遭到了苏军零星空袭。天气有所好转。土路已经开始干燥起来。

1941年10月17日。正如昨天所看到的那样，苏军已经撤退，第57步兵师为此组建了一支先遣队向前推进，立即追击敌军。这次，这支先遣队由第117侦察营和我们连组成。先遣队在拂晓出发。就在部队刚刚出发时，A号突击炮掉进了一个地下室。尽管部队做了最大努力，但是仍无法让其摆脱困境。由于桥梁状况不佳，连队不久后只能放弃原先的路线，寻找一条另外的路线。在此过程中，又有两辆突击炮陷进了沼泽地。最终，在最后两辆尚能行动的突击炮和一辆在此期间赶到的（缴获的）T-34坦克的帮助下，部队经过一番努力才救出了这两辆突击炮。在此期间，先遣队的先头单位已经遭遇苏军的抵抗。午后不久，连队终于可以再度前进，立即支援清剿马尔吉诺村（Margino）。苏军在这个村子里专门部署了一些迫击炮单位。

在这场战斗中，施皮尔曼少尉再度受伤，而这已经是他第5次受伤，迫使他在之后的一些日子里只能待在辎重队休养。随后，先遣队继续前进，两辆突击炮行进在自行车单位的前头。经几轮炮击，先遣队肃清了一座集体农庄内的苏军，并抓获了大量俘虏。快要天黑的时候，先遣队穿过了一处野战阵地。部队随后又抓了大量俘虏，这些苏军只采取了微弱的抵抗。晚上，先遣队进入一个村子，准备在那里过夜。与此同时，一支苏军马车补给运输队也出现在那里，随即被我军截获，我军立即将这些马车编入先遣队。在搜寻住所的时候，为了获得可以抵御严寒的房子，部队必须首先俘虏这些正在吃晚饭的敌人。出人预料的是，这些苏军士兵尽管可以借着夜色的掩护逃跑，但他们还是成群结队地向我军投降，交出了他们的武器。

1941年10月18日。上午，由于无法通过一道又窄又脆弱的堰堤，连队只能放弃先遣队其他单位所走的路线，另外寻找行军路线。在执行一次小型掩护任务的时候，一辆突击炮无法爬上一处陡峭的斜坡。当前方的A号突击炮准备发力牵引时，其变速箱却冻在了倒挡上。于是，这辆突击炮只能留在原地——基拉西拉斯基（Kirassirsky）。连队与先遣队重新会合后不久便抵达了当天的目的地。此时已是下午。当一辆突击炮转向左侧执行侦察任务时，出现了一支小规模的苏军骑兵部队。部队迅速击溃并打散了他们。随后，部队又击退了一支从相同路线而来的苏军步兵单位。先遣队的行军路线与一条被一些村庄围绕的小溪平行，一辆T-34坦克正行驶在小溪的对岸。令人惊讶的是，这辆坦克竟然被一门37毫米反坦克炮给吓跑了。随后，连队和先遣队其余单位一起在这条小溪旁的新梅奇克（Nowy-Metschik）过夜。大伙儿在晚饭中吃了一些肥鹅肉。

1941年10月19日。由于没有接到继续前进的命令，第2排便奉命执行警戒任务。中午时分，由于需要占领另外一座山头，第2排又向前推进了几公里。第1排随后也继续前进。下午，邻近的一个师已经向前进军。第1排越过了一道反坦克壕沟防线，并探明苏军在该地区并没有设置雷场。先遣队随后占领了一个小村庄，第1排从反坦克壕后方警戒右翼。此后，它赶走了一门苏军的迫击炮，不过在将近傍晚的时候，它又遭到猛烈的炮击。包括第2排在内的先遣队主力沿着小溪前进的同时，自行车单位与第1排在向右侧行军。直到夜幕降临时，所有单位都抵达了旧默奇里克（Stary Mertschik）。

1941年10月20日。大雨下了一整夜。因此，土路又变成了一片泥塘。尽管如此，我们还是继续上路行军。上午晚些时候，部队来到了瓦尔基－哈尔科夫公路（Walki–Kharkov）。部队与邻近的一个师抵达一个更大的村庄，缴获了大量马车、弹药和补给品。我们一刻不停地继续赶路，随后在村子郊外又追上了一支马车队。这些马车上装着自动火焰喷射器——苏军再也不能部署这些火焰喷射器了。部队不停地交替开火和前进，时常难以决定应该首先打击哪一个目标。部队重新为突击炮补充了弹药，并用一辆缴获的燃油运输卡车为突击炮补充了油料。其他向我们靠近的苏军车辆迅速停车，而大多则选择转向或冒险从我们旁边快速绕过，但它们要么被我们碾碎，要么直接被我们打成了碎片。有时候，一门苏军反坦克炮或火炮从侧翼向我们开火，但这并没有阻碍部队继续前进。一辆喷着烟雾朝着我们驶来的火车，随后遭到了我们的打击，它立即做了180度大转弯。最后，在没有遇到其他严重意外的情况下，部队抵达了卢基村身后的乌达河（Udy River）。

自行车单位的一名军士长迅速破坏了苏军为炸掉大桥所准备的材料。直到部队建立起一个桥头堡，我们才逐渐意识到，眼前的大城市便是哈尔科夫，大家都感到吃惊。此地距离这座都市只有2到3公里。突击炮有活儿干了，一辆T–34坦克以疯狂的速度冲进了城里。一辆牵引车拖着两辆满载物品的拖车，驶向建筑群寻找掩护。在左边，一个部署在开阔地的炮兵连正在向这辆牵引车开火。结果，不仅这辆牵引车被击中，它运载的弹药也都飞上了天空。

随后，我们耗尽了弹药！停在我们左边的那些满载物品的卡车由于处于交战距离之内，只能平静地离开了战场。因为中间有条河，部队此时无法进入哈尔科夫城。我们的先遣队比整个军的其他部队都要前进得更远，为此部队只能建立一个环形防御阵地，等待其他部队赶上来。夜里，部队又部署了一支人数众多的警戒兵力。同时，为了提供更多的警戒力量，我们的突击炮也进行了分散部署。这个夜晚，部队几乎没有人敢合眼睡个安稳觉。代替施皮尔曼少尉指挥部队的康纳克少尉，与侦察营的一名军官回到师部，请求增援，以免再度失去这个重要的地区。苏军的牵引车和坦克车队源源不断地撤入哈尔科夫城，我们一整夜都听得到它们所发出的轰鸣声。

1941年10月22日。黎明时分，一个装甲营出现了。上午，步兵也赶了上来。将近中午的时候，炮兵部队进入了阵地。尽管如此，部队依旧没有继续前进。连队开始扎营。此时，我们仍无法从辎重队那里获得燃油和弹药补给，因为辎重队仍在马尔吉诺。辎重队的轮式车辆无法克服长距离的泥泞道路。康纳克少尉随后去后方，试图解决这一棘手的问题。由于一时无法收到康纳克少尉的消息，普罗伊斯尔少尉也奉命前往辎重队。

1941年10月23日。辎重队穿过了糟糕的路段，来到一条路况稍好的道路。燃料和弹药得以送到前线。辎重队还送来了E号突击炮所需要的扭杆弹簧。剩下的两门突击炮随后离开驻地，准备在12时发起进攻。连队已经被配属给了第199步兵团第1营。起初，部队前进到了一幢工厂大楼。由于桥梁已被炸毁，部队无法再向前推进了。这期间，第3连也赶来了。两个连都在等待工兵部队架设一座工兵桥。我们利用这段时间补充了燃油。每辆突击炮接收了4个20升的油罐，每辆指挥车接收了两罐燃油。如此就瓜分完了一辆救护车带来的所有燃油。

大约16时30分，工兵们终于架设好了工兵桥。第3连的5辆突击炮和一辆缴获的T-34坦克，得意洋洋地从我们旁边驶过，只在大桥后面发生了堵车。之后，我们连带着剩下的两辆突击炮从他们旁边驶过。我们连可以自豪地宣布我们是第一批进入哈尔科夫的部队！在突击炮出现后，我军步兵继续发起进攻。多尔施下士带着一些工兵一起前进，让后者为其排除地雷。在前进了20米后，他要求工兵下车。在那一瞬间，突击炮开火了。进行了短暂的交火，多尔施下士的突击炮报告称，击毁了两门被牵引至公路开阔地带上的100毫米火炮。在后来的战斗中，多尔施下士击毁了一辆轻型坦克和一辆中型坦克！卡尔·魏德勒下士（Karl Wedler）也击毁了一辆轻型坦克，随后，他在天色暗下来时候又打着了一辆装甲车。天黑两个小时后，连队退了下来，进入了夜间阵地。

1941年10月24日。进攻开始后不久，得到修复的E号突击炮赶了上来。连队的三辆指挥车和三辆突击炮，随后沿着城内的宽阔街道前进。每当部队射出一发炮弹，所有楼层的窗玻璃被震碎，砸在了步兵们的头上。钢盔在这里又一次发挥了作用。在城市中心的一座桥上，一辆突击炮与一门76.2毫米炮展开了一场短暂的对决，最终还是以我们获得胜利告终。部队在第一轮开火中打着了一些小型装甲车，苏军的一支爆破小组被迫后撤，先头作战部队附近挤满了《每周新闻短片》和广播播报员。因此，我们连第一次出现在了此后连续放映的《每周新闻短片》中。然后，连队改变了隶属关系，从第199步兵团第1营被配属给了第199步兵团第3营，后者在推进过程中只遇到零星的抵抗。最终，连队又被配属给第199步兵团第2营，这支部队也没有遭遇敌人。当天色开始变暗时，连队后撤到了一座体育场附近，在合适的住所中过夜。

1941年10月25日。今天的任务是肃清市中心地带。不过，我们发现城市中的苏军事实上已经被彻底肃清了。这意味着苏联第三大城市已经落入我们手中。连队最近数天来的作战达到自大战开始以来的巅峰。尽管如此，此时放眼这座城市，不免让人感到失望。在那些宏伟外墙的背后已经荡无一物，只有遍地的废墟。那些被烧毁或者化为废墟的国际饭店，也许有过让人亲切的文化。下午，连队在一座公寓大楼找到了极好的住所，至少按照苏联标准，这里的条件真是极好的。辎重队则停留在体育场里。

1941年10月26日至11月3日。连队一直在哈尔科夫休整，期间维护了车辆。两辆留在后方的突击炮——A号和B号突击炮，由于无法被送到哈尔科夫，现在只能列为全损车辆。新任营长海因茨·施泰因瓦赫斯上尉（Heinz Steinwachs）在我们连做了自我介绍。

1941年11月4日。上午早些时候，部队离开哈尔科夫，向梅利托波尔（Melitopol）进军。全营将抵达第11集团军的作战地区。连队只前进了几公里就遇到了一条很糟糕的道路，因此直到傍晚才前进了50公里。部队随后在诺沃亚沃多拉加（Nowoja Wodolaga）休息。两辆卡车和一辆在哈尔科夫用作"豪华"连队办公室的巴士，在途中抛锚，随后被我们抛弃。

1941年11月5日。今天部队未能抵达第一个目的地——克拉斯诺格勒（Krasnograd）。部队只前进了20公里，来到旧维尔罗夫卡（Starowlerowka），天便黑了。当日的行军方式如同一支"护航队"，每辆突击炮后面都跟着4、5辆卡车。在没有保护的情况下，这些卡车根本无法前进。寒冷和多雨的天气，这些日子的行军对部队提出了诸多要求，这主要体现在装备和人员方面。

1941年11月6日。下午早些时候，部队终于抵达克拉斯诺格勒。由于燃油状况不允许继续前进，连队只能在城外的一个村子里扎营。距离此地几公里处，部队曾不得不通过了一段充满污秽之物的路段，这是我迄今为止遇到的最令人恶心的事情。一辆18吨牵引车在这处污秽之地陷到了挡泥板位置，随后被冻在那里，部队只能将它留在了那里。

1941年11月7日。连队白天四处寻找油料，最终于夜里在第17集团军的一处补给点搞到了油料。今天，天空仍下着大雨。

1941年11月8日。今天，连队的行军里程超过了以往的单日的最高行军里程，并将这个记录提高到了70公里，部队一直来到了新莫斯科夫斯克（Nowomoskowsk）郊外的一个村庄。

1941年11月9日。在行进了4公里后，部队终于驶上了一条路面经过修缮的道路。部队迅速前往新莫斯科夫斯克，在“克莱斯特”大桥（Kleist Bridge）跨过了第聂伯河，进入第聂伯罗彼得罗夫斯克（Dnjepropetrowsk）并在这里短暂午休。这座城市给我们留下了一个非常好的印象，城内的有轨电车甚至再度恢复了运营。下午，部队再次在一条路况极佳的公路上走完了前往扎波罗热（Saporoshje）的一半路程。随后，连队在行军路线旁的一个集体农庄里过夜。

1941年11月10日。部队在上午抵达位于扎波罗热的第聂伯河渡口。直到夜色降临，部队仍没有全部过河。部队随后在郊外的一些拥有引人注目装饰的房子里过夜。

1941年11月11日。部队穿过扎波罗日城后，又在路况很好的道路上前进了50公里。随后，由于一座大桥被炸毁，我们的行军受到了耽搁。部队花了一整个白天的时间绕道而行，最终在扬切克拉克（Jantschekrak）过夜。

1941年11月12日。不久后，地形开始变为干草原。这种地形对于部队的好处在于，即便道路上没有铺设沥青，但路面坚硬，几乎没有起伏。在这种一望无垠的草原上，每隔25公里才有一个村子。在快速行军后，我们非常及时地赶到了梅利托波尔。部队在郊外扎营，然后与当地军事主官取得了联系。上级已经下令，要求我们继续前往克里米亚首府辛菲罗波尔（Simferopoi）。于是，我们终究还是要前往那里！我们此前已经听说了一些消息，但都只是一些半岛上地形和气候方面的好消息。让人败兴的是，部队还要继续跋涉350公里的路程！

1941年11月13日。由于维修单位仍留在克拉斯诺格勒，还没有赶上来，连队安排了一天的休息时间。于是，部队抓紧时间维护车辆并清洁个人卫生，而个人卫生目前确实是部队必须解决的问题！

1941年11月14日。上午的气温令人大吃一惊，气温竟然下降到了 −20℃！虽然维修单位已于昨夜和战斗单位会合，但是部队目前存在着两台发动机散架和一些车辆的刹车鼓被冻住等问题。因此，在花了数小时进行维修工作后，部队才得以继续开拔。虽然直到下午才出发，但我们仍在冰冻的路面上前进了70公里。连队随后在前往佩列科普（Perekop）半路上，在彼得罗夫卡（Petrowka）过夜。

1941年11月15日。由于路况崎岖，我们这天来到新康斯坦丁诺夫卡（Nowo−Kontantinowka）。此处为佩列科普前方的最后一个村子。如果你能够克服严寒，那么行军便会变得简单很多，因为部队所有车辆现在又都可以依靠自己的动力行军。

这部分日记的作者为第1连的海因里希·斯科德尔下士（Heinrich Skodell），他叙述了第197突击炮营在乌克兰境内头几个月的作战经历。

1941年6月22日，星期日。3时，我们来到布格河前方200米处，对岸便是索卡利。3时15分，第一批德国火炮发出怒吼，数百门火炮随后加入了这场打响苏德战争序曲的合奏。一瞬间，索卡利顿时化为一片火海，宛如人间地狱。战斗工兵已经夺取了大桥。随后，突击炮奉命前进。3时50分，我们渡过了布格河。我们穿过索卡利的街头，寻歼苏军。在街道的第一个转角处，我们看到了第一名阵亡的德国士兵。10分钟后，我们遇到了一些苏军地堡，战斗随即打响。我们的排长是一位年轻的少尉，当时我与排长就坐在他的座车里。由于无法通过苏军的反坦克壕沟，我们只能绕道前进。突然，我们在一条窄路中遭到了苏军的攻击，随后发生了一次小规模的交火。

一座砖厂燃起了大火，被打得鼻青脸肿的苏军士兵绝望地冲向了我们的突击炮。6时，我军突破了苏军的堡垒防线。我跳下车，拿起我的无线电设备继续向前。我们必须从原野上杀出一条路来。子弹从身边呼啸而过，炮弹纷纷在我们前进的方向上炸开。一些士兵中弹倒地，医疗兵从一名伤员跑向另一名伤员，他身上沾满了伤员的鲜血。随后，在霍贝孔斯爆发了一场逐屋争夺战，但我们很快便粉碎了苏军的抵抗。我们继续前往塔尔塔科夫，在那里占据了一处集结地。这座城市遭到了敌人的猛烈炮击。下午晚些时候，我们又两度出击，在此过程中，我们夺取了一处苏军炮兵阵地，缴获了两辆坦克和一门反坦克炮。我们排的一名摩托车传令兵的手臂在战斗被击伤。当天晚上，我们在塔尔塔科夫过夜。

1941年6月23日。官兵们被我军的炮火叫醒。部队今天继续追击苏军。在与友军坦克一起进行的一次巡逻行动中，部队遭遇了一个苏军炮兵连并将其逼退。当天，我们还消灭了一支苏军步兵队伍。我们的排长乌尔布里希特少尉在帕维亚蒂切（Parwiatycze）以东地带负伤。瓦格纳少尉随后接过了我们排的指挥权。下午，我们排担任连队的前卫，随后在采霍夫村爆发了一场战斗，缴获了两门迫击炮及其牵引车。今天，二等兵埃贝勒（Eberle）负伤。

1941年6月24日。部队今天继续追击苏军，我们先是在茨温亚采经历了一场战斗，随后继续前往拜尔梅尔（Baremel）。犹太人的商店任凭我们白拿商品。今天的天气非常炎热。

1941年6月25日。3时，我军预计苏军将发起进攻。我们随后前往前线，发现苏军已经撤离了该地区。我们必须渡过斯特里河，不过那里的桥梁已经被炸毁。于是我们调头向南，穿过了希帕（Sipa）。我们打算了从那里渡河，不过那座大桥的状况很差，我们必须修建一座新桥。

1941年6月26日。凌晨2时，大桥已经建好。我们行军经过佩伦伊（Perenyi）和贝雷特茨（Beretecz），随后渡过斯特里河，又经过韦尔本和赫尼基（Chryniki），抵达当天的目的地梅尼奥（Melnio）。途中，部队遭到了猛烈空袭，炸死了一些步兵。下午，部队在杜布诺（Dubno）以西地区巡逻，行动中击毙了20名苏军，我们第一次见到了蒙古人。今天，沃勒曼少尉阵亡，施皮尔曼少尉受伤。

1941年6月27日。夜里，我们在草堆上睡了个好觉。天气非常暖和。大家都彻底洗漱了一番。我们埋葬了沃勒曼少尉。我们今天参观了杜布诺的一处苏联国家政治保卫局监狱。这真是一次令人毛骨悚然的经历。

1941年6月28日。4时，部队从梅尼奥出发。18时，苏军对西特诺发起了进攻。我们击退了苏军的这次进攻，击毁了40辆坦克和70辆卡车，还打哑了两个炮兵连。苏军尸横遍野，真是一片恐怖的景象。二等兵施塔门在当天的战斗中负伤。一辆突击炮因被直接命中而失去了战斗力，只得送到后方修理。部队今天还击毁一辆52吨坦克。

1941年6月29日。部队在9时发起进攻。我们在步兵前方攻击残余的红军部队。我们穿越田野，突然发生了交火。三名苏军绝望地躲在粮田中抵抗。随后，一名苏军士兵被突击炮碾死，另外两人被突击炮炸死了。随后，我们在克鲁基过夜。

1941年6月30日。今天天气很好。一架苏军战斗机紧急降落在克鲁基附近。飞行员不见了踪影。17时，部队出发经过了波切约夫－诺维夫（Poczajow-Nonvy）。晚上部队在塔拉兹－斯塔里过夜。

1941年7月1日。部队今天渡过了纳瓦河（Nawa River），随后在越野行军中进攻。突然，部队遭遇了三辆苏军坦克，但我们当时只有一辆突击炮。短暂的交火后，我们击毁了一辆苏军坦克，打死了一名逃命的军官。另外两辆苏军坦克则逃离了战场。我们在维尼亚维茨（Wieniaviec）以北三公里处休息。部队今天遭到了两次空袭，好在没有任何损失。部队今天分发了啤酒。这天就这么结束了！

1941年7月2日。清晨6时，部队再次出发。自1941年7月1日起，我军步兵一直在与苏军交战，试图从考特里恩堡突围。第2连第2排此前被调去支援战斗，但也自7月1日起被包围在了那里。我们随即越野前去解围。部队刚来到一个村子郊外就击毁了一辆苏军坦克。我们随后带着战斗工兵进入村子。这场与占据数量上绝对优势的苏军的战斗持续了数小时。苏军曾反复发起进攻，但战斗在下午终于见了分晓。苏军在遭受巨大损失后撤出了战斗。我们抓获了少量俘虏。这些苏军都是斯大林的精锐，他们战斗到了最后一人。第2排的两辆突击炮都失去了作战能力，只得送去修理。

1941年7月3日。昨夜下了一夜雨。我们停留在维斯尼奥维茨以北10公里处的霍伊卡附近的森林里。部队今天休息。这个季节的天气可谓喜怒无常。

1941年7月4日。雨下了一整夜，且一直持续到了下午3时。我们上午就把所有车辆开出森林，沿着公路继续前进。因为地面开始变软了，行军过程让部队大费周章。我们与其他战斗单位一直前进至维斯尼奥维克（Wiezoaviec）。未经修缮的道路由于降雨无法供轮式车辆行驶，辎重队只得停留在维斯尼奥维茨。

1941年7月5日。部队今天必须使用履带式车辆去取补给品。其他轮式车辆都陷在了泥泞中。在前去取补给的路上，可以看到大量车辆在泥泞中抛锚。天气已经改善了一些，路面正在开始干燥起来。在这种泥泞路面上，马匹牵引单位和徒步单位遇到了许多困难。在这种情况下，无疑无法在几天内得到补给，而且战斗单位正在逐渐远离辎重队，后者无法及时跟上来。

1941年7月6日。天气很凉爽，似乎要下雨了。6时，我们收起帐篷，开拔前往比亚洛佐尔卡。我们自己做了一顿得体的星期天早餐：油煎肝配炒鸡蛋。上午，阳光穿过了云层。11时30分，我们穿过了旧俄国边境线，向基辅方向进军。我们与步兵部队的一个重机枪排组成了前锋部队。我们预计会遇到抵抗，不过苏军已经逃跑了。我们对着在一口粮田里的一些逃跑的苏军打了几炮。我们用哥萨克的马匹进行骑术训练。当天夜里，部队在森林里过夜。

1941年7月7日。我们继续向东进军。苏军甚至无法撤退，他们在疲倦和冷漠中掉了队，向他们的命运屈服。苏军逃兵的数量每天都在增加。

1941年7月8日。连队今天再次成为前锋部队。我们在通向旧康斯坦丁诺夫(Starokonstantynow)的路上截住了一支苏军。一顿炮击之后,对方就逃跑了,似乎并没打算抵抗。我们给苏军带来了很多伤亡,还抓了很多俘虏。另外,我们还夺取了一座装满了弹药、军服和物质的仓库。第2排随后开始执行警戒任务。据称苏军可能在右翼发起一次坦克进攻。随后,苏军坦克果然出现了……我们冲上前并开火。我们击毁了三辆坦克,其他坦克则飞速撤退了。我们小心翼翼地发起追击行动,最终发现它们竟然是德国坦克,真是令人遗憾和沮丧。当晚,我们在斯维纳(Swinna)过夜。

1941年7月9日。天气很热。今天,我们在斯维纳以东地区只前进了几公里。夜里下起了雷雨。

1941年7月10日。粗糙的道路变成了一片泥泞。我们行军经过了旧康斯坦丁诺夫,在该城东南面进入"斯大林"防线,遇到了强烈的抵抗。莱特下士在战斗中负伤。部队今天还遇到了苏军的骚扰性炮击。夜里,一发巨大的炮弹落在营地附近,迫使我必须换个地方睡觉。

1941年7月11日。苏军的骚扰性炮击仍在继续,我军炮兵进行了还击。就在我写这几行字的时候,我不得不准备好随时寻找隐蔽的地方,因为炮弹不时地在附近炸开,真是让人扫兴。下午,15时30分,我军开始向"斯大林"防线发起了进攻,苏军进行了绝望的抵抗。当我们获得突破时,偶尔爆发了一些白刃战。随后,我军的右翼停止了进攻。估计我军将在明天继续发起进攻。

1941年7月12日。右翼部队已经向前推进,苏军依然在艰苦抵抗。苏军士兵企图放弃堡垒,但又被他们的政委赶了回去,并从外面封住了堡垒的出口。显然,苏军士兵们非常害怕他们的政委。

1941年7月13日。战斗仍在继续。苏军用远程炮火炮击了我们。我们用尽所有手段,也没能找到苏军炮兵的位置。今天,苏军发动了两次空袭,对友军造成了大量伤亡。瓦格纳少尉也在战斗中负伤。今天,我们抵达了亚布洛廖夫卡(Jablojovka)。

1941年7月14日。苏军似乎出动了他们所有火炮发动了猛烈炮击,我带着电台在沼泽地里行走了数个小时,有几次在泥沼中都陷到了躯干位置。好在苏军射出的炮弹有许多为哑弹。但是,这也是我第一次体会到了几乎崩溃的感觉。今天的阳光很毒。我们在这样炎热的天气中来到斯卡兹维涅茨(Skarzynitze)。今天,部队遇到了空袭和恐怖的雷暴雨。未经修缮的道路无法继续通车。

1941年7月15日。苏军似乎再度撤离了。今天我们一炮未发,继续前进。天气再次热起来。我们穿过萨林卡(Salinca),前往佩加斯(Pagarce)。因为必须首先等待修建一座桥梁,我们随后留在了那里。苏军开始有条不紊地摧毁他们身后的所有东西。

1941年7月16日。我们从佩加斯出发,继续向东进军。14时,天气仍十分闷热,而15时又下起了猛烈的雷雨。我们再度成为先遣队,在瓦伊那村郊外突然遭遇苏军。我们当时用三辆突击炮、两门陆军20毫米高炮和两个步兵排,向占据数量优势的苏军发起了进攻。经过三个小时的艰难战斗,苏军开始撤退。晚上,部队在野外露营。这是一个天空万里无云的夜晚。

1941年7月17日。我们仍然待在瓦伊那村,等待下一步行动的命令。我们宰了一头猪,草草地在野地上将它烤熟。双方的炮兵在交火,偶尔迫使我们寻找隐蔽之处,不过这并没有破坏我们的烧烤活动。口粮和补给暂时很难运到前线,我们必须自己填饱肚子。不幸的是,周围并没有可供我们搜寻的食品。我们今天俘获了一名苏军上尉。他声称苏军计划在夜间向村子发起进攻。为此,我们随后做了一些必要的预防措施。

1941年7月18日。苏军并没有发起进攻，我们仍然在瓦伊那村等待燃油、弹药和口粮。辎重队仍没有赶上来，未经修缮的道路此时仍是泥泞的海洋。我们自己找来了土豆和芜青，还烤了一头小猪。有时候，你必须知道如何帮助自己。11时，天空下起了倾盆大雨。如果继续下雨，我们将被滞留在这里。一名下士“采购”了一些面粉，我们开始烤面包。苏军的炮击在今天持续了一个小时后，炮弹不时在我们附近炸开，不过我们很走运。

1941年7月19日。雨下了一整夜，未经修缮的道路根本无法通行。我们用牵引车运来了燃油、弹药和口粮。晚上，步兵追击了苏军数公里，所以我们可以过上一个安稳的夜晚。

1941年7月20日。今天是与苏联开战的第三周。大伙儿已经非常疲惫，坏天气更让我们情绪低落。一切事物都在偏离我们最初的设想。下午，我们前往马尔卡诺夫卡。四周似乎很平静。9架苏军战斗机用机枪扫射了我们。也许我们将进攻基辅？

1941年7月21日。我在帐篷里睡了一夜。看起来又要下雨了。部队中存在着许多传言，不过并没有人能够说出个所以然来。将近傍晚的时候，天空又下雨了。

1941年7月22日。今天的天气并没有什么特别之处。我又一次适当地清洗了自己的物品。部队的口粮供应状况很糟糕，没有人给我们带来补给物资。

1941年7月23日。4时30分，部队开始出发。中午之前，天气一直都很凉爽。我们一路经过了别尔基切夫和日托米尔，前往马卡罗夫。日托米尔是我们见到的第一个街上有电车的俄国大城市，不过仍比不上德国城市。这里有一条硬化路面的公路从日托米尔通往基辅。

1941年7月24日。10时30分，部队再次出发。一路上有战斗的痕迹。苏军阵亡士兵的尸体七零八落地躺在路上和田野中，但沿路也有许多德国士兵的坟墓。我们在安德烈耶夫卡北郊停了下来。天气很好，但烈日炎炎。我们当时在一处墓地，随后在那里过夜。这是一座被人遗忘的墓地，我们没有动墓地的任何东西，这是部队所禁止的！

1941年7月25日。夜里又下起了雨。不久后，苏军开始炮击，迫使我们不得不另寻他地睡觉。下午，天气又好了起来。附近有很多苏军尸体，尸臭相当浓烈，因此我们今天必须先把他们给埋了。我们的营地为一处用于进攻基辅的集结地。这场“风暴”究竟将在何时开始呢？

1941年7月26日。天气多云。太阳在11时左右才出来，天气看起来会很好。我们靠睡觉和烤土豆消磨时光。苏军昨晚没有打扰我们，不过上午又开始向我们发来了“问候”，我军炮兵随即做出了回应。15时左右，我们遭到了猛烈炮击，许多步兵在炮击中阵亡。列兵许特尔受伤。17时，天空中出现了几架德国轰炸机，轰炸了苏军的阵地。

1941年7月27日。今天是我们在苏联土地上度过的第6个星期天。雨一直下到12时30分。苏军今天并没有任何动作，不过我军的炮兵正在炮击苏军阵地。我们仍然在等待进攻的命令。可能我军仍没有封闭基辅包围圈。大量炮兵部队今天陆续抵达这里。基辅会成为第二个华沙么？大约18时，苏军发动了猛烈炮击，炮弹精确地落在了我们所在的地区。最后，所有人都惊讶于我们竟然安然无恙。于是，为了避免在夜里出现令人不悦的意外，我们后撤了几公里。

1941年7月28日。一大早，我们便被苏军战斗机吵醒，他们用机枪低空扫射了我们。但是，这些飞机制造的噪音显然要高过最终获得的效果。19时，一名间谍经过军事法庭审判后被行刑队枪决。晚上又下起了大雨。

1941年7月29日。全天都是好天气。我们可以听到远处的炮声。我军将在明天发起进攻。

1941年7月30日。3时45分，薄雾。今天也许会有个好天气。部队今天将执行三次进攻行动。我们从利波夫卡前往科罗洛夫卡，前方进攻出发阵地。部队在森林中经历了一次战斗。苏军遭受了重大损失。我们在30米外的地方缴获了一门加农炮，随后又缴获了一整个炮兵连的火炮及其火炮前车。我们抓获了大量俘虏。一颗子弹打到我的头盔上弹开了。二等兵波尔负伤。第二次进攻发生在戈拉亚村。营军医和上等兵卡皮施克负伤。第三次进攻为肃清戈拉亚村东边的树林。然而，由于我军炮兵在我们发起进攻前曾猛烈炮击了那里，因此苏军撤出了这片树林，我们只抓获了几名俘虏。随后，苏军发动了一次空袭，非常幸运的是，炸弹在我们身后20米处爆炸。然而，它却炸死了两名步兵。22时，部队回到了科罗洛夫卡。大伙儿都非常疲惫，一些人甚至直接躺在地上睡着了。

1941年7月31日。天气非常炎热。19时左右，部队再次发动进攻，准备夺取马亚丹诺夫卡村。但是，苏军撤退了。我们随后在这个村子过夜。

1941年8月1日。6时，我们与步兵一起发起进攻。我们最终在没有发生任何意外的情况下达成了进攻目标。我们应继续向东挺近。我们与一个步兵排一起追击苏军，接敌后开始交火。一辆突击炮触雷，失去了行走能力。乘员们被迫弃车。驾驶员克洛特最后一个跳车，但是在落地时不幸踩中地雷，当场阵亡。另外一辆突击炮则在战斗中受损，不得不退了回去。由于敌军开始猛烈炮击，25名步兵无法坚守阵地。于是，我们退回到了最后夺取的一处进攻目标。14时，我们尝试带着扫雷器前去回收被遗弃在战场上的突击炮和阵亡的战友，并救出4名被困在战场上战友。此时，苏军正在劫掠突击炮乘员们的物品。当他们看到我们时，纷纷向我们猛烈开火，迫使我们不得不再次退了回来。17时，我们又支援步兵发动了一次进攻。尽管苏军占据着优势，但我们还是继续前进。苏军拥有大量火炮，并向我们致以“上帝的问候”。太可怕了！我们最后一辆仍能行动的装甲弹药运输车碾到了一颗地雷。驾驶员克茨马克因此阵亡，副驾驶坎茨则严重受伤。苏军战斗机今天击落了一个德国阻塞气球。夜里，我们转移到了马亚丹诺夫卡村。

1941年8月2日。我们今天最初位于马亚丹诺夫卡村北郊。然而，苏军的炮火实在太猛烈了，迫使我们又退回到了该地南郊。大约15时，苏军的炮火越来越近，迫使我们开始考虑，撤回到辎重队所在的科罗洛夫卡。

1941年8月3日。我们最终撤回到马卡罗夫，维修车辆。我在水边支起了帐篷。这真是一个绝佳的洗澡机会。这也是开战以来我第一次除虱。

1941年8月4日。今天的天气局部多云，真是个好天气。我们对突击炮进行了维修。武器和个人装备也得到了清洁。我们准备在今天晚上为两名阵亡的战友举行葬礼。

1941年8月5日。不幸的是，我们只能埋葬一名战友——克茨马克。由于苏军猛烈炮击覆盖了整个地区，我们不得不放弃在这里的任何行动。今天的天气非常好。

1941年8月6日。今天的天气非常暖和。我洗了个澡，整理了个人物品。

1941年8月7日。今天起风了，天空开始阴雨密布起来。

1941年8月8日。夜里开始下雨。8时30分，部队出发前往基辅南面的普莱斯科热（Plisszkoje）。

上级计划将我们立即部署在那里，不过情况随后又有了变化。我们只好停止前进，留在原地。雨下了一整天，非常凉爽。15时左右，情况终于明朗起来。

1941年8月9日。今天白天下了几场阵雨。除此以外，一切都很平静。

1941年8月10日。5时30分，部队离开普莱斯科热，前往另一个军的战区，并最终来到了扬科夫切（Jankowtsche）。16时，情况又发生了变化。我们再次拔营，向南行军了25公里，经瓦西里科夫前往马拉亚奥利相卡。显然，我们将要前往另外一个师的作战地区。

1941年8月11日。部队今天在马拉亚奥利相卡之间地区休息。天气非常好。

1941年8月12日。9时，部队出发前往佩雷斯帕连耶村（Peressalenje），途中穿过了一片开阔平坦地区。这里的村子都相隔十分遥远。

1941年8月13日。我军计划于1941年8月15日沿第聂伯河发动一次进攻。我们将留在这里，直至我军发起进攻。但是，事情随后有了变化。17时，战斗单位突然离开营地。我们向东南方向跋涉了大约50公里，来到了最前线。我们的到来让步兵们非常高兴。在过去的几天里，苏军已经发动了数次反击，有时候还出动了坦克。在苏军的这些反击行动中，数百名阵亡苏军的尸体和伤员留在了战场上。我们原本应在晚上发起进攻，但进攻随后又被推迟到次日拂晓。于是，我们在距离敌军阵地约400米的一个村子中过夜。夜里，我们能够清晰地听到战场上传来的苏军伤员的哭声和呻吟声。

1941年8月14日。情况突然又有了变化。凌晨3时，我部向北行军了15公里，前往另一个团的作战地区。我军的进攻直到上午仍没有开始。天气非常炎热。我们的“斯图卡”俯冲轰炸机今天攻击了苏军的桥梁。

1941年8月15日。部队在凌晨3时起床。5时，我们开始向第聂伯河方向发起进攻。当我们开火时，卡涅夫所在的河谷依然笼罩在晨雾中。连长座车在行动中触雷，所幸无人受伤。我们攻击了一些正在撤离野战阵地的苏军。我军步兵的推进十分缓慢。下午，我们再次发起进攻。恶劣的暴风雨浸透了整个大地，地面非常湿滑。我们在没有步兵伴随下，进入了一处此前已经遭到我们攻击的苏军野战阵地。能见度很差，子弹不停地击中我们的突击炮。战场到处都是尸体和伤员，我们看不到任何东西，无法辨别枪手的位置。我们非常幸运，最终撤出了这处阵地。德罗讷下士在战斗中受伤，弹片留在了他的骨头中。乌尔布里希特少尉的大腿受了枪伤。

1941年8月16日。我军今天继续发起进攻。由于第2排几乎已经完全失去了作战能力，因此我今天留在了后方。排长座车今天得到了修复。我们随后返回作战单位所在地卡涅夫。我军今天拿下了卡涅夫。下午，苏军炸掉了第聂伯河上的铁路桥。我军抓了很多俘虏。今天是个炎热的日子。上等列兵维勒尔在战斗中负伤。

1941年8月17日。今天是星期日。我们从卡涅夫出发，行军40公里，前往西北方向的德拉奇。显然，我们将再度转移到另一处作战地区。

1941年8月18日。非常热的一天。一辆突击炮修复后离开了维修单位，但在返回部队的途中碾到了一颗地雷。维尔克纳下士在车辆触雷时负伤。到目前为止，全连已经有三分之一的车辆触过雷了。如果这种情况持续下去，我们很快就只能返回德国了。21时，天空下起了暴风雨。

1941年8月19日。天气不错，战事也相当平静。我们等待进行下一步部署。

1941年8月20日。今天休息。

1941年8月21日。今天天气不错。部队可能在上午出发。

1941年8月22日。部队在4时出发，向北行军40公里，然后留在诺沃塞尔克待命。18时，我们再次动身前往进攻阵地。

1941年8月23日。我们在凌晨3时醒来。我们将穿过一处敌军能够观察到的高地，因此必须借助夜色的掩护出发。清晨6时，我们发起了进攻，随后在没有遇到大困难的前提下占领了特里波列村。营军官座车碾到了一颗地雷，驾驶员普罗特尼克列兵（Plottnik）被炸聋了耳朵，施奈德列兵的头部受伤。15时，我们发起了当天的第二次进攻。我们正在逐步压缩苏军的桥头堡。苏军每次都被我们赶到了第聂伯河对岸。当晚，我们在多连纳（Dolena）过夜。

1941年8月24日。今天是星期日。我们在13时出发，行军25公里，前往卡尔加里克。全营将在那里集结。似乎我们即将再次前往其他作战地段。

1941年8月25日。今天偶尔下了雨。除此之外，我们做好了进行一次长途行军的准备工作。我们将前往南面的第17集团军作战地区。

1941年8月26日。部队在8时出发，经施潘多夫卡、温策托夫卡、博戈斯拉夫、梅德温和尼相卡，一直到斯文尼戈罗德卡。今天的天气非常好。

1941年8月27日。清晨6时，部队再次上路，经沃加多契夫克（Wogadschefk）、洛达瓦特卡（Lodawatka）、施波拉和斯拉托波尔，抵达费达瓦尔。看起来要下雨了。在基辅南面的300公里行军历程非常乏味，一路上的环境几乎完全一样。有时连续20公里都看不到任何建筑物。

1941年8月28日。我们在8时继续行军。倾盆大雨让未经硬化的道路变成了泥沼。我们向西南方向行军了大约90公里，然后在一个小地方停了下来。我们在一个集体农庄里找到了不错的食用油、猪油、鸡蛋和面粉。

1941年8月29日。天气又好起来了。上午，我们前进了10公里，来到一个大点的村子，并在那里待命。我们在一个杂草丛生的花园里搭起了帐篷。我希望能够尽快离开这里，因为这里的居民邋遢死了，身上爬满了虱子。

1941年8月30日。部队今天休息。天气很好。

1941年8月31日。今天是星期日。部队继续休息一天。

1941年9月1日。今天非常炎热。部队将在明天发起一次进攻，因此我们可能再次上路。

1941年9月2日。部队在5时离开了米罗诺夫卡，前往帕夫里西。随后我们在帕夫里西等待被摆渡过第聂伯河。第2和第3连在我们前面过河，构建了一个桥头堡。我们将组建一支强大的先遣队，以便可以深深地突入敌军防线。17时，部队出发前往普洛特尼科夫卡（Plotnikowka）。随后我们在那里过夜。18时，天空下起了大雨。

1941年9月3日。11时，我们搭乘渡船渡过了800米宽的第聂伯河。苏军今天发动了空袭。我们在索洛特尼切齐（Solotnischtsche）待命。晚上，我们在谷仓中过了一夜。当夜，苏军又发动了空袭。

1941年9月4日。我们在凌晨4时醒来。我们将投入进攻。但是，这次进攻又被取消了。我军已经修复了第聂伯河上的大桥。这是一座长得令人难以置信的大桥。辎重队经这座大桥过了河。苏军今天发动了多次空袭。今天的天气很冷，天空非常阴沉。苏联战机曾多次试图借助云层的掩护攻击这座大桥，但还是被我军的组合式防空火力所击退。将近中午的时候，我们来到莱施申基（Leschtschenki），并留在那里待命。

1941年9月5日。10时，我们出发前往叶里斯托纳卡村（Jeristonaka）。部队计划在14时发起一次进攻，穿过米奇申基村（Mischtschenki），进攻至从东方通往克列缅丘格的铁路线。突击炮的出现吓坏了当地的苏军，以至于他们只能以最快的速度撤退。苏军的损失非常高，我们的炮弹杀伤甚重，友军的一个步兵团团长为此表扬了我们。随后，部队留在了拉夫里科夫卡村。

1941年9月6日。16时，部队从拉夫里科夫卡村出发，向波托基开进。次日，我们将发起进攻并渡过普肖尔河。苏联空军抓住每个机会骚扰我们。显然，德国空军的优势并没有出现在这里。我军高射炮非常走运，直接命中了一架轰炸机，[illegible]队毁在地面上，苏军猛烈地炮击了一整夜。连长亲自带领一支侦察队，试图寻找一[illegible]却在行动中受了轻伤。

1941年9月7日。6时，我军炮兵向[illegible]不可思议的弹幕炮击。8时，我们经一座铁路桥跨过了普肖尔河。战区内的[illegible]配属给他们。13时，我们发起了第一次进攻，在战斗中抓获了100多名俘虏，并击毙了大量苏军。[illegible]战场上一片狼藉。连长座车不幸被一门反坦克炮击中，但是所有人都非常幸运。驾驶员施莱明格二等兵、无线电员海涅曼二等兵和列兵马洛斯基受了轻伤。我们随后消灭了这门肇事的反坦克炮。

1941年9月8日。9时30分，我们再次发起进攻，任务是包围克列缅丘格。这次进攻并没有遇到任何值得一提的抵抗。我们消灭了一支苏军马车队，苏军随后发动了炮击，一发炮弹落在我们连的队伍中。列兵利普阵亡，列兵提图斯受了轻微伤，克莱登下士和弗林特罗普下士则严重受伤。当晚，我们在一个村子里过夜。敌军在夜里向我们实施了骚扰性炮击。

1941年9月9日。雨下了一整夜。今天起，我已经成为一名突击炮的炮手。16时，部队发起了进攻。手指放在扳机上，双眼紧盯着目标确实是一种奇怪的感觉。你只需要用手指头扣动扳机，便可以让许多人丧命或受伤。我们抵达进攻目标后，一辆突击炮出现了发动机故障，我们不得不前往维修分队修车。

1941年9月10日。天气已经转阴，气温凉爽。突击炮的损伤得到修复后，我们回到战斗单位。部队今天没有发起进攻。17时，我们遭到了8架苏军轰炸机的袭击。这让我们非常不爽，但好在突击炮没有出现损伤。

1941年9月11日。我们在4时醒来。我们将发动一次进攻。之后，我们将执行一次武装侦察行动，但持续的降雨最终让我们放弃了行动。

1941年9月12日。8时30分，部队开始进攻奥姆耶尔尼克。苏军依托坚固野战工事群进行抵抗，难以将其击退。在中午时分，这座村子落入了我们手中。我们只抓获了少量俘虏，大部分苏军都已经战死。我们的新排长普罗伊塞尔少尉在战斗中受伤，子弹穿透了他的钢盔，但他只是头部被擦伤。我目睹了整个过程，于是立即消灭了那名苏军枪手。晚上，我们在奥姆耶尔尼克过夜，苏军则在夜里实施了轻微的骚扰性炮击。

1941年9月13日。8时，我们出发前往罗曼基，准备与在那里的辎重队会合。克莱斯特装甲集群的第14装甲师已经抵达我们所在的战区，他们将接替我们，继续追击苏军。我们已经被编入了一个新的师。13时，部队再度启程，我们渡过了普肖尔河。随后，我们在西瑟勒斯基郊外的一片粮田中停了下来，并在这里裹着大衣睡觉。当夜，苏军在我们前方300米处再度向我们实施了骚扰性火力打击。

1941年9月14日。今天是星期日。部队在14时发起进攻。我们向东北方向前进了19公里。此次进攻十分成功，我们的突击炮消灭了5辆卡车、一辆乘用车，一辆火炮牵引车、一门重型火炮、一门轻型火炮和三辆马车。苏军损失惨重。我们连队的其他突击炮则消灭了几个苏军炮兵阵地。夜里，苏军向我们过夜的村子发射了几发炮弹。我们注意到苏军的抵抗并不积极。苏军步兵的素质已经大不如前，都是一些上了年纪的士兵，一些人甚至刚入伍才一个星期。天气再度转好了。今天，部队报告称蓬普(Pomp)、皮尔 (Piel) 和莱曼 (Lehmann) 已经失踪。

1941年9月15日。上午9时，我们回到了昨天所停留的地方，将再度发起进攻。苏军显然已经受够了我们的进攻，于是撤退了。正如进入苏联的最初几天那样，没有尽头的行军队伍从我们身旁经过。今天的天气非常好，部队的士气也在节节攀升，我们重新燃起了今年能够在这场东方战争中获得圆满胜利的希望。13时，昨天失踪的人员都回到了部队。他们都失去了车辆，一辆乘用车和一辆摩托车已经落入苏军手中。15时，我们与一个侦察营作为前卫部队一起出发。我们排担任先锋。意外地，我们竟然一口气向东方前进了30公里。我们缴获了8辆带补给物资的卡车，还击毁了一辆卡车。亚当下士在战斗中受伤。

1941年9月16日。清晨6时，部队继续前进，行军5公里来到下一个村子，逮住了一支由40辆卡车组成的车队。我们击中了一辆乘用车和两辆卡车，把它们打着了火。当天白天，我们还截获了更多的车辆，然后在将近晚上的时候又截获了另外一支车队。我们当天的胜果颇丰，部队前进了30公里，消灭并俘获了大约80辆卡车，抓获了大量俘虏。我们再次获得了足够的补给，因为这些卡车都满载着各种物资。我们连的一辆乘用车在战斗中被击中着火。一辆突击炮碾到了一颗地雷，但两个小时后得到了修复。今天的天气凉爽了起来，早上还下了雨，道路也开始松软起来。

1941年9月17日。今天非常凉爽。我们在下午发现了第一批苏军坦克，他们正在一条距离我们5公里与我们的行军道路平行的公路上撤退。一场竞速比赛就此展开，苏军用坦克掩护部队主力撤退。将近晚上的时候，我们与苏军坦克之间展开了一场激烈的交火。我们用突击炮击毁了两辆坦克，随后截住了苏军的卡车队。最终，由于打光了炮弹，我们不得不撤出了战斗。

1941年9月18日。直到中午，我们一直在一片收割完毕的田野里待命。大约13时，我们出发了。我们没有前进多远便遭遇了苏军坦克。突击炮与坦克随后展开了一场交火，我们打着了两辆坦克。随后，我们驶上了通往波尔塔瓦的主干公路，在撤退的苏军中引起了一片混乱。徒步、骑马、乘坐汽车和搭乘坦克的苏军乱成了一团，竞相四处逃命。我们用两辆突击炮向苏军中央地带开火，击毁了10辆坦克并俘获了1000多名俘虏。将近晚上的时候，我们意外地突击到了苏军的侧翼，再度给苏军带来了极度的恐慌。苏军在撤退时丢下了不计其数的装备和死尸。后来，我们在波尔塔瓦机场过夜。在当天的追击战中，我们的一辆牵引车被一门反坦克炮击中，沃格勒下士 (Vogler) 因此受伤。

1941年9月19日。今天，我们带着突击炮返回，与辎重队会合，以便修复车辆并重新加入战斗。今天的天气非常凉爽。

1941年9月20日。今天非常凉爽。我们没有再睡在帐篷里，而是住在一些黏土小屋中，到处都是成群结队的小虫子，让人非常不舒服。我们的突击炮还没有修好，其他突击炮正在与苏军坦克进行激战。一辆突击炮被击中，整个战斗室都被撕开了，炮手哈克下士因此受伤，其他乘员的情绪非常不安。这辆突击炮两天后得到了修复，部队又为其配了一名新乘员，以便其他乘员恢复作战心态。连长和一等兵科尼希也在当天的战斗中严重受伤。连长好像失去了一条腿，一等兵科尼希的肺部被弹片击伤，列兵戈林斯基手臂受伤。施皮尔曼少尉随即接过了连队的指挥权。

1941年9月21日。我们的突击炮修好了，随即前往波尔塔瓦以北30公里处与战斗单位会合。我们好不容易抵达那里，便被告知我们将被配属给一个新的师。于是，我们返回波尔塔瓦。当时，我们刚找到过夜的住所，庆幸将过上文明人的生活时，战斗单位却接到了准备出发的命令。我们朝哈尔科夫方向城外运动了几公里，然后停了下来，一路都可以看到波尔塔瓦经过激战的痕迹。

1941年9月22日。我们再次成为前卫单位。在行进了几公里后，我们闯进了一处苏军野战工事群。我们的突击炮给苏军带来了毁灭性的打击。苏军阵地上部署了一个营的兵力，基本都是40到50岁的老兵，且已经失去了与外界的联系。守军的政委已经逃跑，士兵们意图在这里拖住我们的前进的脚步。但是，他们根本不知道战局，很快便被我们消灭，绝大多数士兵战死，其余则成了我们的俘虏。下午，我们继续前进，突然遭到了4架低空飞行的轰炸机的空袭，所幸并没有给我们带来损失。天黑下来后，我们在一片树林中结束了一天的行军和战斗，随后在树林中露宿。

1941年9月23日。我们今天只能带着突击炮返回波尔塔瓦，修复车辆，这可能要花上好几天的时间。营长克里斯特少校受伤了，新任营长库尔特·冯·巴里扎尼上尉（Kurt von Barisani）今天来到了部队。

1941年9月25日。今天天气很好。我在城里随便转了转，这真是一座非常有趣的城市。

1941年9月26日。我们在等维修单位修好突击炮，连队正在哈尔科夫与苏军重型坦克交战。我们一辆突击炮被击中，并燃起了大火，所幸车组乘员都及时逃了出来。此前，这辆突击炮曾两次触雷，后在9月20日又被直接命中一炮。一辆指挥车也在战斗中被直接命中，菲尔比尔少尉、二等兵特劳布和施莱明格阵亡。列兵许特尔和列兵容受伤。施皮尔曼现在负责指挥连队，他已经受过四次轻伤，此时已经是我们连组建初期6名军官中唯一还在部队的军官。

1941年9月27日。维修单位的先遣队已经抵达。于是，我们前进了两公里，来到维修人员所在的一座大厅。苏军的空袭持续了一整天。

1941年9月28日。今天是星期日。我们对突击炮进行了维护，苏军今天再度发动了空袭。

1941年9月29日。雨下了一整天。苏军今天没有发动空袭，新任营长将整个营带到了波尔塔瓦。各连此时都失去了作战能力，突击炮和人员的损失实在是太大。战斗单位中的50人此时已经有36人受伤，另有8人阵亡。

1941年9月30日。维护装备。

1941年10月2日。维护装备。

1941年10月2日。营副官利特克中尉受命指挥我们连。营长今天在全营官兵面前大声宣读了元首的训令。今天将是我军向苏联发起最后一击的日子。我们希望连队可以在接下来的几天中恢复作战能力。今天的天气也非常好。

1941年10月3日。今天依然是一个好天气。18时，我们集体收听元首的广播演讲。

1941年10月4日。我们为黑策特上士举行了晋升庆祝会。

1941年10月5日。今天，我们在一座党务大楼中举行了礼拜活动。这座大楼中到处张贴着共产党领导人的画像。

1941年10月6日。今天非常凉爽。第2和第3连启程出发了，第3连连长格韦在战斗中阵亡。

1941年10月7日。今天下雪了，营部连也离开了。我们还要等几天，新的突击炮仍没有抵达这里。

1941年10月8日。我们今天杀灭了被服中的虱子。

1941年10月9日。我们今天接收了三辆新的突击炮。另外，我们计划在10月11日离开这里。

1941年10月10日。雨下了一整天。我做了出发的准备工作。

1941年10月11日。霜冻在夜里降临。我们在6时出发，前往哈尔科夫。下午的天气十分糟糕，下起了雨夹雪。路况恶劣的道路上的泥泞越来越多。晚上，我们在一些黏土小屋中过夜。

1941年10月12日。雨雪交加地下了一整天。下午，我们发动了一次小进攻，炮击了四幢住着苏军的房子，并将其打着了火。

1941年10月13日。屋外十分肮脏。我们在一个黏土屋中待命。苏军偶尔使用非常致命的76.2毫米野战炮炮击我们。

1941年10月14日。我们在半夜1时醒来，向前推进了10公里。我们应击退苏军的一次进攻。但是，苏军的进攻最终还是没有到来，于是我们在黑暗中回到了营地。天气在当时异常寒冷，几乎难以待在户外。当天，一架苏军“拉塔”战斗机被我军击中，坠毁在了天际。

1941年10月15日。凌晨5时，我们回到了原先的阵地待命。14时，我们接到了警报，然后转移到右翼。两辆苏军重型坦克在那里发起了进攻。随后爆发的交火持续了半个小时，两辆苏军坦克都逃跑了。天黑后，我们不得不在其他地点上寻找住宿地。每天，我们只能获得一次给养，没有其他食品，我们只能吃冷食。

1941年10月16日。天气又变了，整夜都没有霜冻，一股清风吹干了粗糙的道路。13时，我们派出了第1排，让其上前线执行警戒任务。但是，当天并没有发生战斗。我们随后在夜幕中回到了营地。

1941年10月17日。凌晨4时30分，我们和一支自行车单位以及一些其他兵种单位，作为前卫部队离开了营地。我们在一个小村庄外围遇到了苏军孱弱的抵抗。苏军的抵抗迅速被我们击破，另有200人成为我们的俘虏。此外，我们还缴获了三辆满载着补给品的马拉大车。施皮尔曼少尉在战斗中受伤，一块弹片击中了他的膝盖。这也是他第5次受伤。天黑后，我们来到了一个村子，意外地发现一些苏军正在房子中吃晚餐。于是，我们再次俘获了大量俘虏。

1941年10月18日。我们于8时再次上路。当天并没有发生特殊的情况。傍晚，我们在一个稍大些的村子中住了下来。另外，我们今天抓获了大量苏军逃兵。

1941年10月19日。今天是星期日。与以往所不一样的是，这是一个平静的星期日，只是没有美味的咖啡和蛋糕。15时30分，我们突然接到了出发的命令。我们前进了几公里，天空便下起了雨。我们夜幕中抵达了当天的目的地。随后，我们就像沙丁鱼一样，每20个人被塞进了一个小屋中。

1941年10月20日。这是一个雨天，轮式车辆都无法出动。我们带着一队骑兵和三辆突击炮继续向哈尔科夫方向前进。我们来到了一条路面得到修缮的公路，组成了先锋部队。此地到处都是目标，由卡车和马车组成的队伍的规模远超过了我们以往所看到的。一些车辆曾试图逃跑，但我们的炮弹的速度显然要更快。这支苏军在人员和物资上都承受了严重损失。

1941年10月21日。我们的援军终于赶了上来。苏军当天炮击了我们所在的村子。

1941年10月22日。哈尔科夫外围地区已经几乎落入了我军手中。我军正在炮击哈尔科夫城，我们从第3连那里获得了弹药，但仍须等待油料和给养。

1941年10月23日。我军计划在中午向哈尔科夫发起总攻。油料还没有送上来。12时，我军的进攻正式打响，燃油也送到了。我们在炮火准备过后20分钟才加入了进攻。在沿着公路的战斗中，我们仅以两辆突击炮便消灭了4辆坦克和一些火炮。哈尔科夫的楼房看起来非常破败，几乎所有桥梁都已经被炸毁了。我们是第一批进入哈尔科夫的德国士兵。晚上，我们在一些楼房中过夜。

1941年10月24日。我军在8时继续发起进攻，必须清剿每条街道的苏军。苏军在每个街角都部署了街垒和坦克，一些平民在战斗中因好奇而丧命。今天，我们再次消灭了许多苏军。我简直无法形容我们在哈尔科夫战斗期间所经历的事情。当晚，我们在城市东部过夜。将近晚上时，天空下起了雨。辎重队终于驶上了坚实的道路。我们很快就能得到了一些给养了。

1941年10月25日。8时，我们进入了市中心。我们将继续前进，但没有遭遇到任何抵抗。正当我们搜查一些楼房时，一些平民竟然向我们的士兵开火。随后，他们被我军吊死在了市中心的树上，其中还有两名妇女。不过，红军甚至放火烧死过战俘，以此掩盖他们可耻的行为。

1941年10月26日。星期天。今天的天气很好。我在一幢大型建筑物中住了下来。这是相当平静的一天，我在城里四处转了转，到处都是破败的建筑群。这些大楼的内院里到处都是垃圾。但是，需要指出的是，这里却有许多宏伟的东正教风格的教堂。不幸的是，共产党统治时期，它们都被用作他用了。“无产阶级宫”是一座极度奢华的宏伟建筑。但是，我严重怀疑，苏联劳动人民真的可以进入这座大楼吗？或许我在描述这座苏联城市给我们的印象时存在着诸多偏见，但是无论如何其还是比不上德国城市。

1941年10月27日。雨下了一整天。我们的给养严重短缺。显然，辎重队还没有抵达哈尔科夫。晚上，战斗单位用俄国葡萄酒举行了一场聚会。

1941年10月28日。今天的雨一直下个不停。此外，这仍是一个平静的日子。

1941年10月29日。我们为战斗单位宰了两头奶牛，权当是弥补口粮的不足。

1941年10月30日。两名平民因企图炸毁一座大桥而遭到了射杀。

1941年10月31日。这是一个雨天，又是一个平静的日子。

1941年11月1日。部队今天准备出发。

1941年11月2日。我们原本将在今天出发，但是没有收到油料。另外，天气不是十分糟糕。

1941年11月3日。由于路况恶劣，我们派出去接收燃油的车辆又被牵引车给拖了回来。

1941年11月4日。我们在6时整出发。我们得到了一些缴获的油料。好的道路只延伸到了哈尔科夫城外几公里处，我们的麻烦又开始了。为了前进，我们可谓费尽了九牛二虎之力。

1941年11月5日。这纯粹是折磨人的一天。路况糟糕到了难以用语言形容的地步。在这种道路上行军让我们根本没有任何食欲。一些轮式车辆陷在泥泞中，以至于我们只能将其列入损失清单中。

1941年11月6日。部队的行动越来越困难，天气更糟糕了。我们在路上颠簸了三天，行驶了100公里，才抵达了克拉斯诺格勒。

1941年11月7日。全营今天必须集结在一起。我们停留了一天，又是一个雨天。

1941年11月8日。我们再次上路，来到了距离第聂伯罗彼得罗夫斯克40公里处的远郊。

1941年11月9日。我们驶上了一条鹅卵石公路。天气很好。我们在第聂伯罗彼得罗夫斯克渡过了第聂伯河。这座城市里有很多德国士兵的坟墓。这里有一条路况很好的公路通往南方。

1941年11月10日。我们在第聂伯罗斯托耶（Dnjeprostroje）用渡船再次第聂伯河。这次渡河工作用了半天时间。晚上，我们在扎波罗热过夜。

1941年11月11日。由于一些桥梁被炸毁，这严重耽搁了我们的行军日程。随后，我们一直来到了距离梅利托波尔60公里处，

1941年11月12日。今天，我们抵了达梅利托波利。

1941年11月13日。夜里的气温只有－10℃。

1941年11月14日。严寒仍在继续。我们在12时出发，继续前进了80公里。

1941年11月15日。我们今天抵达了通往克里米亚的狭地中的佩列科普，沿途看到了许多德军士兵的坟墓。

1941年11月16日。今天我们在占科伊过夜。

1941年11月17日。我们在中午抵达克里米亚首府辛菲罗波尔。

1941年11月18日。我带着4辆卡车，行驶360公里前往佩列科普，领取油料。天气非常湿冷。

1941年11月19日。我们彻底清洗了被服。我们时常受到虱子的折磨。

1941年11月20日。今天下雪了，寒冷刺骨。我军计划在1941年11月26日向塞瓦斯托波尔要塞发起进攻。

以下为维尔纳 · 普罗伊塞尔少尉在乌克兰作战时期所写的战争日记。

1941年6月22日，星期日。上午，我第一次亲身经历了一次进攻行动。索卡利城平静地矗立在布格河对岸，直至我军的火炮在规定时间开始万炮齐鸣，方才打破了深夜的宁静。火箭弹确实是一种特别的武器，但也给我留下了非常怪异的印象。最初，它们把我们吓了一跳，其对敌军的巨大震撼可想而知。上午，我与正在不断向前推进的团指挥所待在了一起。我在这里看到了步兵部队向前推进，看到了多兵种部队与突击炮部队的联合行动，而后者在战斗中证明了自己是一种强大的武器装备。有时，我们也会为机枪和步兵火力而感到紧张。下午，我们也经历了苏军看似规模庞大的炮击。晚上，我们来到了从塔尔塔科夫通往南方的公路，并在这里挖掘散兵坑过夜。当天，我们的一个连损失了一名上士，他在战斗中头部中弹身亡。扎菲尔少尉则负了伤。

1941年6月23日，星期一。凌晨4时，我们继续发起进攻，进攻穿过了托尔克（Torke）并在这里吃午饭，接着一直前进到了布拉尼（Brany）。上午，我们带着第2连前进。下午，我们与前卫部队一同行动，并加入了这支部队。我们在猛烈的暴雨中跟随团指挥所一直来到布拉尼。我们发现了一处被遗弃的庄园，这里曾部署着一支苏军炮兵部队。我们看到了几名在这里被俘的苏军政委。当晚，我们

在一座火车站的大楼里过夜。

1941年6月24日，星期二。8时，部队向洛巴采夫科夫（Lobaczewkw）方向继续前进。我从那里调头进入第202步兵团（第75步兵师）战区的后方地带，寻找我们的第1连，准备与其建立起联系。下午，我回到了营部，乌尔布里希特少尉当天轻微受伤。部队随后来到了斯特里河。

1941年6月25日，星期三。1941年6月24日晚上，我来到了位于德鲁茨科波尔的第55军司令部，以确认一道模糊的命令，随后在黎明时分回到了营指挥所。早上，我们向霍拉特恩－多尔尼方向前进。我们已经被配属给了第75步兵师，该师与第168步兵师一起隶属于第55军，我们看到苏军在远处投下了一些炸弹。当天我曾数次往返于多尔尼和博尔梅尔（Boremel）。晚上，部队又突然接到了出发的命令。但是，我们只能够前进到博尔梅尔，然后在那里睡在车里过夜。

1941年6月26日，星期四。我们在清晨继续行军，跨过了一座工兵大桥和一道横跨斯特里河的堤坝。随后，部队又经克里尼基（Chriniki）、洛帕夫兹（Lopawsze）、克尼亚赫宁（Kniahinin）和博库耶纳（Bokujna），来到斯莫尔德瓦村外围。8时，团长来到了前线。苏军空军出动了大量战机，沿着一条补给路线投下了一些炸弹，获得了一些效果。我们团当天的目标为杜布诺。情况最终显示，我们没有必要前往那里，因为友军的坦克部队已经从西南面和西北面向那里获得了突破。一个装甲师的指挥部已经进驻杜布诺。我们营左翼的施皮尔曼少尉和沃勒曼少尉的两个排当天经历了激烈的战斗。沃勒曼少尉在战斗中阵亡，施皮尔曼少尉则轻微受伤。晚上，我们在一个狭窄粗糙的马厩中睡了一夜。当晚，我们还抓获了两名苏军散兵游勇。

1941年6月27日，星期五。一整天都很平静。营部连再次动身。不断有报告称苏军正在袭击我军的后勤补给单位。《国防军公报》宣布我军已经获得了决定性胜利。我们现在将调头向南进军，预计将参加兰贝格包围圈战役。

1941年6月28日，星期六。我们准备调头向南进军。中午，部队的出发工作因一次暴风雨而耽搁了下来。三架苏军战斗机曾从我们头顶上飞过。直到晚上，我们的摩托化行军队伍才得以出发。我们将首先调头经过博库耶纳，随后沿着坦克车辙经过奥斯特罗夫转向东南方，朝科辛进发。晚上，我在科辛郊外几公里处留在车里过夜。

1941年6月29日，星期日。拂晓时分，我勘察了位于科辛附近的集结地，我们计划将在清晨占据这片集结地。我又一次出发，前往师里。下午，一架苏军双翼俯冲轰炸机用机枪扫射了我们。部队中不断有流言称附近有苏军的掉队的小规模单位，于是我们派出了一些巡逻队。但是，他们返回时报告称并没有发现苏军的影子。出于警戒需要，部队夜里在集结地安排了一些外围岗哨。

1941年6月30日，星期一。我们一直前进到了扎波夫（Zabow）。随后，我们在此地一片树林中的一幢小屋中安顿了下来。中午时分，我回到了博尔梅尔，维修单位此时仍留在这里。我把行军路线告诉给了他们。晚上，我去了位于波切约夫－诺夫耶（Poczajow Nowy）的师部，随后返回。

1941年7月1日，星期二。上午早些时候，我们继续前往波切约夫－诺夫耶，我们在那里的树林中扎营。我与师部建立了联系。我们利用这个机会去参观了一座大型修道院。这是一座装饰华丽且选址精妙的修道院。我敢保证，正教大教堂远华丽于罗马天主教教堂。下午，我继续前往前线，途中看到一辆正在燃烧的坦克停在路边，这肯定是在一个小时前被我军的反坦克炮击毁的。我再度找到了第

202步兵团团长布洛克中校（Block）。我们已经抵达了当天的目的地——克列梅涅茨－维斯尼奥维茨公路（Kremenec–Wisniowiec road）。我来到位于一处集结地中的第1连，带着一些文件回到了营指挥所。当晚，我们在帐篷中过夜。

1941年7月2日，星期三。凌晨4时，我带着一支侦察队为营部连和营部人员寻找一处休息地。我们来到了库尼涅茨－维尔基（Kuniniec–Wielki）的北部地区。此地尚可以听到一些步兵战斗的声音，于是我首先到师里确认形势。营部连不久后也来到了这里，营部人员接着也赶了上来，第2连的一个排已经被苏军包围在考特里恩堡附近，我们必须将他们解救出来。第2连已经消灭了一支苏军弹药运输队和大量坦克。上级计划让我们营集合并接受第55军的指挥。于是，我前往第57步兵师师部，准备在那里接回我们的第3连。但是，该师的作战参谋拒绝交出第3连，于是我前往第55军军部将抵达的地方，但其此时并没有抵达。我在途中碰到了营长，他从军长那里已经得到了一个肯定的答复。晚上，我去了维斯尼奥维茨，第57步兵师在这期间已经将指挥部设在了一座大型宅邸中。但是，我仍无法说服让他们交出我们的第3连。当晚，我在一张用秸秆铺的床上睡了一觉。

1941年7月3日，星期四。中午，我再次去维斯尼奥维茨，察看一座横跨戈伦河的大桥。随后，我又去了考特里恩堡，看了看第2连前一天所战斗过的战场。这真是一幅我此前从未见过的恐怖画面。晚上，我再次前往第57步兵师师部，以便获得一个准确的形势定位。

1941年7月4日，星期五。我在上午7时30分出发，为寻找一处新的集结地侦察一条行军路线。途中，我们碰到了一支掉队的苏军。由于大雨，我的车子途中曾6次受困，因此将近晚上才回到了营部。这期间，营部已经转移到维兹博维克。晚上，我们在一座学校的秸秆堆上过夜。由于雨已经下了一整天，因此原本就粗糙的路况更是糟糕到了令人无法想象的地步。据称，我们将转隶给第44军。

1941年7月5日，星期六。部队在8时出发，我们在半路上沿着一条铁路线一直来到了弗拉斯茨济恩采，然后进驻了这里的一所学校，准备在这里过夜。其他连队此时集结于村子附近的树林中。下午，我与第44军讨论一些事情，首要的事情便是部队的油料补给问题。

1941年7月6日，星期日。深夜3时，部队接到了继续前进的命令，我们已经被配属给了第44军所属第9步兵师的第36步兵团。我们在早晨7时出发，在大约8时30分抵达比亚洛佐尔卡。步兵将在9时整从这里出发。我随后返回，为部队的轮式车辆引路。幸运的是，我在弗拉斯茨济恩采碰到了连长，于是便不需要继续跑长途了。在返回的路上，我的化油器出了问题，因此直到下午才得以返回团指挥所。此时，我们已经来到俄国旧边界的另外一侧。苏军在这条旧边界线上修建了大量半完成但精心伪装的堡垒和野战工事，以及一些反坦克壕沟。但是，苏军已经放弃了这里的所有工事。在小镇巴萨尔亚，我们缴获了一辆苏军反坦克炮弹药拖车，并捡到了一只小流浪狗作为宠物。直到天黑时，我们才抵达了当天的目的地。我们随后在博尔塞佐夫卡村（Borszczowka）的一所学校里过夜。

1941年7月7日，星期一。上午9时，我们继续行军，穿过克利腾卡马拉和沃利卡－瓦索夫维茨（Wolica–Wasowicz），一直到了皮利皮（Pilipy）周边地区。我从那里护送师长返回。随后，我的车子困在了途中，好在营长的车把我的车子拖了出来。一场猛烈的暴雨过后，我们回到了营部连。今天，我们并没有遭遇到苏军。天气非常潮湿和寒冷，晚上我睡在了值班车中。

1941年7月8日，星期二。清晨6时，我们经库尔奇尼（Kulczyny）前往第36步兵团所在的库尔奇尼基（Kulczynki）。下午，我们继续前往第9步兵师指挥部所在的拉霍迪恩策（Lahodynce）。然后，我去了第57步兵团，前去弄清形势，并给师长提交了一份报告。据称，部队发现了一次苏军大规模坦克进攻，但最终查明那是第9装甲师的部队。不幸的是，该师的坦克遭遇了友军的反坦克炮的打击。不久后，我们又经库茨明湖（Lake Kuzmin）和沃隆科维茨（Woronkowce）前往旧康斯坦丁诺夫附近的赫里霍罗夫卡（Hryhorowka），我们将在那里与同第2连一起部署的第36步兵团会合。负责支援第57步兵师的第3连已经全损了一辆突击炮，这辆突击炮被一门反坦克炮多次击中，发生了剧烈爆炸。幸运的是，车组乘员得以逃生；但是，汉斯·贝克少尉（Hans Bercker）严重受伤，一发子弹击穿了他的膝盖，一块弹片击中了他的后背。晚上，我们回到了拉霍迪恩策，我再次在值班车中睡觉。

1941年7月9日，星期三。上午10时，我们最初经罗索洛夫采（Rosolowce）前往安托尼尼（Antoniny），探望在主包扎站的贝克少尉。步兵们今天休息。随后，我们前往被炸毁的那辆突击炮的所在地——切尔尼蒂纳－维尔基（Czerniatyn–Wielki）。只见这辆突击炮包括主炮在内的整个上部结构都已经被炸飞。突击炮旁边四周仍躺着几名苏军伤员，我们的医生随即对他们进行了救治。随后，我们前往旧康斯坦丁诺夫以及第2和第3连的作战地区。我们和营部连待在一起。下午，我们查看了一些苏军军事设施和一座兵工厂，但没有找到多少战利品。晚上，我又不得不在值班车内睡觉。

1941年7月10日，星期四。我睡了个好觉。由于我们还没有得到继续前进的命令，于是我便到处逛了逛。午饭过后，我第二次来到库茨明湖游泳。下午，我奉命返回到维修单位，负责带领他们前进。晚上，下了一场恐怖的暴雨，雨水淹没了所有道路。我们在22时左右第二次受困，直到花了数个小时才脱离困境后，我们才得以睡下。

1941年7月11日，星期五。6时，我们又一次踏上了前进的道路，途中又困在路上两次后，最终于11时左右走出了困境。随后，我们在没有遇到严重事故的情况下，在得到了修缮的公路上经考特里恩堡前往库尼涅茨－维尔基，并在大约16时抵达了那里。在我们出发24小时后，我们已经行进了160公里。我的汽车此时必须进行维护。之后，我们度过了一个宁静而祥和的夜晚。

1941年7月12日，星期六。我的座驾修复完毕后，我们在8时开始返程，选择了一条与来程不同的路线。但是，这条路线的路况十分糟糕。18时，我们回到了营部连。这期间，营部连已经经克拉斯尼奥尔卡（Krasniolka），前往萨赫诺维茨（Sachnowce）郊外。20时，我们继续向奥斯特罗波尔前进。由于我们越深入苏联领土，地图便严重失去了真实性，因此我们很难找到行军的路线。最终，我们在奥斯特罗波尔的野外扎营。我们发现，我军已经在过去几天中突破了“斯大林”防线。

1941年7月13日，星期日。由于我们师也没有采取行动，因此这天过得十分平静。但是，第2连在右侧的第297步兵师作战地带，需要去对付一些苏军堡垒群，因此我们的各连此时被分配给了三个师。晚上20时，我前往已经在这期间转移到了梅扎尼茨（Mszaniec）的师部。随后，我在黑暗中行进在非常糟糕的道路上，在发生了几次小意外后回到了营里。

1941年7月14日，星期一。我的座驾必须被送回到维修单位，以便更换新的前部减震器。营长座车也坏了，因此加特纳中尉和我坐进了一辆通讯车。营长则换乘营部联络军官的汽车。我们来到了位于梅扎尼茨的师部。由于苏军的猛烈抵抗，此时的形势非常紧张。富尔中尉今天受伤。由于第297步兵师没有继续前进，第9步兵师也没有获得进展。如果第297步兵师孤军深入，那么我军的侧翼将受到很大的威胁。

1941年7月15日，星期二。部队从中午开始继续前进，经过了比斯佐瓦（Biszowa）、马泽平策（Mazepince）和萨尔尼察（Salnica）。我们在斯卡尔任茨（Skarzynce）午休。此地的形势已经发生了变化。苏军尽管抵抗强烈，但他们已是强弩之末，正在撤退。右侧的第297步兵师此时已经与在右侧和我们衔接的第4军一道进击。为此，我们的第2连回到了第9步兵师作战地区。下午，我们继续经萨尔尼察前往乌拉诺夫，最终在乌拉诺夫结束了一天的行动。我们在这里见到了第一批被炸毁的桥梁，但是苏军的爆破手段显然非常业余。当天，从我们旁边经过的苏军战俘的数量越来越多了。

1941年7月16日，星期三。中午时分，我们继续上路，经沃科尼采前往卢兹尼亚和罗京茨（Rogince），为了躲避猛烈的暴雨，我们在罗京茨停了数小时。步兵部队则毫不畏惧地继续前进。暴雨过后，我们在完全湿透了的道路上继续前往师部所在的莱梅舍夫卡（Lemeschewka）。我们在一座小农舍中住了下来。晚上，我经拉耶基（Rajki）前往涅米林齐（Nemirinzy）周边地区，我将一份报告带给了布林克中尉，告知他第1连可能将被配属给第57步兵团。当天下午，第1连已经与侦察营一起进攻了斯罗布达－诺维纳（Sloboda Nowina）和维恩纳村。当晚，我在一张床上睡觉。

1941年7月17日，星期四。上午，我们军的战区相当平静，我去了第57步兵师，前去走访第3连。我一直来到了第57步兵师将前往的马尔卡诺夫卡，并通过电话找到了第3连的位置。我在途中再次遇到了克莱斯特装甲集群的部队，在马尔卡诺夫卡看到了大量缴获的火炮和坦克，又在克里斯诺夫卡与第3连取得了联系，但他们没有向我们报告什么新的消息。随后，我们返回营部。营部连此时尚没有抵达营部。由于此时没有车辆可以通过完全变成泥潭的道路，因此我觉得次日也将相当平静。

1941年7月18日，星期五。今天是休息日。我们草草地准备了些吃的。外面的雨下得很大。

1941年7月19日，星期六。下午14时，我与利特克中尉一起去寻找营部连。但是，即使我们在汽车被困在乌拉诺夫后，徒步前进一小时，也没有找到他们。后来，我们只能坐在一个屋顶上休息。

1941年7月20日，星期日。我在清晨6时醒来。随后，我们很偶然地遇到了营部连。我们坐上了连长的汽车，前往我们的汽车受困地。在一辆火炮重型牵引车的帮助下，我们终于将汽车拖出了泥潭。在经历一些小意外之后，我们回到了莱梅舍夫卡，营部医生此时孤零零地留在了这里。一会儿后，营长出现了。我们终于撤出了前线，部队计划最初在马尔卡诺夫卡集中。于是，我向那里前进，经过了别尔基切夫，在那里发现了我军存放于此的大量战利品。这座城市本身也遭受了战火的严重破坏。在前往那里的途中，我们从一辆被遗弃的德国汽车上拆下了7块弹簧板。这样，我的汽车终于恢复了状态。

1941年7月21日，星期一。凌晨4时，部队再次出发，沿着主干补给路线返回位于奥斯特罗波尔的维修单位，向其传达行军命令并在旧康斯坦丁诺夫对我的汽车进行维修。下午，我赶到了维修单位。我的汽车又可以行驶了。当晚，我终于有机会睡在一辆补给卡车上的一块松软的床垫上。

1941年7月22日，星期二。我们在凌晨4时出发，最初经过了乌拉诺夫，在那里接了几名摩托车传令兵和一些车辆。此时，营部连已经出发。我们随后前往马尔卡诺夫卡。我发现我们整个营都已经来到了这里。随后，我享受了整个凉爽而平静的中午和下午时光。

1941年7月23日，星期三。我们营在凌晨4时出发。第3连已经在昨晚离开了集结地。我们在一条沥青公路上经过别尔基切夫，前往日托米尔。从日托米尔开始，我们调头向东，沿着通往基辅的公路，一路向布鲁西洛夫（Brussilow）挺进。第55军当时就在那里。随后，我们继续前往尤罗夫（Juroff）和库皮耶夫卡（Kopijewka）。营部连随后在那里扎营。我们抵达后，苏军不定期地向我们实施了一些骚扰性炮击。下午，营指挥所前移到了马卡罗夫。营部连随后也向那里靠拢。我去了位于利波夫卡的一个师指挥部，为第2连接收了一道命令，随后在那里过夜。

1941年7月24日，星期四。我们营在今天上午还要执行另外一次任务。加特纳中尉接替了我，然后我在中午回到了营里。我们已经与第50、第70、第117、第217和第417步兵团一起，建立了一道面向北面的防线。当天除了一些小规模的局地行动外，我们的主要任务只有防守。来自北方的第296步兵师将在基辅附近封闭包围圈，第268步兵师则被部署在我们右侧。今天，我们又收到了邮件，这已经是近些天的第三次了。

1941年7月25日，星期五。整天都很平静。在第117步兵团实施的一次局地行动中，第3连圆满完成了任务。今天，部队再次收到了数量惊人的邮件。我们从报纸、图片周刊、电台和信件中了解到，突击炮部队已经越来越受到民众和部队的欢迎。

1941年7月26日，星期六。一整天都很平静。第3连参加了另外一次行动，成功地击退了苏军的一次进攻。

1941年7月27日，星期日。上午，我接到了一次地形侦察的任务，勘察一些在日后可能发起的一次行动中适合突击炮过河的桥梁。行动中，我们遭到了猛烈的炮击。在一次苏军弹幕炮击中，我们不得不离开我存放车辆的房子。晚上，我前往第1连，以弄清楚一些问题。我们在那里观察了苏军铁道炮兵的火力。天黑后，我勘察了在苏军战斗前哨前方的一条路线，在地图上那里应该是一片沼泽地。但是，我认为这条路线应该可以通行。我回到了师和营里汇报了侦察结果，然后在我的吊床上睡着了。今天稍微有点胃痛。

1941年7月28日，星期一。平静的一天。第296步兵师正准备在1941年7月30日发动一次进攻。

1941年7月29日，星期二。今天依旧很平静。各连与将参加进攻的步兵团（第520和第521步兵团）建立联系，营部也与第296步兵师取得了联系。将近晚上的时候，营部转移了位置，前往位于纳里瓦耶科夫卡（Naliwajkowka）的师部附近。

1941年7月30日，星期三。各连今天都参加了进攻，我们的一些突击炮损失于苏军的炮击和地雷。一人踩到了一颗地雷而丧命，另有多人受伤。尽管如此，我们还是夺取了当天的进攻目标。

1941年7月31日，星期四。我在上午去了在此期间抵达的维修单位，为我的车子更换了一根后减震器。营部今天再次动身，向前方移动了几公里。友军的战线也在今天向前推进。苏军显然已经主动与我军脱离了接触。扎菲尔少尉今天回到了部队。

1941年8月1日，星期五。部队上午转移了位置，前往萨布扬耶（Sabujanje）。我们在这里找到了一处不错的阴凉之地。由于接下来的进攻将首要在森林地带进行，因此我们的突击炮都撤了下来。吃午饭的时候。我回到了军部，上交一份电报并请求调拨补充兵力。我在途中吃了一些美味的樱桃。

1941年8月2日，星期六。上午，我带着我的车组前往日托米尔，去消除身上的虱子。早上，除了长期以来在身上发现的臭虫和跳蚤外，我竟然在裤子上发现了虱子。晚上，我们按部就班地去了前线电影院。我们看了最新的《每周新闻短片》和一部电影，随后返回营部。

1941年8月3日，星期日。我们营所有配属给其他部队的单位都被解除了配属关系，将直接听命于第55军。我们随后返回马卡罗夫，全营在那里集结并休整。我们将在那里就地转入防御。另外，我们已经在马卡罗夫设立了一个地方军管司令部。

1941年8月4日至7日。我们营在马卡罗夫休整。

1941年8月8日，星期五。我们奉命转移至第55军的作战地域，行军前往瓦西里科夫。但是，随后形势已经不要求我们前往那里时，我们又向皮利塞齐科耶方向转移，并在那里扎下了营地。

1941年8月9日，星期六。今天，我去了日托米尔，前去接监察官内贝尔（Nebel），然后在晚上返回。突然，部队接到了一道命令，称我们已经被编入第29军。我与利特克中尉前往该军军部所在地普特罗夫卡（Putrowka）。根据该军的命令，我们营应在次日转移到那里。

1941年8月10日，星期日。部队在清晨5时出发，我终于得到了一张张能为自己恰当定位的地图。可惜的是，这只是一张基辅周边地区地图。就在格莱瓦察外围，我们发现原本准备用于行军的路线根本无法通行。我们只能从其他车辆旁绕道。突然，天空中出现了一些苏军轰炸机，向挤满了车辆的公路上发动了两次空袭。幸运的是，我们成功躲开了轰炸。炸弹在我们四周爆炸，我军的高炮和高射机枪进行了还击。在继续前往扬科维齐（Jankowitschi）的路上，一个中队的苏军双翼俯冲轰炸机向我们袭来，但并没有给我们带来任何损失。当夜，我们在扬科维齐过夜。我检查了一座前方几公里处的大桥。几个小时后，部队收到了一道命令，称我们营已经重新被编入第55军。营部随后前往瓦西里科夫，但该军军部此时已经转移。我们从该军落在后面的部队那里得到了军部的去处。于是，我返回迎接营主力。随后，我和营部医生行进在行军的路线的前头，穿过了瓦西里科夫，调头向南前往马拉亚奥利相卡。途中，我们再次遭到了苏军俯冲轰炸机的进攻，但我们及时刹车躲开了炸弹。军后勤车队中的一人严重受伤。当晚，我们住在了马拉亚奥利相卡的一所学校中。

1941年8月11日，星期一。上午，我去了第132步兵师的第438步兵团和一个南斯拉夫师的师部。这个南斯拉夫师与第294步兵师一起部署在我们左侧，此时也已经被编入了第55军。我们军当前的任务是支援位于我们南面的施韦德勒集群（Gruppe Schwedler）。该集群负责清剿基辅以南地区。随后，我们穿过了施韦德勒集群所在的卡加尔雷克（Kargarlyk），前往雅诺夫卡（Janowka）。第438步兵团当时就在那里，我与该团团长讨论了接下来的进攻行动，并在中午返回复命。下午，我又去了位于日耳曼诺夫卡（Germanowka）的第55军军部。我被告知了该军当时所处的形势，并接到命令，我们营将被配属给第132步兵师。第55军最初的意图是清剿第132步兵师战区内的苏军桥头堡。随后，我们将继续向北面剿灭第294步兵师战区的苏军桥头堡。这次进攻计划将在8月15日打响。

1941年8月12日，星期二。我一大早便离开了驻地，前去勘察前往第132步兵师的路线。我将前往卡加尔雷克周边地区。我们已经找到了地图上的佩雷斯帕连耶村。但是，施韦德勒集群由于遭到了苏军轰炸机的猛烈空袭，因而离开了卡加尔雷克。于是，他们抢先一步占据了佩雷斯帕连耶村内最好的一些房子。当各连留在佩雷斯帕连耶村时，我去了卡加尔雷克，准备为营部寻找一处营地。晚上，我前往位于约瑟夫夫卡（Jusefowka）的第132步兵师师部。但是，在行驶了几公里后，汽车的连杆销脱落了，所幸我们当时的行驶速度很慢。随后，我换乘一辆防空汽车继续执行任务。

1941年8月13日，星期三。大约中午，我们接到了命令，称我们将向南转移到第9步兵师战区，我们将在那里支援该师向卡涅夫发动的一次重要进攻行动，因为那里的苏军十分强大。我们花了一整天修复我的汽车。为此，我直到将近18时才得以出发，前往位于东南方50到60公里处的拉热齐(Lasurzy)。21时30分，我才抵达了那里。在此之前，我们意外地到了第1连的行动区域。当时，该地区正遭到苏军的猛烈炮击。另外，还可以看到远处的重型机枪所发射的曳光弹。那里的战事肯定相当激烈！

1941年8月14日，星期四。我军发动了密集的“斯图卡”空袭行动。但是，地面友军的进攻只出动了一个团的兵力。

1941年8月15日，星期五。凌晨4时，我军正式打响了进攻卡涅夫的行动。再次，空军出动了大量“斯图卡”俯冲轰炸机。由于苏军布设了大量地雷，导致我们的进攻进展十分缓慢。第2连的一辆突击炮碾到了一颗地雷。布林克中尉的突击炮也发生了同样的情况。但是，部队好在并没有出现任何人员阵亡。乌尔布里希特少尉严重受伤，施皮尔曼少尉则轻微受伤。

1941年8月16日，星期六。夜间，苏军轰炸机发动了近距离低空空袭。早上，我带着加特纳中尉的车子前往营部与各连进行无线电联络的地点。在那里，我可以很好地观察到第聂伯河沿岸的地形。再次，第2连的一辆突击炮碾到了一颗地雷，几乎所有负重轮都被炸毁了，4名乘员全部受伤。晚上，一辆突击炮在一条已经报告称排除完地雷的公路上碾到了一颗地雷。

1941年8月17日，星期日。上午，我们去了德拉奇，为我们营寻找营地。在此之后，我又去寻找位于雷希舍夫(Rshishew)前方的第438步兵团指挥所。午前时分，我们又继续前进，为部队树立指示牌，并加固一座桥梁。下午，我们用一个防毒面具、头盔和半副帐篷作为防护服，从野蜂窝中“缴获”了大量蜂蜜。

1941年8月18日，星期一。我们营成了军直属预备队，奉命向第132步兵师报到，并接受其指挥和调用。于是，我去了位于卡加尔雷克斯卡亚－日洛布达(Kagarlykskaja Ssloboda)的该师师部。随后，用汽车和摩托车传令兵向各连传达了一些命令。当晚，我们在一个俄国小屋中住了下来，当地的居民非常干净。

1941年8月19日，星期二。中午，我奉命返回营部。我们刚刚被配属给了第55军的第294步兵师。

1941年8月20日，星期三。我们在一处风景秀丽的地点休息了一整天，全营官兵当天都在休息。

1941年8月21日，星期四。今天依旧十分平静。我们营将仅存的6辆突击炮归为一个连，并由布林克中尉指挥。这个连计划在1941年8月23日参加进攻苏军位于特里波列的桥头堡。

1941年8月22日，星期五。上午，我们沿着之前的进军路线返回米罗夫卡。我们营其余部队已经在那里建立了营地。第1连已经进入了进攻阵地的周边地带。

1941年8月23日，星期六。第1连参加了针对苏军位于特里波列的桥头堡的进攻。我军已经占领该桥头堡的绝大部分阵地。但是，连军官座车因碾到一颗地雷而全损。

1941年8月24日，星期日。我军已经彻底占领特里波列。下午，我返回马卡罗夫，前往维修单位，与他们讨论出发的细节。晚上20时，我回到了部队，我们营已经被编入了第17集团军所属的第11军，将前往基罗沃格勒附近的费多瓦尔。

1941年8月25日，星期一。部队今天休息。我侦察了位于博古斯拉夫（Boguslaw）的一些桥梁。

1941年8月26日，星期二。我们营出发前往位于斯文尼戈罗德卡的过度营地。我先于部队出发，在前面为部队树立指示牌，并在中午抵达了那里。

1941年8月27日，星期三。部队今天继续经斯拉托波尔，前往费达瓦尔。

1941年8月28日，星期四。我们已经接到指示，去支援第125步兵师。今天，部队继续前往克列缅丘格附近的沃罗布约夫卡（Worobjowka）。

1941年8月29日，星期五。我们与营部、第1连和第2连继续向前推进，一直来到了米罗诺夫卡。

1941年8月30日，星期六。今天是营部军医的生日，我们用一瓶黑莓为他庆祝。下午，营长终于决定让我去第1连担任排长。我的汽车和司机已经调到了第1连，成为连军官座车和司机。于是，我去了第1连，此时我的排竟然只有一辆突击炮。不过，预计在未来几周会再给我调来一辆突击炮。

1941年8月31日，星期日。我在排里到处看了看，部队今天休息。

1941年9月1日，星期一。部队今天依旧休息。我们预计将在明天渡过第聂伯河，并作为先遣队。

1941年9月2日，星期二。我们一直前出至奥努夫耶夫卡（Onufrjewka），然后在下午前去查看我军的渡河交通情况。第2和第3连此时正在渡河。晚上，我们前进至第聂伯河畔的克留科瓦，并在这里过夜。

1941年9月3日，星期三。上午，我们前往登船区，于14时被运过了河。晚上，我们在第419步兵团团部过夜。

1941年9月4日，星期四。我们已经被配属给了第101轻步兵师，并奉命前往费德里（Fedri）。我为辎重队勘察了一条行军路线。当天，苏军曾多次轰炸了我们的车队。晚上，我们在费德里过夜。

1941年9月5日，星期五。上午，我们被配属给了第229步兵团，奉命前往普里斯尔（Prisl）。中午，我们又被配属给了第228步兵团，行军经拉夫里科夫卡前往耶里斯托夫卡（Jeristowka）。随后，我们朝米奇申基方向进攻，经过了卡拉巴什（Karabaschi）。在此期间，我们俘获了大量俘虏。晚上，我们撤回到了耶里斯托夫卡，在这里等候第101轻步兵师的下一步命令。

1941年9月6日，星期六。当天相当平静。下午晚些时候，我们奉命向第125步兵师战区转移。该师正准备发起进攻，随后渡过普肖尔河。晚上，连长在一座我们准备用于过河的铁路桥附近受伤。苏军当时正在远处向我军实施猛烈的炮击。

1941年9月7日，星期日。我们在清晨时分过了桥。苏军的炮击力度明显降了下来。我们转移到了位于亚里尼（Jariny）郊外的第419步兵团第3营所在战区。随后，我们从这里出发前往位于罗曼基的第125侦察营。我们与一支自行车单位一起发动了一次进攻，期间抓获了大约200名俘虏，并给苏军带来了沉重的伤亡。连长座车在行动中被一门反坦克炮击中，导致三名乘员轻微受伤。当天下午晚些时候，我们又与第419步兵团第3营发起了一次行动，但最终发现我们所进攻的那个村子中并没有苏军。我们在黄昏进行了当天的第三次行动，但没有收获任何战果。晚上，我们在奥姆耶尔尼克火车站过夜。

1941年9月8日，星期一。早上8时30分，我们进攻了万舒里和亚里尼，然后进攻了另外一处高地，但都没有发现苏军的影子。我们发现苏军正在炮击我们的侧翼，但苏军的炮兵阵地离我们太远了。不幸的是，正当我们补充弹药时，一发炮弹落在了我们附近并炸开。弗林特罗普下士和克莱登下士被严重炸伤，弹药班的列兵利普阵亡。多尔什下士随即接管了C号突击炮，炮手则由哈克下士担任。D号突击炮车长为斯科德尔下士。晚上，我与连长去了营部。营长在一周前已经受伤，此时格韦中尉代理营长职务。

1941年9月9日，星期二。上午，我们带着两辆指挥车向万舒里西北方向执行了一次侦察行动。中午，我们与步兵一起进攻了利特温基和布杰乌吉，遭遇了苏军的顽强抵抗。侦察营的一个班从另一侧向我们靠拢。我们围困住了苏军，并再次摧毁了大量苏军物资。天色变暗后，我们回到了万舒里。

1941年9月10日，星期三。今天的雨下得很大。部队叫停了所有行动。我胃部疼痛难忍。

1941年9月11日，星期四。今天依旧是个雨天，因此部队没有展开任何行动。

1941年9月12日，星期五。上午9时，我们向奥姆耶尔尼克发起了进攻。苏军最初采取了猛烈抵抗。一个小时后，正当我们用机枪扫射撤退的俄国人时，我被一发钢芯弹击穿了钢盔，尽管其只让我头部受了两处擦伤，但血却流个不停。医生立即为我进行了包扎，然后把我送回到了辎重队。营外科医生在那里为我检查了伤口。他要求我必须暂时留在辎重队，直到我可以再戴上钢盔才允许我返回部队。

1941年9月13日，星期六。我们营已经被配属给了第55军，其中第2和第3连加入了第57步兵师，第1连则被调拨给了第100轻步兵师。我们奉命返回普肖尔河大桥，穿过了第101轻步兵师此前的作战地段，一直来到了一个小村庄。由于这个村子里已经住满了部队，我们只得露宿在户外。

1941年9月14日，星期日。我们与第100轻步兵师取得了联系，并在14时发起了进攻。我们的各排被部署在两个团的中间地带。在当天的行动中，我们摧毁了18门苏军火炮。这意味着今天是我们在战役中战果最辉煌的一天。

1941年9月15日，星期一。似乎我们有一辆车和一名摩托车传令兵落入了苏军手中。今天，我们两度转移了阵地，最后一次转移到了安雷耶基（Anrejki）。司机亚当下士在打开一辆被击毁的苏军坦克时，被躲在里面的一名苏军打成了重伤。

1941年9月16日，星期二。我们与辎重队一直推进到马卡罗夫。下午，我到了营部，包扎了伤口。当天，我们的连军官座车被烧毁了。

1941年9月17日，星期三。我们与辎重队经莱曼到了普洛斯科耶。C号突击炮碾到了一颗地雷，履带和主动轮受损。我来到了执行警戒任务的施皮尔曼排。

1941年9月18日，星期四。由于行军路线的一些地方仍有地雷，因此我们留在了普洛斯科耶。下午，我回到了营部，为伤口换药并包扎。第57步兵师当天进入了波尔塔瓦城。

1941年9月19日，星期五。部队今天转移位置，前往离波尔塔瓦－雷切蒂洛夫卡公路（Poltawa-Reschetilowka road）不远的马苏罗夫卡。我去了这期间也转移到波尔塔瓦的营部，并在那里接收了弹药。这座城市受损轻微，到处可以看到大量缴获的苏军坦克。这是一座典型的苏联城市，既肮脏又破旧。晚上，我与连长再次去了营部。当天，我们营又被配属给了第101轻步兵师。

1941年9月20日，星期六。今天是第1连历史上的黑色的一天。我们连当天在雷切蒂洛夫卡镇内战斗。C号突击炮被一发反坦克炮弹击中，导致一人严重受伤，另一人轻微受伤。这辆突击炮的司机受了严重刺激，失去了神智。下午，一发小口径炮弹打断了连长的腿，只能截肢了。施皮尔曼少尉随即成为代理连长。

1941年9月21日，星期日。中午时分，全连出发前往波尔塔瓦。此时，我们所加入的第101轻步兵师也正在向那里进军。部队一抵达波尔塔瓦，便立即对战斗单位进行了部署。辎重队最初留在波尔塔瓦。我们在一些废弃的公寓楼中住了下来。

1941年9月22日，星期一。今天，我们继续留在波尔塔瓦。

1941年9月23日，星期二。中午，我们向克留科瓦前进，于下午抵达那里。在前往那里的途中，我们遇到了作战单位。我与辎重队在新的集结地中过夜。我们又一次被配属给了第57步兵师。

1941年9月24日，星期三。上午，我们撤回到波尔塔瓦，随后沿着第57步兵师的前进道路，一直来到了帕尔斯卡维耶夫卡（Parskawejewka），并在这里与战斗单位会合。连队在当天其余时间休息。下午，新任营长巴里扎尼上尉来到了连队，问候了我们。

1941年9月25日，星期四。中午，菲尔比尔带着第1排奉命前往第227步兵团，并被部署在了那里。布尔德下士带来的消息称，菲尔比尔少尉、二等兵施莱明格、特劳布所乘坐的指挥车，被一发炮弹直接命中，全部丧生。二等兵容和许特尔受伤。

1941年9月27日，星期六。上午，我去了营部，在那里摘掉了伤口上的最后一块敷布。中午，我们转移前往马格登卡。Z3号牵引车再次回到了部队。营长今天去了前线，向作战部队颁发铁十字勋章，其中施皮尔曼少尉被授予了一级铁十字勋章。行军过程中，我们看到8架轰炸机轰炸了我们刚刚离开的那座村子。

1941年9月28日，星期日。我们今天留在了马格登卡。

1941年9月29日，星期一。上级取消了将我们顶到前线的计划。于是，我在施皮尔曼来到营部后前往波尔塔瓦。我在营部和第2连所在同一幢大楼里住了下来。我们必须在这里等待后勤部门为我们送来新的发动机和突击炮。

1941年9月30日，星期二。连队在上午来到了一处新的住宿地。博比施少尉严重受伤，失去了左腿。

1941年10月4日，星期六。我今天在波尔塔瓦看了电影。这期间，全营对军官岗位进行了调整：副官为加特纳中尉，联络军官为孔策少尉，第1连连长为利特克中尉，塞茨少尉被调入了第1连。这次岗位变动生效日期为1941年10月1日，星期三。

1941年10月11日，星期日。部队完成休整后，我们带着6辆突击炮前往第57步兵师作战地区。我们在天黑及时赶到纳斯通科夫卡的第157营时，部队已经行军了100多公里。此时，我所在的辎重队仍留在第57步兵师作战地区附近的菲伦科夫。

1941年10月12日，星期日。我们已经被配属给了第199步兵团。该团此时执行防御任务。针对苏军可能发动的进攻，我们已经在各连部署了的各种应对措施。下午，第2排为一次撤退行动提供了火力支援。

1941年10月13日，星期一。我们还留在原来的村子里，什么也没做。这真是一个令人难以置信的雨夹雪天气。

1941年10月14日，星期二。我们在清晨向库斯塔里亚卡（Kustariaka）推进。此时，我们已经被配属给了第157侦察营。然而，我们依旧整天都没有行动，随后在傍晚撤回到原来的位置。

1941年10月15日，星期三。我们在清晨动身返回库斯塔里亚卡。我去了附近的一个集体农场，作为一名联络军官留在第157侦察营。施皮尔曼负责协调后勤事务。中午，我们又被配属给了第179步兵团。午后不久，第2排被调拨给了第199步兵团，以便协助击退苏军的一次反击行动。我带着我的排去了自行车排，在那里击退了两辆英制坦克。天黑后，我们所有人都开始返回库斯塔里亚卡。

1941年10月16日，星期四。上午，我回到了老地方。但是，第2连已经在这里构筑了阵地。下午早些时候，我们被第2排替了下来，于是返回我们的营地。今天的形势非常平静，只遭遇了零星的散兵游勇。

1941年10月17日，星期五。我们被重新配属给了第157侦察营。该营此时为第57步兵师的前卫部队。在遭遇了一些苏军骚扰性袭击后，我们向前推进了25公里，一直来到了基拉日尔斯基耶(Kirassirskij)。我们拿着手枪寻找住所，并抓获了大量俘虏。B号突击炮今天陷到了一个地下室中。

1941年10月18日，星期六。我们在上午继续上路，随后在下午向一个村庄发动了小规模进攻，遭遇了一些步兵和骑兵。我们在将近晚上抵达了新梅茨切克(Nowyj-Merstchik)。A号突击炮由于无法调头而失去了作战能力。

1941年10月19日，星期日。中午，我们前往另外一座山头，我们左侧的友军已经在那里进行了部署。我们穿过了反坦克壕沟和被苏军遗弃的野战阵地。下午晚些时候，我们遇到了一门频繁开火的迫击炮，其随后被我们用几发炮弹解决掉了。天色变暗时，我们从两侧抵达了旧梅茨切克(Staryj-Mertschik)。

1941年10月20日，星期一。今天，雨下了一整天，道路变得泥泞不堪。我回头从被困在路上的弹药车上下了我们的个人物品。我随后又来到同样受困的给养车辆那里。我们拿了一些口粮，随后返回前线。我在通往哈尔科夫的主干道上遇到了战斗单位。我们与前卫部队一道，沿着这条相对精心修建的公路上前进。我们大步流星地行进在这条公路上，遇到了许多后撤的苏军步兵车队。我们缴获了大量卡车。其他企图逃脱的卡车则被我们无情地摧毁了。尽管，我们有时也会碰到反坦克炮和火炮，但是，我们还是在下午晚些时候，安全地抵达了位于佩索切昂村(Pesotschion)附近的乌达河大桥，而佩索切昂村恰好位于哈尔科夫的门户地带。我们成功击毁了一列火车头和一辆英制坦克。天黑时，我们组成了一个环形防御阵地，为了获得步兵兵力，我们向师部派去了一名军官，以便可以守住这处战略要地。次日清晨，一个反坦克炮连抵达了这里，天亮后又来了一个连的步兵。

1941年10月21日，星期二。上午，炮兵已经准备就绪。苏军只采取了微弱的炮击行动。此时相当平静。我们所需要的油料和弹药仍没有送上来。

1941年10月22日，星期三。上午，由于被我派去师部的康纳克少尉仍没有回来，于是我乘坐营部军医的汽车返回辎重队。在汽车数次在途中受困后，我们在晚上抵达了辎重队。

1941年10月23日，星期四。在辎重队最终抵达了一条路况较好的道路并发生了一些令人不快的意外之后，我们带着油料和弹药继续前进。此时，连队已经来到哈尔科夫郊外。

1941年10月24日，星期五。天亮后，我们回到了我的突击炮所在的地方，然后带着几名摩托车传令兵一起前进。车组已经连夜为我的突击炮更换了新的扭杆。我们在发起进攻前5分钟抵达了集结地。大约在中午，我们进入了市中心，与一些苏军坦克和反坦克炮对一座桥梁展开了争夺。一个宣传连队在行动中一直跟随着我们。随后，我们与第3营一起被部署在右侧。此后，我们与第2营继续前进。此时，几乎整个哈尔科夫城已经落入我军手中。当晚，我们在一座体育场附近过夜。

1941年10月25日，星期六。清晨时分，我们协助第3营清剿市中心地带。但是，那里已经没有苏军的踪影，我们协助《每周新闻短片》的记者拍摄了新闻短片。下午，我们在市里寻找住宿地点，随后住了下来。当天，辎重队也抵达了哈尔科夫。

1941年10月26日，星期日。这是平静的一天。晚上，一些营部人员造访了我们连。蒂尔上士的突击炮恢复了作战能力，于是我们又有4辆突击炮了。

1941年10月27日，星期一。今天依旧是平静的一天。一辆牵引车原本应将A号突击炮送上来，而维修单位则将去查看B号突击炮的状况。

1941年11月4日，星期二。A号突击炮被困在路上了。我们带上了这辆突击炮的乘员，离开哈尔科夫城，向第聂伯罗彼得洛夫斯克－梅利托波尔方向进军，前往第11集团军行动区域。路况非常糟糕，我们只前进了50公里，来到了诺沃亚沃多拉加，但我们乘坐的巴士抛锚了。

1941年11月5日，星期三。今天，我们一直到了克拉斯诺格勒远郊20公里处的旧维尔罗夫卡。

1941年11月6日，星期四。天气正在变得越来越让人不愉快。我们只前进到过了克拉斯诺格勒一点点的地方。

1941年11月7日，星期五。由于必须获得一些燃料，因此我们留在了原地。

1941年11月8日，星期六。在获得了7m³ 燃料后，尽管路况极其恶劣，但我们还是硬着头皮前进到了新莫斯科斯克近郊。

1941年11月9日，星期日。今天我们经新莫斯科斯克和一座第聂伯河大桥，来到了第聂伯罗彼得洛夫斯克。晚上，我们来到了扎波罗热外围地区。

1941年11月10日，星期一。我们再次来到第聂伯河畔。由于只有一艘缓慢的渡轮，因此我们直到晚上才完成了渡河工作。当晚，我们在一处郊区过夜。

1941年11月11日，星期二。我继续向梅利托波尔方向进军。途中，我不得不经一条沼泽地带的糟糕小路，绕过一座被炸毁的大桥。在此期间，我的排长座车因两个前轮脱落而无法继续行驶。晚上，我们抵达了扬切克拉克。

1941年11月12日，星期三。今天，我们快速行军抵达了梅利托波尔，在该地的一处近郊扎营。此时，部队已经接到了前往辛菲罗波尔的命令。

1941年11月13日，星期四。由于维修单位尚未抵达，我们留在了营地中。晚上，维修单位才终于抵达了这里。

1941年11月14日，星期五。由于所有发动机和化油器都冻上了，因此我们直到上午才得以上路。尽管如此，当天我们还是前进了70公里，来到了距离彼列科普一半距离的彼得罗夫卡。

1941年11月15日，星期六。我今天一直来到彼列科普外围的新康斯坦丁诺夫卡，部队几乎都在路面起起伏伏的草原上行军。此时的气温只有－20℃。

■ 1941年6月22日，德军正式打响了“巴巴罗萨”行动。上图为行动开始后，第197突击炮营第3连第3排随即向苏军部署在索卡利的堡垒防线发起进攻。照片中站在半履带车内要求身后的部队前进的便是第3排排长萨拉蒙少尉。

■ 下图为1941年6月22日下午，正在向布格河方向挺进的克莱斯特装甲集群望不到尽头的车队。

■正在进攻索卡利的第3连的一辆突击炮，搭载着一些第51工兵营的士兵。

■ 上图为在苏联边境附近的米特尼卡村（Mytnika）外，第3连的突击炮击毁了一些苏军坦克。图为一辆在该村外田野中被突击炮击中后正在燃烧的苏军 BT-7坦克。

■ 下图为几辆被第3连的突击炮击毁的苏军坦克正在田野中燃烧，其中一辆为 F 号突击炮的战果。

■ 上图为两辆被第1连击毁的苏军装甲车。中间为一辆该连的乘用车。几名士兵在查看了这两辆装甲车残骸后，拍摄了这张照片。

■ 第1连第1排的富特上士为第197突击炮营在苏德战争中阵亡的第一名士兵。战斗中，他站在自己的突击炮上，被子弹击中了头部，当场阵亡。左图为富特上士的坟墓。战友们在他的坟墓上用几个炮弹壳为他摆了一个十字架。

■ 上图为在继续向苏军境内挺进的过程中，第3连连长格韦中尉的连军官座车在途中抛锚，只能暂时停止前进，其身后跟随着该连的D号突击炮。

■ 在具体作战行动中，弹药运输车时常与战斗单位保持一定的距离行军，下图为第3连的一辆Sd. Kfz. 252型弹药运输车，其身后拖着一辆弹药拖车。

■ 在第2连战斗区域，D号突击炮得到了步兵的支援。此时，第2连的许多突击炮乘员都戴着突击炮部队的原野灰色贝雷帽。上图中可以看到D号突击炮旁边站着一名背负着电台的无线电员。不知道其是否是第2连的“徒步军士”，或者是步兵单位的无线电员。

■ 下图为在与苏军T-34坦克的第一次较量结束后，赫克下士（Hecker）查看被T-34坦克击中的一辆突击炮的炮管。

■ 上图为第197突击炮营的一些辎重队成员正在查看一辆被击毁的苏军T-34坦克。

■ 下图为5辆被第197突击炮营击毁在一片空旷田野中的苏军轻型坦克。在三号突击炮面前，这些薄皮的苏联坦克根本扛不住75毫米炮的打击。

■ 在向苏联腹地继续挺进途中，第197突击炮营时常会遇到一眼望不到尽头的步兵部队的行军队伍。在这张照片中可以看到三辆第197突击炮营的突击炮，照片前景处为E号突击炮。

■ 上图及下图为第1连在涉水渡过斯特里河的一条小支流时拍摄的照片。突击炮渡过这种小溪简直易如反掌。在下图中可以看到背景处有一支正赶赴前线的德军步兵队伍。

■ 上图及下图为第197突击炮营在莱斯齐诺夫(Leazinow)遇到的一辆被困在泥潭中的52吨重的KV-2重型坦克。第197突击炮营的士兵对其检查了一番后，这辆“移动的茅房”最终被德军步兵单位炸毁。

■ 1941年7月11日，第197突击炮营来到了苏军的“斯大林”防线。最终确定，他们将与步兵部队一起发起进攻。上面这张照片便是第197突击炮营的军官与步兵单位的军官讨论配合问题，从左向右分别为第2连第2排排长博比施少尉（戴小檐帽者）、一名步兵侦察兵、第3连连长格韦中尉、第3连第3排排长萨拉蒙少尉和特里特上士。

■ 下图为一些步兵正在查看一座曾遭到第197突击炮营的突击炮猛烈炮击的堡垒。

■ 在突破“斯大林”防线的战斗中，第197突击炮营的突击炮与一些苏军堡垒展开了激烈战斗，最终只能依靠步兵通过其他手段迫使其放弃抵抗。上图为一名第197突击炮营的士兵正在查看一座被步兵占领的钢筋混凝土结构的堡垒。

■ 左图为几名步兵突击队员正在一座苏军工事中审问一名俘虏。由于是攻坚作战，因此步兵突击队员需要携带大量手榴弹。因此照片中左侧的这名步兵便携带了两个手榴弹挂包。

■ 上图为第197突击炮营在继续前进途中遇到的一辆被苏军遗弃在路旁的T-34坦克。

■ 德军进入乌克兰后，时常被乌克兰人作为“解放者”来礼遇。下图为一名乌克兰妇女为途经当地的德军送来了茶水。

■ 在部队进军途中，第197突击炮营时常遇到被苏军遗弃的车辆。在无法对其加以利用的情况下，他们会直接用突击炮将其碾碎。图为一辆突击炮正在碾压一辆苏军卡车。

■ 上图及下图为第197突击炮营在通往霍伊卡－维索维茨公路上遇到了一辆被苏军遗弃的重型坦克——T-35多炮塔重型坦克。

■ 上图为德军在检查一辆缴获的苏军T-35重型多炮塔坦克。这种庞大的苏军坦克的军事价值仍有争议。它时常因为机动性差而沦为猎物。

■ 下图是第197突击炮营第2连一辆突击炮被重创后所摄。

■ 在苏联几乎无边无际的土地上，经常能看到田园牧歌式的景色。下图这座木桥的下面正游过一群水鸭。而此时，一名交通指挥也正在小心翼翼地引导一辆突击炮过桥。

■ 上图为博比施少尉正带领手下检查一辆被装甲部队击毁的苏军 T-28坦克。

■ 下图为博比施少尉（左三）与几名手下在一辆被击毁的 BT-7坦克前合影。

■第197突击炮营的一辆突击炮牵引着一门37毫米炮，从一辆被友军反坦克炮击毁的第9装甲师的三号G型坦克旁经过。

■ 右上图为一群士兵正在围观和检查一辆缴获的苏军T-26坦克。

■ 右中图为一辆被第197突击炮营的突击炮击中后正在燃烧中的BT-7坦克。

■ 下图为一名第197突击炮营的士兵注视着一辆被击中后焚毁的BT-7坦克。这辆坦克前方摆放着一具已经被烧成焦炭的苏军坦克兵的尸骸。另外，照片中还有一辆缴获的BT-7坦克。

■ 上图为一名突击炮车长正探出头来聚精会神地查看地形。这通常是项非常危险的任务，因为苏军狙击手特别喜欢射杀探头的车长。

■ 下图一名装填手正在吹口琴，装填手也兼任突击炮的无线电操作员，图中可见一把随车携带的冲锋枪挂在后方隔板的墙上。

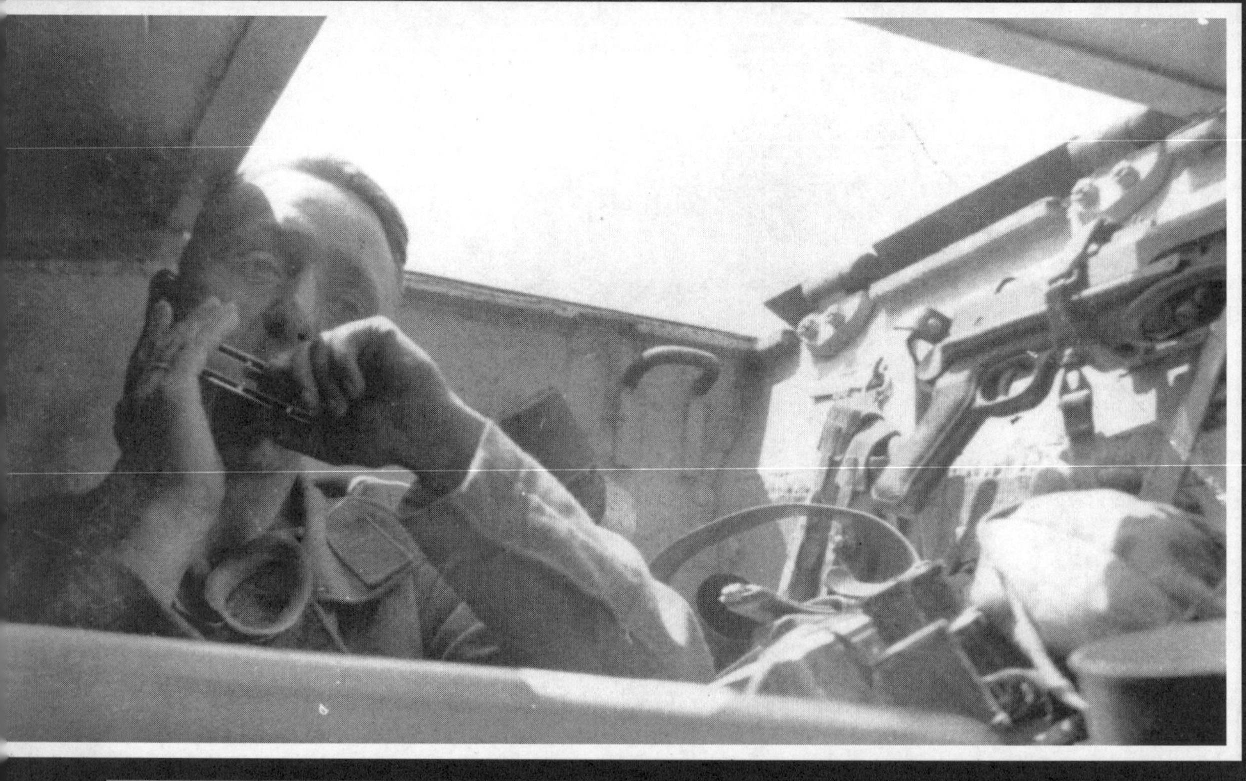

■ 上图为一辆正行驶在一个乌克兰小村内道路上的第197突击炮营第1连的突击炮。这辆突击炮在主炮防盾上画了14个战果标记。车首正面中央挂了一个马蹄铁为这辆突击炮乘员们的幸运标志。

■ 下图为第1连的C号突击炮在行军途中停车补充了燃料和弹药后，一些油料班的成员利用这个机会与这辆突击炮的乘员们站在突击炮上合影。

■ 上图及下图为第3连的F号突击炮在维尔基（Welkie）被一发炮弹命中战斗室右侧，被砸开了一个直径约10公分的破洞。但是，破口处并没有任何火炽的迹象，而且显然没有杀伤到里面的乘员。上图中这辆突击炮的4名乘员笑嘻嘻地望着这处破口，庆幸自己的好运气。因此，命中这辆突击炮的炮弹可能只是硬生生地砸开了脆弱的装甲，而没有发生爆炸。

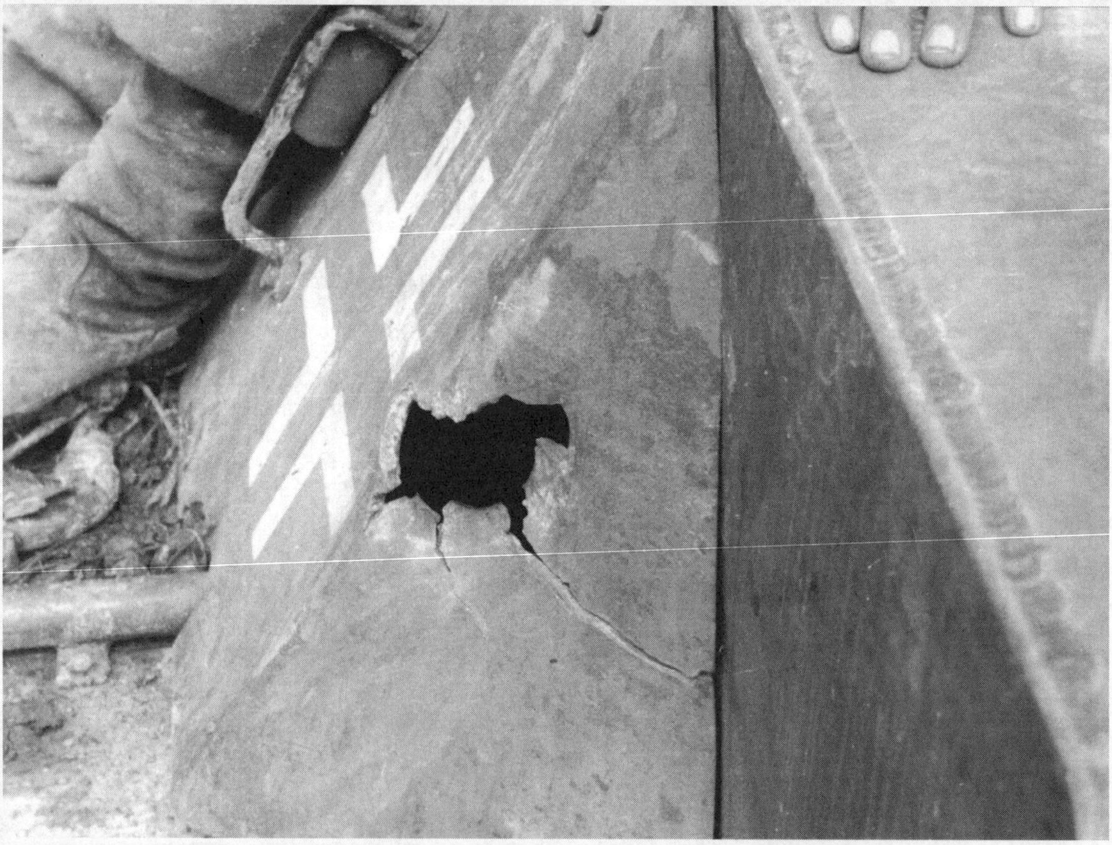

■ 1941年7月6日，第197突击炮营在伦诺夫奇（Lenowce）跨过了苏联边界，随后继续向基辅方向进军。但是，第3连在跨过一座简易的小桥时遇到了一些麻烦。上图为一辆突击炮正在众人的注视下谨慎地行驶在颤颤巍巍的桥面上。下图为一辆突击炮在小桥旁边的岸边陷进了泥泞中。

■ 这座小桥显然难以支撑突击炮的重量。图为突击炮在即将驶过小桥时压断小桥木梁的瞬间。

■ 上图及下图为在前一辆突击炮艰难驶过小桥后，其余突击炮只能选择绕道行驶，将桥留给重量更轻的轮式车辆行驶。但是，此地崎岖泥泞的地形仍给它们带来了许多麻烦。

■ 上图为 Z3 号排长座车艰难地行驶在已经遭到突击炮蹂躏的小桥上。

■ 经过连日猛烈的降雨，到处变成了泥潭。下图为行驶在泥泞中的第 1 连的 A 号突击炮。

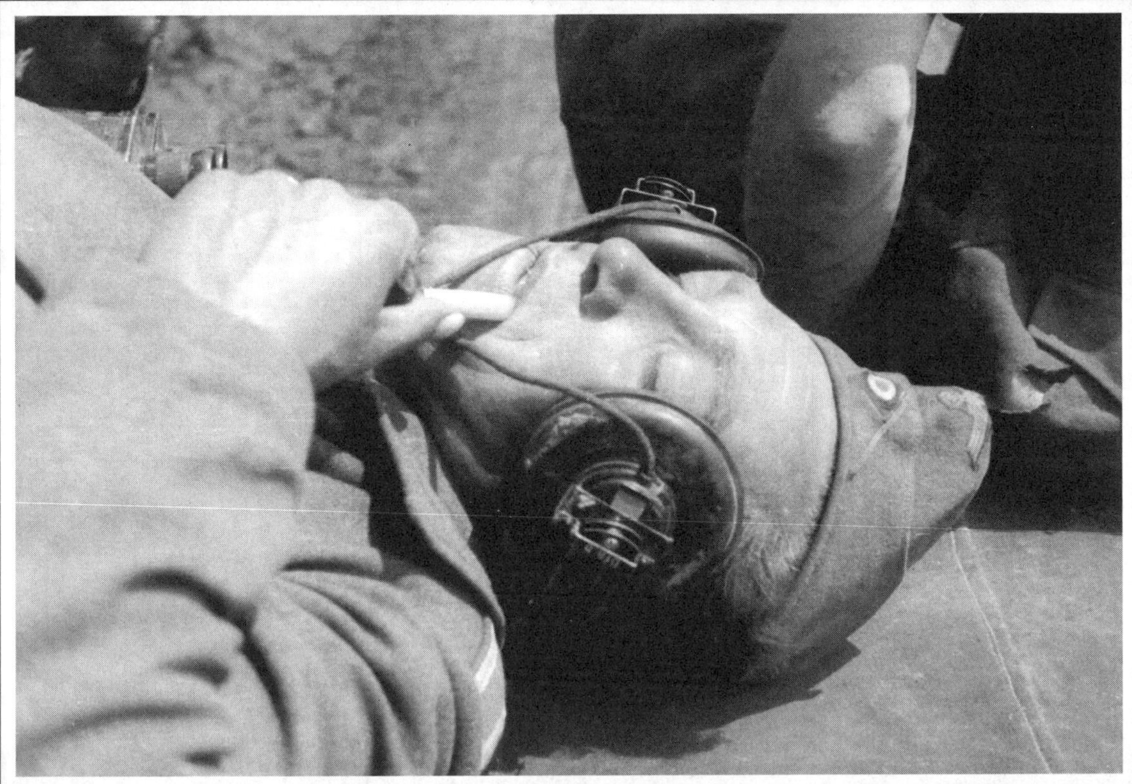

■ 上图及下图为部队在行军途中休息，士兵们躺在突击炮上享受着连日暴雨后的阳光。

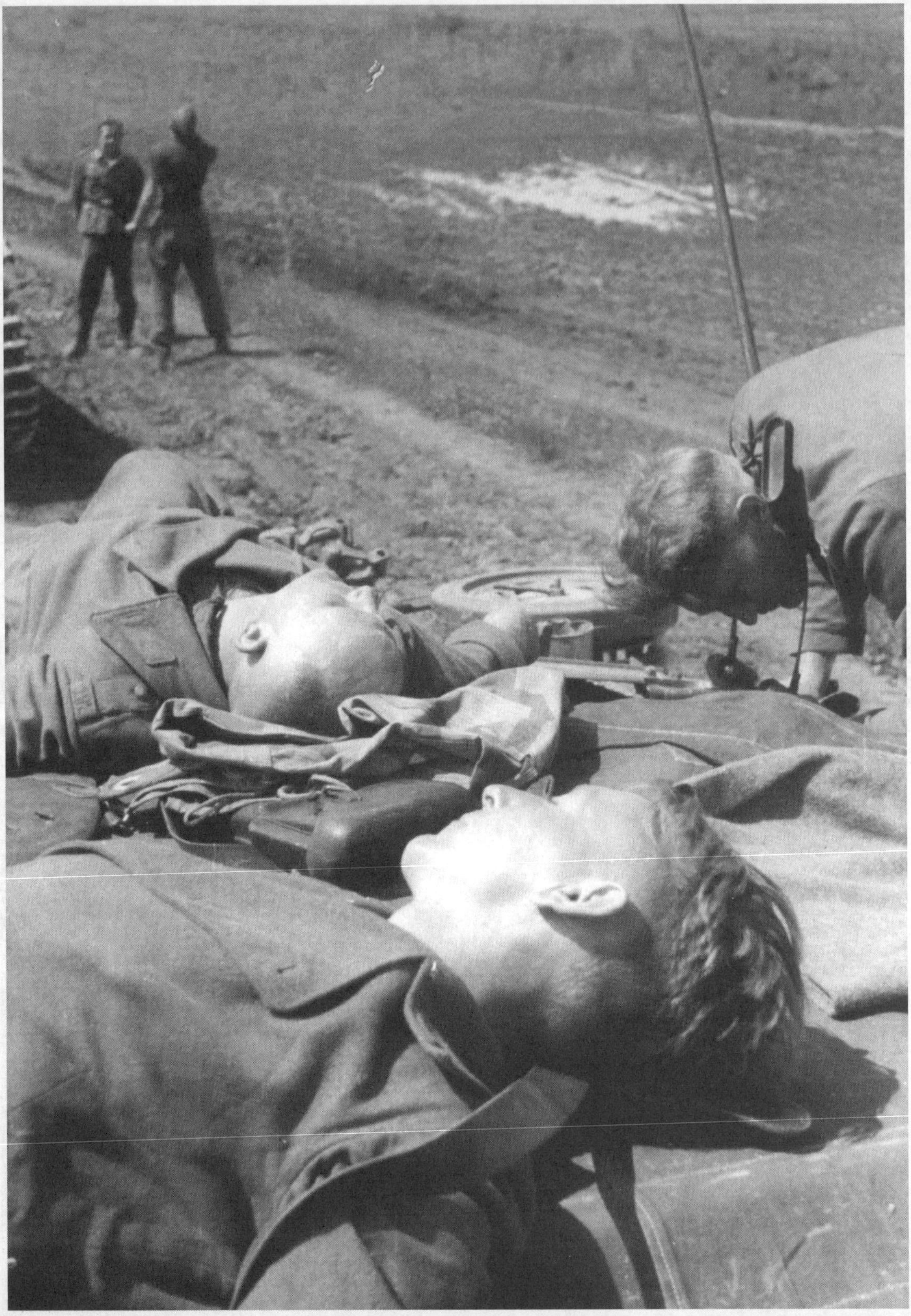

■ 两名士兵惬意地躺在突击炮顶部小憩。

■ 尽管此时敞开着舱盖，但突击炮战斗室内的空气依然不够流畅，里面的温度依然很高。因此，F号突击炮的驾驶员在这种夏季的晴天里只能打赤膊驾驶车辆。

■ 上图为维利 · 奥皮茨下士坐在突击炮战斗室内，在自己的“口袋”日历中记录当天发生的事情。

■ 下图为1941年夏天，第1连的一些士兵在营地中的合影。

■ 上图为在进攻卡涅夫桥头堡前，第197突击炮营一辆隐蔽在集结地林下的突击炮。

■ 下图为第3连的F号突击炮陷进了一道苏军的反坦克壕沟。

■ 上图为一名无线电员正在查看一处被捣毁的苏军反坦克炮阵地。照片中的这门反坦克炮已经被击毁，旁边躺着几名苏军士兵的尸体。

■ 下图为德军在卡涅夫桥头堡地区缴获的一辆 T–28 坦克。

■ 1941年8月15日，第1连连长的突击炮不慎碾到了地雷，行走机构受损，无法继续行动。上图为第二天回收这辆突击炮时拍摄的照片。

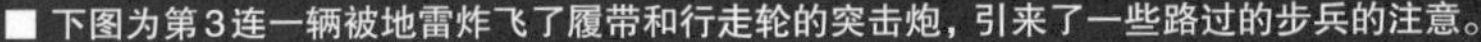

■ 下图为第3连一辆被地雷炸飞了履带和行走轮的突击炮，引来了一些路过的步兵的注意。

■一名第2连的突击炮乘员与维修单位的成员正在为一辆突击炮更换受损的行走轮。

■ 上图为在卡涅夫桥头堡战斗中阵亡的第197突击炮营官兵的墓地。

■ 下图为一架“鹳”式联络机降落在第197突击炮营行军路线旁，为该营带来了新的行动命令。

■ 上图为部队在营地中休息时，凯撒上士(Caesar)正在清理一只鸡，准备做一道美味的鸡汤。

■ 下图从第3排的弹药运输车上探出脑袋的二等兵比尼克。

■第197突击炮营维修单位驻地，照片中至少可以看到5辆正在接受维修的突击炮。此时，第197突击炮营的绝大多数受损的突击炮都是行走机构出现了问题。

■ 几名维修单位成员正在用一台龙门吊起吊一辆突击炮的发动机舱盖板。

■ 上图为维修单位正在为一辆突击炮安装新发动机。

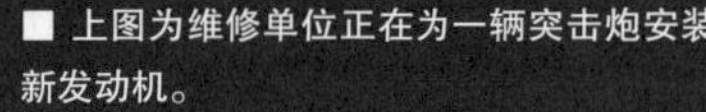

■ 左图为营部连的宠物——一只小流浪狗，被士兵们恶作剧地装进了一只皮靴。

■ 由于突击炮已经送去维修，因此许多突击炮乘员在这期间没有作战行动，于是在营地中清理个人卫生。图为皮普希下士（Pippig）正在刮胡子。

■ 由于天气炎热，有的一些突击炮乘员利用休整的时间已经洗掉了制服，照片中的威廉 · 奥皮茨（Wihlem Opitz）只穿着一条裤衩和靴子，戴着一顶农夫帽，在营地中写信。

■ 卡涅夫桥头堡战斗结束后，第197突击炮营迅速来到了第聂伯河畔。上图为一辆突击炮正在穿过一条第聂伯河河岸地区的小水沟。

■ 下图为第1连的一辆沾满了灰尘的突击炮。

■ 上图为第3连的一辆突击炮在进行了长时间的弹幕炮击后，因反复的后坐力冲击，一侧深陷松软的泥地中，最后不得不由人工铲开泥土，为其解困。

■ 下图为在向第聂伯河发起突击之前，一辆突击炮正在补充弹药。

■ 上图为一辆半履带装甲车的三名成员在自己的座驾上等待渡过第聂伯河。

■ 下图为第1连C号突击炮上的第197突击炮营营徽。由于是第1连，因此其底色为白色。

■ 1941年9月2日，第197突击炮营在帕夫里西搭乘渡船渡过了第聂伯河。上图及下图为一辆突击炮驶上渡船时的两张照片。

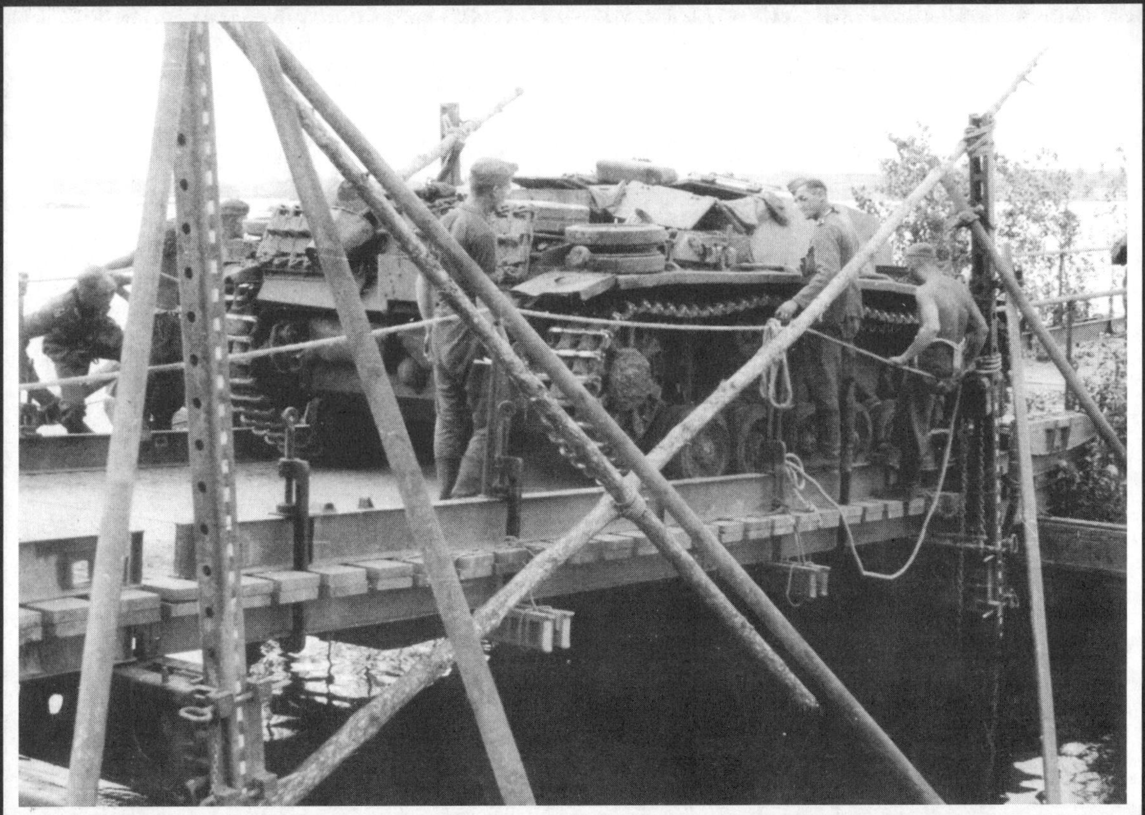

■ 由于苏军已经撤退，因此第197突击炮营的这次渡河过程并没有出现任何意外，也没有遇到任何抵抗。

■ 1941年9月4日，为了给进攻拉夫里科夫卡提供警戒，第197突击炮营第1连建立了一处准备阵地。上图为这辆突击炮在之前的战斗中被一发迫击炮炮弹打掉了挡泥板。

■ 下图为第1连在战斗中目睹了德国空军击落一架苏军轰炸机的过程。照片中他们正望向轰炸机在远方坠地爆炸。

■ 1941年9月18日，第197突击炮营在向瓦西里伊基进军期间，在一个小村外与苏军坦克爆发了一场激战。通过上图这张从炮手瞄准镜拍摄的照片可以看到，一辆T-34坦克被击中后正在燃烧。另外，炮手已经瞄准了另外一辆苏军坦克。

■ 下图为车长正通过潜望镜持续地观察命中情况。

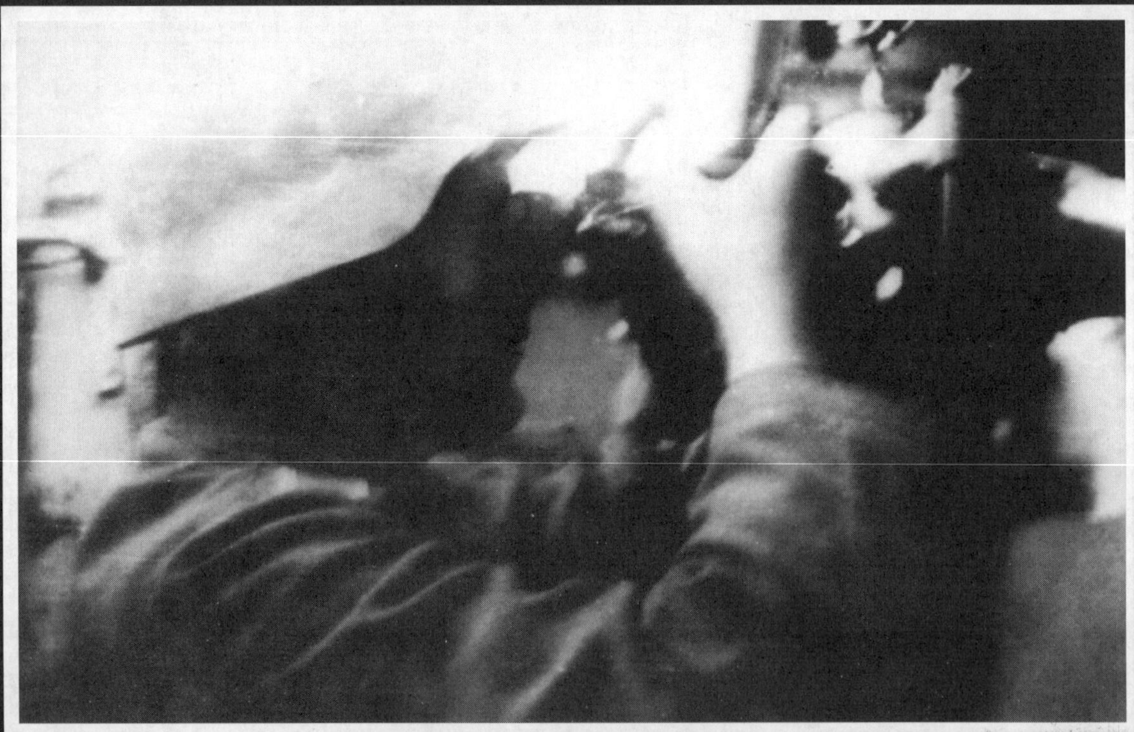

■ 上图为炮手瞄准一辆 T-34 坦克时的镜头，瞄准镜的交叉线已经落在了这辆坦克炮塔和车体之间的一块地方。

■ 下图为这辆 T-34 坦克被击毁后，博比施少尉（挂望远镜者）带着一些手下与这辆坦克合影。

■ 1941年9月底，第3连在波尔塔瓦郊外缴获了两辆完好无损的T-34坦克。上图及下图为该营的几名士兵正在检查其中一辆坦克的车况。

■ 1941年10月初，第197突击炮营维修单位对这两辆T-34坦克进行了仔细检查后，将其编入了作战单位。上图为其中一辆T-34坦克与一辆突击炮停在一起。下图为一辆T-34坦克被涂上了德军的铁十字标志，在波尔塔瓦被编入了第3连。

■维修单位正使用一台龙门吊卸下一辆T-34坦克的炮塔。在其身后则是同样被编入第3连的第二辆T-34坦克。

■ 上图及下图为在第3连中服役的两辆缴获的T-34坦克。

■ 为了持续向作战车辆提供补给，第197突击炮营也利用了一些缴获的苏军车辆，如上图中的一辆“共产国际”604r型履带式牵引车（Komintern 604r）便被该营用于运送弹药和油料。下图为这辆牵引车正在为第3连的T-34坦克补充弹药。

■ 天气变得越来越糟糕，10月初便到来的雨夹雪天气时常阻碍了部队的行军。上图中可以看到第3连的两辆缴获的T-34坦克中的其中一辆。由于路况恶劣，这两辆坦克通常被用来救援和牵引其他被困在泥泞中的车辆和突击炮。另外上图及下图中可以看到突击炮上部和主炮上蒙着一张防化车罩，用于为突击炮内的乘员遮挡雨水。

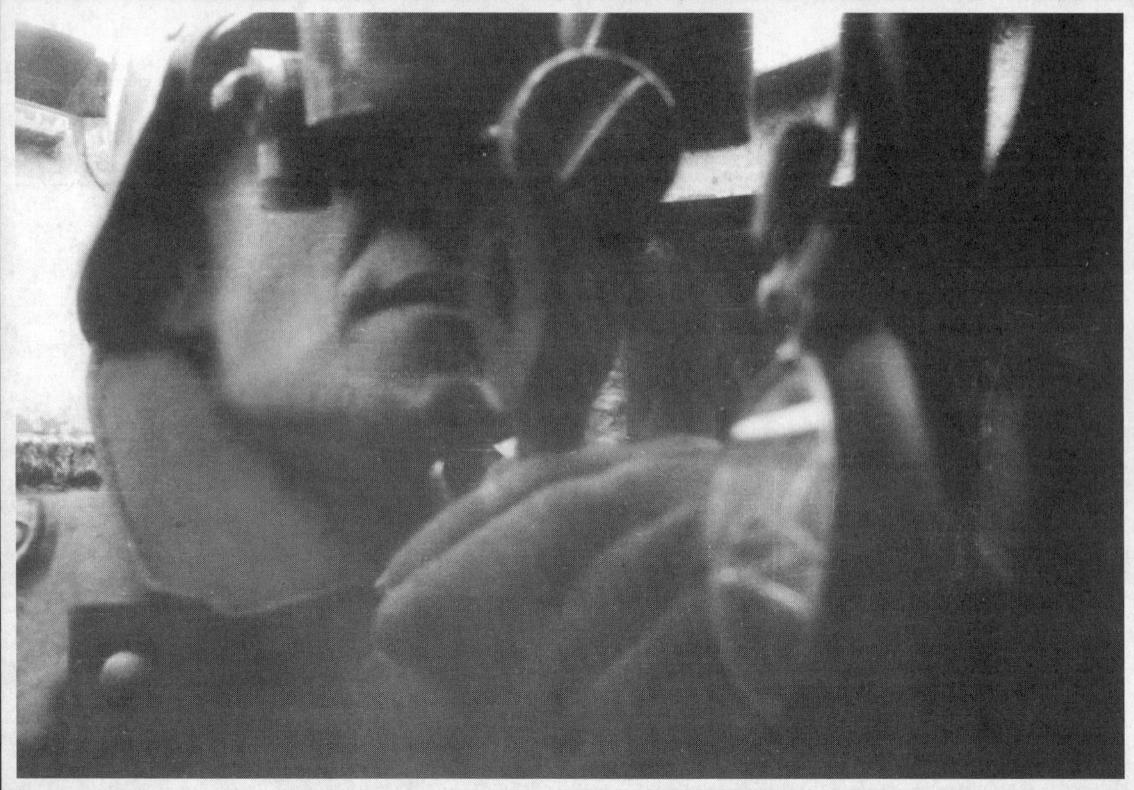

■ 1941年10月20日，第197突击炮营抵达哈尔科夫郊外。上图为一名车长正通过潜望镜观察，试图捕捉潜在的苏军目标。

■ 1941年10月24日，第197突击炮营正式开始向哈尔科夫城发起进攻。照片中的突击炮为第1连的一辆排长座车。

■ 上图中与突击炮一起进攻的士兵为一些友军的战斗工兵，他们与第197突击炮营的突击炮一道清剿了通往哈尔科夫城市的入口通道。

■ 下图这张照片为从第3连的C号突击炮的舱口处拍摄的，照片前景处为探出半个脑袋的车长的钢盔，背景处可以看到一辆正被拖向战斗一线的88毫米高炮，其身后则跟着一辆半履带式装甲指挥车。这张照片的拍摄时间为1941年10月24日。

■这是一张从炮手瞄准镜中拍摄的照片。可以看到突击炮前方有一门德军37毫米反坦克炮。

■ 上图及下图为联邦德国档案馆所收藏的几张第197突击炮营在哈尔科夫城内作战的照片（共三张）。在1941年10月24日，德国《每周新闻短片》的战地记者和一些广播记者记录了该营第1连的战斗。上图为战地记者海因茨 · 米德施泰特（Heinz Mittelstaedt）所拍摄的，可以看到第1连的一辆突击炮和半履带式装甲车。下图为一名叫施密特（Schmidt）的记者拍摄的，镜头中出现了一辆第197突击炮营的突击炮和两辆装甲车。

■ 在上图这张联邦德国档案馆收藏的照片中，第197突击炮第1连的一辆突击炮和半履带式装甲车来到了一处街道拐角处。结合1941年11月5日开始放映的一段《每周新闻短片》，他们随后在这里发现了一些躲在远处楼房内的苏军，于是停车用机枪和冲锋枪射击抵抗的苏军。

■ 下图为1941年11月5日开始放映的《每周新闻短片》视频截图。在这张图片中依稀可以从另一个角度看到上图中来到街道拐角处的一辆突击炮和一辆装甲车。

■ 上图及下图为1941年11月5日开始放映的《每周新闻短片》视频截图。

■ 维尔纳 · 普罗伊塞尔少尉在其日记中曾称他于1941年12月10日在克里米亚首府辛菲罗波尔看电影时，在电影正式开始前观看了德军夺取哈尔科夫的《每周新闻短片》，他在短片中看到施罗德尔上士在哈尔科夫的战斗中用冲锋枪开火。上图及下图便是这段短片的截图：施罗德尔上士端着冲锋枪从突击炮舱口中探出了身子，首先拉动枪机，然后开始开火。

■ 维尔纳 · 普罗伊塞尔少尉在短片中也看到阿尔贝特 · 里克尔用机枪开火的镜头。上图下图便是里克尔在Z3号半履带装甲车上用一挺MG 34机枪开火时的画面。普罗伊塞尔少尉在日记中指出里克尔身后用望远镜观察目标的是沙夫。

■ 1941年10月25日，哈尔科夫牢牢地落入了德军手中。上图为一架“鹳”式联络机降落在这座城市中央的“红场”上。

■ 1941年10月底，第197突击炮营新任营长海因茨·施泰因瓦赫斯上尉来到第197突击炮营。下图为他与几名军官的合影，从左向右分别为维尔纳·加特纳中尉（营部联络军官）、施泰因库夫（Steinkoff，军衔和职务不详）、施泰因瓦赫斯上尉、鲍厄迈斯特博士（Dr. Bauermeister，营外科医生）和维尔纳·萨拉蒙少尉（第2连第3排排长）。此时，第197突击炮营已经接到了前往克里米亚的命令，所有人对南方的温暖气候都特别的期待。

■ 1941年11月4日，第197突击炮营离开哈尔科夫，前往克里米亚半岛。部队离开哈尔科夫后不久便遇到路况非常糟糕的道路，许多车辆在途中抛锚，需要用牵引车进行施救。上图为一名第197突击炮营成员正一筹莫展地看着陷在泥潭中的汽车。

■ 在如此糟糕的路面上行军，第197突击炮营的燃油和弹药补给单位时常难以跟上战斗单位的行军速度。下图为几名补给单位的士兵在行军途中休息，路旁堆放着大量弹药和油桶。可能是车辆陷进了淤泥中，为了减轻车辆的重量，而临时卸下了这些弹药和油料。

■ 上图为第197突击炮营第2连的特里特上士，筋疲力尽的他在自己的突击炮旁睡着了。

■ 右图为在前往克里米亚期间的一个休息日里，一名第197突击炮营的士兵穿着暖和的毛皮大衣，叼着烟斗拍摄的一张照片。

■ 上图是1941年11月初第197突击炮营从哈尔科夫调往克里米亚途中所摄。这是一条困难重重的路线，全长900多公里，部队时常在充满泥泞的大小道路上挣扎，有时候突击炮不得不拖着轮式车辆前进。

■ 由于补给时常跟不上来，第197突击炮营战斗单位在此期间时常只能自己想办法寻找口粮。左图为几名士兵正在处理一头刚宰杀的肥猪。

■ 前往克里米亚期间，因路况恶劣，第197突击炮营每天的行军距离只有50到70公里。上图为一辆突击炮在通过一座小木桥时，压塌了桥头松软的路基，车体已经开始倾斜，只能停了下来。几名士兵正在旁边焦虑地查看塌方情况，试图想办法安全地让突击炮脱离困境。

■ 下图为1941年11月10日，第197突击炮营来到了扎波罗热附近的第聂伯河畔，从一座被苏军炸毁的第聂伯河水坝旁经过。

■ 上图为1941年11月10日，第197突击炮营的车队穿过扎波罗热老城区的街头。

■ 1941年11月11日，第197突击炮营来到扬切克拉克，准备在此地过夜。下图为一些苏联妇女来到A号突击炮跟前，获得部队的允许，可以拿走一些汽油。

■图为第197突击炮营的一支卡车队在一辆突击炮的牵引下，行驶在草原上，前往梅利托波尔。

■ 此时，第197突击炮营尚有350公里的路程需要跋涉，才能抵达克里米亚首府辛菲罗波尔，而乌克兰南部的茫茫草原似乎永远没有尽头。上图为一辆突击炮牵引着两辆卡车行驶在乌克兰南部的草原上。

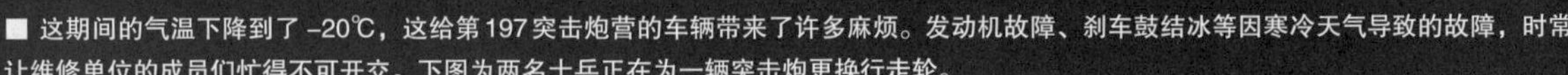

■ 这期间的气温下降到了 -20℃，这给第197突击炮营的车辆带来了许多麻烦。发动机故障、刹车鼓结冰等因寒冷天气导致的故障，时常让维修单位的成员们忙得不可开交。下图为两名士兵正在为一辆突击炮更换行走轮。

■ 图为第197突击炮营来到佩列科普地峡，随后接到命令经过占科伊前往辛菲罗波尔郊区的乌克兰卡村。

第四章
克里米亚战记
（1941年11月16日至1942年7月29日）

1941年11月16日。大家都开始产生非常巨大的失望感！我们来到克里米亚半岛的狭地城市佩列科普，此处经过了战争的痕迹仍历历在目。佩列科普此时如同一座丑陋的村庄！在我们眼中，这里的干草原甚至比诺盖草原还要荒凉。最重要的是，这里充斥着严寒！部队今天的行军目的地为占科伊（Dshankoj）。该地在地图上为一个小村庄，但实际是一个小城市。这让我们都很惊喜！

1941年11月17日。路况开始变好，道路上铺了砾石，一些路段甚至为沥青路面！雅伊拉山脉（Jaila Mountain，*即克里木山*）很快出现在了远方的背景处。经过第11集团军司令部所在地萨拉布斯（Sarabus）后，我们迎来了融雪天气。这里阳光普照，而地形也开始起伏起来。下午早些时候，部队抵达了辛菲罗波尔城郊外。我们终于抵达了目的地！连队随后在城郊的一个小村庄乌克兰卡（Ukrainka）扎营。经历了长途行军后，部队已经极其疲惫，大伙儿终于得以休息几天。另外，部队也必须收拢落在后面的车辆。

1941年11月18日至12月12日。我军进攻塞瓦斯托波尔（Sevastopol）的计划一再被推迟。因为维修单位此时仍在克拉斯诺格勒至第聂伯罗彼得罗夫斯克周边地区，因此部队此时无法展开车辆的修理和维护工作。按照苏联标准，连队目前的住宿条件可谓非常舒适了。这里空间宽阔。天气总的来说很温暖，只有在降雪时才会又有一段霜冻期。部队已经将突击炮涂成白色。在这段休整期，官兵们偶尔有机会进城，去“前线电影院”看场电影，可以去看看牙医，做一些有利于恢复身心健康的事情。例如，莱特下士负责的连队图书馆现在又开张迎客了。

1941年12月13日。我军终于下达了进攻塞瓦斯托波尔的行动命令。连队将被配属给一个罗马尼亚“快速团”（fast regiment），而该团此时已经被配属给我们军。由一个侦察营和“勃兰登堡”突击营（Sturmbataillon Brandenburg）组成的博迪恩战斗群（Gruppe Boddien）也加入了这个团。我们连将编入博迪恩战斗群。连长、施皮尔曼少尉和塞茨少尉数星期前就已经与本地的一些德国部队取得了接触，大致了解了此次进攻的意图。由于上级下达了夜间行军的命令，因此连队在下午天色变暗的时候离开了营地。在进行了60公里行军后，部队来到包围圈北段的奥尔塔－基塞克村（Orta-Kisek）。施皮尔曼少尉已经在这里为连队安排好了营地。此次，连队共派出了4辆突击炮，车长分别为第1排排长普罗伊塞尔少尉，第2排排长塞茨少尉、军士长施罗德尔和蒂尔上士。

1941年12月14日。我军的攻势又被推迟到另外一天——1941年12月16日。下午，军官们前往侦察营指挥所参加了一次会议。

1941年12月15日。我军的攻势又被推迟了一天。下午，苏军频繁发动了低空空袭行动。

1941年12月16日。上午，连队在集结地接收了弹药和燃油。由于即将到来的进攻行动将在一段温暖时期展开，因此部队重新清洗了突击炮的涂装。下午，突击炮也转移到了集结地。天气是如此温暖，以至于我们可以舒适地在户外睡觉。

1941年12月17日。我军终于打响了攻势。正如已经做好的安排，第1排在一道电线杆线路的右侧向南进攻，第2排则在其左侧行动。当部队在拂晓时前进至苏军最前沿阵地时，发现守军已经放弃了这些阵地。随后，在苏军主防线前方大约20米处发生了交战。我军步兵遭到了苏军的火力压制，无法开火还击。当时，我军唯一有效的武器只有突击炮和陆军高炮。但是，它们只能用于对付苏军精心修筑的筑垒工事。此时，苏军炮兵开始介入战斗，且炮火越来越猛烈。

蒂尔上士的突击炮很快起火，车组乘员只能选择保命，抛弃了这辆突击炮。下一辆被直接命中的突击炮为塞茨少尉的座车，他的二等兵驾驶员格罗尔当场阵亡。塞茨少尉的车组人员随即弃车逃生。一到车外，塞茨少尉和多尔什下士被弹片打成重伤，伤势严重到必须送到医院医治。弹药运输车车组——二等兵约瑟夫 · 马格（Josef Magg）和吕德尔（Röder），随后接到了疏散伤员的命令。最终，他们冒着极度猛烈的苏军炮火，完成了任务。然而，连队的厄运还在继续。就在离连长座车不远处，普罗伊塞尔少尉的突击炮碾上了一颗地雷，从而失去了行动能力。半小时之后，苏军炮火是如此精准，以至于这个车组的人员不得不选择弃车逃生。此后不久，这辆突击炮便被一发炮弹直接命中，彻底炸毁。普罗伊塞尔少尉受了轻伤，但他仍带领手下回到了连指挥车。施罗德尔军士长的突击炮成为战场上唯一幸存的突击炮，最终，他也被迫带着行走装置受损的突击炮撤出了战斗。连队就这样退出了战斗！在几个小时里，高傲的第1连在经历了一场英勇战斗后已经面目全非！

1941年12月18日。连队剩余车辆撤回到了乌克兰卡。我们营的其他连队仍在前线战斗，直至行动被叫停。这次，他们显然要比我幸运多了。

1941年12月22日。韦德勒下士的E号突击炮已经被修复，但连队将它转交给了第3连，用于参加在塞瓦斯托波尔周边地区的行动。莱特下士今天被提升为上士。晚上，连队在辛菲罗波尔市内的一座宽敞的礼堂里举办了圣诞联欢会。部队提供了大量甜面包、巧克力、雪茄、香烟和糖果，鉴于当时的形势，这可谓相当丰盛！最重要的是，还有纯正的香槟、烈酒和克里米亚红酒！连长在开场祝词中指出了此次庆祝的意义，并祝愿每个人都能拥有一个愉快的夜晚，然后，他为二等兵阿图尔 · 舒马赫（Arthur Schumacher）和齐根巴尔格（Ziegenbalg）颁发了佩剑饰二级战功十字勋章。晚会并没有安排严格的节目，不过每个人都觉得物有所值。这真是一次美妙并令人陶醉的庆祝会，很多人都尽情享乐。直到次日2时，最后一批狂欢的人群才回到了乌克兰卡。

1941年12月24日。塞茨少尉从医院归队。

1941年12月25日和12月26日。连队度过了一个安宁的圣诞节。官兵们在自己的小圈子里进行庆祝。大部分宿舍里都摆放了一棵圣诞树。当然，部队在这种节日中也没有安排训练计划。

1941年12月27日。连队将Z3号指挥车及其车组抽调给了第190突击炮营，用于参加针对塞瓦斯托波尔的行动。

1941年12月29日。在部队从哈尔科夫行军至克里米亚的途中，贝尔纳下士（Berner）和列兵卡尔 · 辛格尔曼（Karl Singelmann）被落在了后面。今天，这两人带着K2号摩托车终于回到了连队。

1941年12月31日。连队在乌克兰卡非常平静地迎来了新年。

1942年1月1日。元旦下午，连队如同接到战斗警报般集合起来。连长宣布了战斗单位和辎重单位将于次日前往占科伊。部队将在那里接收8辆新的突击炮。随后，连队将前往刻赤半岛。苏军已经在刻赤和费奥多西亚登陆。Z3号指挥车和E号突击炮的车组乘员已经返回连队。E号突击炮随后被调拨给了第3连。

1942年1月2日。上午7时，部队开拔前往占科伊，开始了一段经萨拉布兹的80公里行军。中午时分，部队抵达占科伊。第2和第3连以及第190突击炮营的卡车司机和突击炮司机，也与我们一道抵达了这里，因为我们连没有足够的车辆和人员用于接收这8门突击炮。由于突击炮还没有送来，连队便在占科伊住了下来。下午，连长为在塞瓦斯托波尔外围地区作战中的有功人员颁发了勋章：塞茨少尉和住院的多尔什下士获得了一级铁十字勋章；二等兵吕德尔、祖德布林克（Sudbrink）、埃里希 · 普雷茨勒（Erich Prezler）、卡尔 · 施密特（Karl Schmidt）、戈林斯基、亚斯基拉（Jaskiela）、鲁尔夫 · 施莱歇尔（Rudolf Schleicher，*人当时在辛菲罗波尔*）和里茨（Reetz，*住院*）获得了二级铁十字勋章。

1942年1月3日至2月2日。连队在占科伊休息了多日，徒劳地等待突击炮的到来。期间，我们接到了两次接车通知，但总是令人失望而归。第一次，一列火车运来了8门反坦克炮；第二次，则来了一个装甲营。

1942年1月11日。连长向炮兵上士蒂尔颁发一级铁十字勋章。

1942年1月14日。连军士长沃尔穆特被调到了营部连，蒂尔上士代替他成为连军士长。

1942年1月15日。连队进入了占科伊市的防御阵地。部队宣布了一份特殊的警报通告计划，并在城市外围布置了岗哨。到处都弥漫着一种焦躁不安的氛围。苏联人正在尝试用一切手段夺取克里米亚！

1942年1月20日。瓦尔特 · 拜泽下士（Walter Beise）和赫尔曼 · 勒克下士（Hermann Loeck）被派去兵种学校进修，为此送他们到了施韦因富特。他们立即动身离开了部队。

1942年1月22日。拜元首的一道命令的恩惠，每个家庭中最后一个活着的儿子将被调离战斗单位。为此，我们连的二等兵维利 · 马尔灿（Willi Maltzahn）将被调往辎重队，炮兵上士黑策特（Hetzert）将调到营部。二等兵巴茨（Bartz）、安德烈（Andree）和莫尔肯廷（Molkenthin）带着一辆补充的人员运输车回到了部队。

1942年1月26日。在塞茨少尉的领导下，连队举办了一次士官培训班。12名上等兵和二等兵参加了这次培训。

1942年1月30日。军士长费希特纳（Fechtner）来到我们连。部队今天不得不将上士萨福施尼希（Safoschnig）送去医院。他在医院住了几天后便被送回到了德国。

1942年2月3日。连队经萨拉布兹回到了乌克兰卡。我们不得不放弃接收新炮的希望。

1942年2月12日。布尔德下士被晋升为中士，正式生效日期为1942年2月1日。

1942年2月13日。连队从哈尔科夫的陆军车场接收了一辆“霍希”重型人员乘用车（Horch PKW）。

1942年2月14日。士官培训班在今天结束了课程。连长最后考核了参训人员的业务水平，结果非常好。晚上，教员们和参训者举行了一场欢乐的聚会。

1942年2月15日。我们营已经被列入辛菲波尔的防御计划中。为此，营里在普通士兵中组建了一个（预备）摩托化步兵连，连长为扎菲尔少尉（Zafer）。这个连将接受赖特上士的第2排指挥。今天，这个连的士兵第一次在维修部队驻地集合，并听取了任务简报。从今天起，他们将每两天开展一次训练，直至部队开始向谢伊特－阿桑（Seit–Assan）转移。

1942年2月16日。今天，驾驶员开始接受牵引车、卡车和摩托车训练，各型车辆的训练工作分别为二等兵施莱歇尔、魏德里希下士（Weidlich）和二等兵古斯塔夫 · 克吕格尔（Gustav Krüger）主持。

1942年2月17日。连队从第190突击炮营接收了一辆Kfz.4型“斯托维尔”汽车和一辆Kfz.2/4型“梅赛德斯”汽车。戈特沙尔克下士和二等兵贝梅尔（Behmer）今天获得了佩剑饰二级战功十字勋章。我们连在辛菲罗波尔的靶场进行了强化射击训练。步枪射击训练为卧姿支撑和无支撑150米靶射击。配发了手枪的官兵则使用“鲁格”P 08手枪训练射击人形剪影靶。部队当天的射击训练成绩较为一般。

1942年2月18日。第2连在靶场进行了机枪射击和手榴弹投掷训练。这次的成绩要好于昨天。

1942年2月19日。今天，二等兵马格和格奥尔格 · 洛施（Georg Lösch）被授予了普通突击勋章。

1942年2月22日。连队从第190突击炮营接收了两辆旧突击炮和两辆挎斗摩托。这两辆突击炮将接受彻底检查和翻修。目前看来，部队无法在短期内将这两辆突击炮投入战斗。

1942年2月25日。黑策特上士今天被调往施韦因富特。

1942年2月26日。蒂尔上士今天被晋升为军士长，晋升生效日期为1942年3月1日。同时，他被任命为连军士长。二等兵海涅曼和施莱歇尔则被晋升为下士。

1942年2月28日。上午早些时候，连队接收了6辆采用非洲涂装的新突击炮。随后，连队接到命令，开拔前往刻赤周边地区前线，苏军在那里已经突破了谢伊特－阿桑以东地区。在运送新突击炮的驾驶员中，列兵施莫什（Schymosch）、阿洛伊斯 · 舍费尔（Schäfer）和乔克留在了我们连队。

1942年3月1日。上午6时，连队带着6辆突击炮出发，经辛菲罗波尔、卡拉苏巴扎尔（Karassubasar）和旧克里木（Stary–Krim）至伊斯拉姆特雷克（Islam–Terek），行程约120公里。车队在结冰的路面上行军极其困难，雅伊拉山脉的山顶仍然覆盖着积雪，参天大树也披着冻霜。道路非常湿滑，突击炮在路面上滑来滑去，但好在都通过了这些路段。16时，部队抵达了伊斯拉姆特雷克。两个小时后，连队接到的命令，前往谢伊特—阿桑扎营。部队随即再次上路。此时，一些卡车仍陷在伊斯拉姆特雷克以东2000米处的一个集体农庄附近的泥潭里。虽然我们用突击炮尽了最大努力去回收这些车辆，但还是不得不将部分车辆，尤其是摩托车，留在那里。后来，部队在22时抵达谢伊特－阿桑。营地的条件十分糟糕，有些人甚至睡在了猪圈里。不过，部队甚至把猪圈也装饰了一番，这才让大家感觉舒适起来。

1942年3月2日。连队继续由第42军指挥。不过，在苏军发起进攻时，希茨费尔德战斗群（Kampfgruppe Hitzfeld）可以直接指挥我们连。部队已经计划在下午发动一次进攻，再次从苏军手中夺取该地区的显著地标——25.3高地（Hill 25.3）。全连都将加入战斗。第2排的两辆突击炮已经于5时30分接到战斗警报，这个排将配属给位驻基特（Kiet）的丹尼尔集群（Gruppe Daniel）。在令人难以置信的泥泞中，该排经占科伊向北面的基特（大约4公里）进发。7时，第2排抵达了基特。起初，他们留在村子里待命。14时，连长的座车和第1排（3辆突击炮）来到25.3高地南面低洼地带，准备发起进攻。15时，4辆突击炮与第391步兵团第1营一起进攻，第2排则与第105步兵团第1营一起进攻。

这两个战斗群的进攻防线都朝着25.3高地。进攻稳步向前，比预想中要好。很明显，苏联人措手不及。虽然有雾，能见度也很差，连队还是消灭了5门轻型反坦克炮、3门重型迫击炮和12挺轻机枪。

在突击炮如此高效的支援下，步兵们轻松了许多。16时，炮兵对高地顶部和背后地带实施了一轮短暂的弹幕炮击。就在半小时之后，第105步兵团第1营便越过了25.3高地！该营的少数部队随后与突击炮继续前进，剩余的部队则在高地上挖掘工事。连队随后在夜晚开始降临时回到了高地上。最初，突击炮留在25.3高地身后，面向东方，执行警戒任务。这是个寒冷但十分宁静的夜晚。

1942年3月3日。连队计划继续留在25.3高地背后，直至步兵构筑好反坦克防御工事。中午，连长下令将连长座车和第2排的两辆突击炮后撤。下午，第1排遭到了空袭，不过并没有受到损失。除此以外，下午并没有发生其他值得提出的事情。

1942年3月4日。苏军空袭了谢伊特－阿桑。二等兵费舍尔被炸弹碎片轻微击伤了头部左侧。傍晚，第1排回到了谢伊特－阿桑。

1942年3月5日。连队休息了一天。

1942年3月6日。连队继续休整了一天。今天的霜冻十分厉害，还下起了大雪。

1942年3月7日。连队继续休息。今天依然有冰冻和降雪。突击炮被冻在了地上，部队花了数个小时才让它们恢复行动能力。傍晚，连队在检修车辆时，发现三辆突击炮的转向拉杆断裂。由于我军预计将在接下来几天里发起一次大规模反击，因此必须尽快修好突击炮！

1942年3月8日。连队继续休息。当天依然是冰冻和降雪天气。部队在夜间修好了一辆突击炮，连队从而有4辆可以作战的突击炮。

1942年3月9日。形势依然十分平静。为了修复剩下两辆突击炮，部队一直忙到了深夜。

1942年3月10日。连队又休息一天。剩下的两辆突击炮也在今天修好了。

1942年3月11日。休息日。我军再度推后了进攻的日期。感谢上帝，天气终于开始暖和起来了！

1942年3月12日。部队又休息了一天。计划中的进攻依然没有开始。

1942年3月13日。上午，上级通报称，苏军正计划针对25.3高地发动一次大规模进攻。7时30分，尽管晚了很久，第2排接到战斗警报，准备带领三辆突击炮和魏德勒下士指挥的连军官座车向前线进发。虽然融雪天气让道路十分泥泞，这些突击炮还是迅速向前挺进。当这个排抵达前线时，苏军坦克已经突破了德军主防线。我们的步兵正在撤向第二条主防线。突击炮排继续前进，加入了这场实力对比悬殊的战斗。此时，Z2号突击炮的离合器突然起火。车组可以解决问题，但此时这辆突击炮既无法前进，也无法后退。即便连军官座车上前对它实施牵引，其依然纹丝不动。此时，苏军步兵已经来到距离其200米以内，大批苏军坦克也越过了高地。此时，塞茨少尉不得不下令炸毁这辆突击炮，但炸药并没有起爆。到目前为止，军士长施罗德尔的E号突击炮已经凭借一己之力击毁了8辆苏军坦克，韦德勒下士指挥的连军官座车则击毁两辆，并击伤了另外两辆苏军坦克。此时，第一批苏军步兵来到Z2号突击炮所在位置，一名苏军士兵已经爬到了突击炮顶部。

E号突击炮随即向这些苏军士兵和Z2号突击炮开火，以免其落入苏军手中。E号突击炮的射击十分有效。不久后，一发炮弹击中了E号突击炮前部的驾驶员舱盖。二等兵驾驶员祖德布林克的面部烧伤，膝盖、手和头部也受了轻伤。这辆突击炮就这样失去了战斗能力，不过随后在傍晚被拖回到了谢伊特－阿桑。然后，连军官座车接到命令，撤向部署了反坦克炮和150毫米重型野战榴弹炮的第三道防线。我军最终在这里阻挡住了苏军的进攻。随后，苏军开始将进攻的主要压力投入到那里。于8时30分接到战斗警报的第1排，就部署在那里——26.7高地。这次，苏军遇到了更艰难的战斗。在最初获得一点胜利之后，苏军还是被击退至其进攻出发地。第1排消灭了7辆苏军坦克，其中包括3辆为重型坦克。下午的形势则平静了许多。连军官座车在傍晚被拖了回来。第1排在26.7高地停留了一整夜。苏军向该排的突击炮实施了零星的骚扰性炮击。除此之外，当天夜里并没有发生其他事情。下午，参谋军士施密特在谢伊特－阿桑被弹片击伤了耳朵。

1942年3月14日。昨天，苏军没有达成一直推进到伊斯拉姆特雷克－瓦尔迪斯拉夫沃夫卡铁路线的目标。他们试图在今天完成这一昨天没有完成的任务。8时，他们在15辆坦克的配合下朝着26.7高地再度发起进攻。第1排在未被苏军发现的情况下，把苏军放到了很近的距离。随后，第1排歼灭了这股苏军。一发接着一发的突击炮的炮弹飞向苏军坦克，在一眨眼的时间里，击毁了4辆苏军坦克。9时30分，苏军发动第二次进攻，但还是被击退了，并且又付出了一辆坦克被击毁的代价。大约11时，苏军第三次发起进攻。苏军这次没有出动坦克，只派出了一个营的步兵。在我军三辆突击炮的火力打击下，这个步兵营的进攻很快便被打散了。14时，苏军又发动了第四次进攻，并再次出动了坦克。最终，苏军还是被击退了。第1排在战斗中击毁了4辆坦克。17时30分，三辆突击炮捣毁了一处苏军炮兵连（3门76.2毫米炮）的阵地和一门部署在开阔地带的47毫米反坦克炮。直到这时，苏军才终止了当天的所有进攻行动。18时15分，天已经黑了，第1排奉命撤回到谢伊特－阿桑。由于预计将在明天一早再度奔赴前线，部队连夜为突击炮补充了油料和弹药。

1942年3月15日。5时，他们就出发了，目的地依然为26.7高地。这些突击炮以宽广阵型，分散进入伏击阵地，进行机动反坦克防御部署。预计苏军坦克将会再度向该地区发起进攻。事实上，苏军于8时30分确实在该地区发起进攻。第1排在随后的伏击战中击毁了三辆轻型坦克，挡住了这次进攻。中午时分，苏军又发起了一次进攻，但再次失利，又损失了三辆坦克。大约17时30分，第1排终于解决了在友军战线前方肆虐了一整个下午的一辆苏军重型坦克。另外，还摧毁了三门反坦克炮。当天色变暗的时候，这个排回到了谢伊特－阿桑。当天下午，因在1942年3月13日和14日的英勇表现，施皮尔曼少尉的名字登上了《国防军公报》。

1942年3月16日。今天，连队将连军官座车连同其驾驶员洛菲勒二等兵，抽调给了第2连。5时，第1排回到了原先的伏击阵地。清晨十分宁静。苏军直到11时15分才发起其例行的进攻。这次，他们得到了大量坦克的支援。与以往一样，我军再度击退了苏军的这次进攻。第1排又击毁了8辆坦克！当苏军在14时再次发起进攻时，他们又损失了3辆中型坦克。苏军显然觉得自己在今天的损失已经到了底线，于是随后在到当天晚上没有采取任何行动。连队也发现《国防军公报》报道了施罗德尔军士长在1942年3月13日的战功。第170步兵师师长埃尔温·桑德尔少将（Erwin Sander）今天亲临谢伊特－阿桑，向连队近期的行动和功绩表示感谢。借此场合，他将施罗德尔军士长叫到跟前，亲自额外表扬了他。

1942年3月17日。第1排在往常时间赶往前线，但一整天都没有发射一枪一弹。经过多日进攻，苏军已经精疲力竭。他们需要先搬来援军。就在第1排于前线徒劳等待之时，连队在谢伊特－阿桑的其他单位遭到猛烈炮击，并数次遭到了空袭。期间，参谋军士施密特的右大腿和右肩胛被弹片击伤。天黑之时，第1排回到了谢伊特－阿桑。

1942年3月18日。第1排今天再次进入伏击阵地。这一天平静地度过了，只是偶尔有零星的炮火和迫击炮炮弹落在周边地区。突击炮于往常时间返回谢伊特－阿桑。今天，一些补充突击炮驾驶员抵达乌克兰卡。

1942年3月19日。4时30分，第1排接到了战斗警报，据称，苏军正在计划再度发起进攻。实际上，苏军在一次猛烈的炮火准备后，最终在7时30分才发起进攻。第1排又一次击退了这次进攻，但苏军的炮击并没有停止。苏军随后再度派出了坦克，其中就包括一辆52吨坦克（KV-2）。第1排击毁了数辆坦克，迫使其余苏军坦克撤退。傍晚，苏军坦克又发动了一次进攻，依然没有获得成功。第1排这一天的“击杀”战果达到了三辆重型坦克和四辆轻型坦克……在这次战斗中，Z1号突击炮的驾驶员舱盖被击中。另外，它的燃油管线也出现了故障。虽然二等兵驾驶员戈林斯基负了轻伤，他还是用一档车速将突击炮开了回去。天色开始变暗后，剩下的两辆突击炮随后也打道回府。

1942年3月20日。苏军在这个地段已经精疲力竭了。这次轮到德军反击了，今天正是我军进攻的日子。我军计划用一些坦克从瓦尔迪斯拉夫沃夫卡（Wladislawowka）向图卢姆奇克（Tulumtschak）进军，从而进攻苏军的侧翼。我军希望以此席卷位于帕尔帕奇（Parpatsch）周边地区的苏军防线的北部地区。4时15分，第1排已经出发前往26.7高地，计划粉碎苏军从侧翼进攻那里的威胁。不过，让每个人感到意外的是，当天一直都很平静，苏军在那里只有一些零星的炮击和迫击炮火力，并实施了一些骚扰性的低空空袭。除此之外，那里并没有发生重要的事情。傍晚晚些时候，部队收到消息，我军的主攻并没有获得预期性的胜利。我军虽然拿下了图卢姆奇克，但随后又被苏军夺了回去。当天，这个村子曾反复易手。晚上，第1排回到了谢伊特－阿桑。

1942年3月21日。清晨5时，第1排出发，再次前往26.7高地执行警戒任务。这天很快就平静地过去了，期间并没有发生任何值得一提的事情。该排随后在天黑时返回营地。

1942年3月22日。第1排像往常一样出发了。在他们还没有抵达伏击阵地前，部队就得知苏军坦克和步兵正在逼近26.7高地。突击炮随即实施拦截，这股苏军便迅速调头撤退了。在领头的6辆坦克中，其中一辆已经被我们的反坦克炮击毁。除此之外，这天一直过得十分平静。傍晚，突击炮回到了营地。鉴于估计苏军不会发起更大规模的进攻，我们营部分部队随后准备撤离此地。另外，第249突击炮营现在亦能加入战斗了。我们连就此结束了最为辉煌的一段历史。在此地作战的这些天里，连队击毁了59辆苏军坦克，还打坏了另外4辆坦克。此外，我们还消灭了大量火炮、反坦克炮、迫击炮和机枪。这确实是一次值得我们自豪的胜利！日后，我们营将只在谢伊特－阿桑部署4辆突击炮，执行警戒任务。它们将每三天被轮换一次。最初，第1排的三辆突击炮和第2排的一辆突击炮留在了这里，另外还有一辆弹药牵引车和Z3号指挥车，后者用于与在占科伊的希茨费尔德战斗群（Gruppe Hitzfeld）保持必要联系。第2连负责为留下来的车辆提供所需要的补给。中午，连队的非必要人员搭乘战斗辎重队的车辆返回乌克兰卡，随后在16时抵达那里。

1942年3月23日。弗里茨·马道斯上士（Fritz Madaus）和二等兵普罗塞茨基（Prosetzki）在谢伊特－阿桑被授予二级铁十字勋章。二等兵施瑙斯则在乌克兰卡获得了这枚勋章。

1942年3月24日至28日。施皮尔曼少尉带领一支特别的部队在谢伊特－阿桑执行警戒任务。这几天一直没有发生什么战斗。苏联人显然已经失去了对该地区的“胃口”。期间，这里只发生了一次小意外，军士长费希特纳的鼻子和面颊在1942年3月25日被弹片打伤。但是，他留在了前线。1942年3月28日，三辆突击炮返回乌克兰卡。一个基本由第3连组成的新战斗群替下了这三辆突击炮。只有指挥车和弹药运输车留在了占科伊。他们直到四月才回到连队。这几天，6名一等兵也来到了部队。

1942年3月29日。士官们筹办了一次聚会，营长和他的副官以及我们连的所有军官都参加了这次聚会。晚会举办得很成功，一直持续到次日中午。

1942年3月30日。全营今天列队集合，营长表扬了各个连在刻赤前线的表现。他向部队颁发了一些勋章。在我们连的获勋者中，军士长费希特纳和马道斯上士获得了一级铁十字勋章，德罗纳（Drohne）和埃里希·科汉下士（Erich Kochan）以及米尔克（Mörke）和马格二等兵获得了二级铁十字勋章。

1942年3月31日。施皮尔曼少尉给我们营的军官、突击炮车长和炮手讲授了一堂“苏联坦克以及如何与苏军坦克交战行动报告”课。康纳克少尉今天完成培训，回到了部队，立即被调进了营部。

1942年4月3日。二等兵巴克迈斯特（Backmeister）获得了佩剑饰二级战功十字勋章。

1942年4月4日。我们营登上了《国防军公报》。到目前为止，我们营在对苏战争中已经击毁了200辆坦克。营长今天被授予了金质德意志十字奖章。

1942年4月9日。连队一大早就接到了战斗警报。据说，苏军再次在刻赤战线获得了突破，我们营必须投入战斗。部队随后在6时出发。行军途中，连队在托普利休息的时候遭到空袭。科汉下士负伤。当连队再次上路时，接到了需要我们调头返回的命令。随后不久，连队便接到了返回乌克兰卡的命令，并于19时30分抵达那里。

1942年4月11日。施皮尔曼少尉被晋升为中尉，其正式生效日期为1941年7月1日。普罗伊塞尔少尉亦被晋升为中尉，而他的晋升生效日期为1942年4月1日。

1942年4月12日。今天，第42军军长在旧克里木（Stary-Krim）为施皮尔曼中尉颁发了骑士十字勋章。全营官兵列队集合，营长发表了讲话，佩戴着骑士十字勋章的施皮尔曼中尉检阅了部队。

1942年4月16日。连队在夜里就接到了战斗警报。于是，战斗单位和战斗辎重队于6时30分出发，经舒亚（Suja）、卡拉苏巴扎尔和旧克里木，前往伊斯拉姆特雷克西南三公里处的科别克（Kobek），行军距离约110公里。

1942年4月17日。战斗单位和重型辎重队在科别克休息了一天。连队住进了舒适的房子里。这个村子的居民都是保加利亚人。这个村子要比俄国人的村子干净多了，我们一下子就发现了它的不同之处。连队今天实施了休假计划。每三天可以有一名士兵外出休假。二等兵马尔灿最幸运，他第一个离开了部队！

1942年4月18日。部队在科别克休息了一天。

1942年4月19日。部队继续在科别克休息。

1942年4月20日。今天是元首的生日，部队在科别克继续休息。上午，连队集合。二等兵莱茵霍尔特·施拉布斯（Reinhold Schlabs）和埃贝哈特·斯特罗哈尔（Eberhard Strohal）被提升为下士，生效日期为1942年4月1日。巴赫迈尔下士（Bachmeier）获得了一级铁十字勋章。二等兵海因茨·亨宁（Heinz Henning）、阿尔贝特·里克尔（Albert Riecker）和维利·齐默尔曼（Willi Zimmermann）则被授予二级铁十字勋章。二等兵施托克（Stock）得到了佩剑饰二级战功十字勋章。

连队随后于11时出发，经旧克里木、萨利、托普利（Toply）和巴奇埃利（Baschti-Eli），于16时抵达雅伊拉山脉山脚下的比埃利（Bie-Eli）。部队随后住进了一个居民全部为鞑靼人的村子里。

1942年4月21日。部队在比埃利休息了一天。我们与鞑靼人的关系十分和睦。村子里大部分年轻人加入了一支志愿兵组织，已经进山清剿游击队去了。

1942年4月22日。14时15分到15时30分，连军官座车和第2排在比埃利西面两公里处，与第121步兵团举行了一次演习。

1942年4月23日7时至10时，部队在昨天的相同地点与第121步兵团再次举行了一次演习。8时到11时，第1排与第123步兵团在萨利进行了演习。同日，营长向军士长施罗德尔颁发了金质德意志十字奖章。营长找到他时，他正要离队休假，而且当时他已经坐在火车上了。

1942年4月24日至29日。部队继续在比埃利休整。列兵诺伊赖特（Neureiter）与M6号车一起于1942年4月28日回到了部队。4月29日，上等兵瓦尔特 · 赫普纳（Walter Höppner）和上等兵拉斯希（Lassig）带着CD号弹药车归队。这意味着落在哈尔科夫至辛菲罗波尔途中的最后一辆汽车，终于回到了连队的怀抱。

1942年4月30日。战斗单位和战斗辎重队于18时出发前往科别克，随后在午夜抵达。

1942年5月1日。二等兵亨宁今天被晋升为下士。另外，部队有三人被晋升为二等兵。

1942年5月2日。部队在科别克休息了一天。

1942年5月2日。部队继续在科别克休息。今天，连队被配属给了第50步兵师。

1942年5月4日。部队继续在科别克休息。19时，第2排与第3连的一个排一道出发，前往巴拉克（Barak）以北两公里处的一处假集结地。

1942年5月2日。第2排今天被部署在假集结地，随后在18时30分回到了科别克。

1942年5月6日。连队在19时开拔，在夜色中经新普罗科夫卡（Nowo-Prokowka）和彼得罗夫卡（Petrowka），于21时抵达坦博夫卡（Tambowka），行军距离约25公里。

1942年4月7日。普罗伊斯尔中尉得了肾结石，今天搭乘一列医疗火车从辛菲罗波尔返回德国。从14时起，德国空军以数百架飞机空袭了帕尔帕奇周边的苏军阵地。17时45分，连队在营长面前集合。营长宣布了第32军军长下达的明日发动刻赤攻势的命令。19时，战斗单位出发前往迪斯拉夫沃夫卡－达尔恩（Wladislawowka-Daln）、卡梅希和费奥多西亚的铁路三角地带以东两公里处的集结地。随后，他们在一片田野中过夜。

1942年5月8日。3时30分，部队与第121步兵团第2营一起，向苏军位于在帕尔帕奇的阵地发起了进攻。我军用火炮和火箭炮实施了一轮短暂但高效的炮火准备。连队在没有发生任何意外的情况下来到一处雷场，不得不停止前进。连军官座车在暮色中碾到了两颗地雷，失去了行动能力。连长跳车时，一颗手榴弹炸掉了他左腿膝盖以下部分。德罗纳下士爬出车外时，被一发反坦克炮直接击中，当场身亡。当布尔德下士（Burde）前去帮助连长时，一块弹片撕开了他的肚子。莱特上士被一发穿透了旁边一辆指挥车的反坦克枪子弹击中，几秒后也死了。

二等兵驾驶员安德烈的胳膊受了轻伤。部队也有另外几人受伤：二等兵卡尔 · 施密特、克莱维茨（Klewitz）和亨宁下士受伤。施皮尔曼中尉随后接过了指挥权。康纳克少尉和戈尔加斯上士（Gorgas）

随后先后成为连军官。起初，施拉布斯下士接管了C号突击炮。下午，塞茨少尉又接管了这辆突击炮。4时整，德国空军在这片战场上展开了一次大规模行动。连队与躲避在雷场内和雷场身后战壕中的苏军步兵展开激战，并炮击了2000米外的一处苏军集结地。连队在战斗中消灭了一些反坦克炮和反坦克步枪。11时，部队终于打开了一条穿过雷场的通道，但没有来得及标记出这条通道。塞茨少尉立即带领Z2号突击炮进入这条通道，但途中还是碾到了一颗地雷，所幸所有乘员都没有受伤，成功弃车逃生。

12时45分，终于又有了进展。与战斗工兵一块行动的第121步兵团第2营，在遭受严重损失后，被第121步兵团第3营替下。部队随后的进展十分顺利。两个小时后，部队来到一道反坦克壕沟前，并在傍晚早些时候占领了63.8高地。这意味部队已经达成了当天的目标！夜里，连队继续留在白天行军尽头地点上，执行警戒任务。这天和接下来的一天，重型辎重队和维修分队一直留在通博夫卡(Tombowka)。

1942年5月9日。今天，连队与第121步兵团第3营一起向东北方向的63.2高地发起进攻。进展缓慢，截止到傍晚时分，步兵只前进至高地前方300米处。连队在战斗中再次摧毁了大量苏军重型和轻型武器。上午，马道斯上士的A号突击炮因为主炮防盾撕裂而失去了作战能力，只得返回第190突击炮营位于费奥多西亚的维修场。傍晚，维尔纳·哈伯兰上士（Werner Haberland）的D号突击炮因惰轮被击中而失去了行动能力。傍晚晚些时候，天空下起了瓢泼大雨。雨越下越大，最终演变为大暴雨。次日上午，地面已经成为一片泽国，部队根本无法继续前进。

1942年5月10日。上午，连队不得不前去阻挡苏军向63.2高地发动的猛烈进攻。苏军进攻部队此次还得到了17辆坦克的支援。我们前一天晚上已经占领了这座高地。连队在战斗中击毁了数辆苏军坦克。B号突击炮和一辆KV-1坦克展开了一场激烈的对决。这辆44吨的坦克数次被击中，根本无法动弹。尽管如此，它仍在猛烈开火。这期间，B号突击炮被直接命中，乘员被迫弃车逃生。就在乘员们躲在突击炮身后隐蔽时，又一发炮弹打中了车体前坡和驾驶员舱盖。直到次日傍晚，我们才把这辆突击炮给拖了回来。11时，连军官座车和Z2号突击炮赶了上来。赛茨少尉接管了Z2号突击炮，军士长费希特纳接管了连军官座车。

另外，A号突击炮的炮管、负重轮和惰轮在战斗中受损，必须将其送往后方进行维修。我们计划在13时再次发起进攻，不过由于第121步兵团第3营已经没有能力继续战斗，因此最终取消了进攻计划。该营已经没有可以使用的机枪了，所有武器都沾满了泥浆。另外，他们也没有什么弹药了。补给单位难以在泥泞的道路上行军。感谢弹药运输车司机的无私奉献精神，也感谢罗勒（Roller）的牵引车努力工作，我们的战斗单位总能及时得到弹药、燃油和口粮补给！当晚，突击炮再次被部署在步兵身后，执行警戒任务。

1942年5月11日。这天是连队最为辉煌的一天之一。三辆突击炮与第121步兵团第3营一起向北进攻。连队一度协助部署右侧的侦察营，所以没有推进得那么迅速。起初，一切都进展十分迅速。下午，苏军将其最后的预备队投进了战斗，短暂地挡住了我军的进攻。不过，当苏军仅存的重型武器消耗殆尽后，其部队开始瓦解。数百名苏军士兵向我军投降，另有上千士兵做了逃兵，其余苏军则开始撤退。连队在阿克－莫纳伊（Ak-Monay）附近进抵迪斯拉夫沃夫卡－塞莫－科洛德谢耶铁路线（Wladislawowka -Ssem-Kolodesey rail line）。当天，连队击毁或缴获了6辆苏军坦克、一辆装甲车、

8门反坦克、5门高射炮、6门榴弹炮和许多轻武器。傍晚，Z2号突击炮因炮管炸裂再度失去了作战能力。次日上午，它和C号突击炮一起前往费奥多西亚的维修场。夜里，剩余的突击炮留在原地，为步兵警戒。

1942年5月12日。上午，A号和B号突击炮再次具备了作战能力。就在连队准备继续前进时，上级却命令我们撤回，原因是该地区已经没有任何敌军的踪迹。如此，部队便结束了在该地区的行动。战斗单位随后返回费奥多西亚。辎重队在傍晚从坦博夫卡也来到了那里。一大早，营长向部队颁发了2枚一级铁十字勋章和10枚二级铁十字勋章。

1942年5月13日。部队在费奥多西亚休息，并维护了车辆。战斗单位成员今天获颁了9枚普通突击章和1枚一级铁十字勋章。从今天起，连队已经被配属给第28步兵师。

1942年5月14日。上午出发，部队经萨里戈尔（Ssarigol）前往达尔恩－卡梅奇（Daln-Kamyschi），随后又越过一道反坦克壕沟，并经阿尔马埃利（Arma-Eli），于9时30分抵达瑟米索伊卡（Ssemissoyka）以东一公里处的铁路线。10时，部队沿着第28步兵师的前进路线继续前进，沿着铁路线前往塞莫－科洛坚斯（Ssem-Kolodesey），再经奇霍库尔（Tschokul）、阿尔金－托贝奇克（Argin-Tobetschik）和新尼古拉耶夫卡（Nowo-Nikolajewka），于16时30分到抵达阿列克谢夫卡（Alexejewka）。18时，我们再次出发，经李卜克内克托夫卡（Liebknechtowka）前往安德烈耶夫卡（Andrejewka），后于20时30分抵达那里。随后，连队在村子边缘的草地扎营过夜。

1942年5月15日。连队已经被配属给第83步兵团，连队从第3连那里获得了三辆突击炮。部队组建了一支先遣队：第83步兵团第7连的一个半排，搭乘我们的突击炮一起行动。在没有遇到任何抵抗的情况下，先遣队来到了通往刻赤的铁路线。部队继续沿着铁路线前进，随后在刻赤郊区转向北面行军，不费一枪一弹地来到刻赤西北方向的卡泰尔勒斯（Katerles）。先遣队在那里遇到了一支友军坦克部队，后者将前往赫洛尼海角（Cape Chroni）。穿过卡泰尔勒斯之后，部队第一次遇到了敌军微弱抵抗。上午早些时候，部队与侦察营一起占领拿了103.0高地。我们随后向东方执行警戒任务。大约中午的时候，连军官座车和Z2号突击炮，在试图将连长座车牵引出一处未知地带时，自己反而被困住了。15时，连队与第83步兵团第2营一起向塔尔昌海角（Cape Tarchan）进军。部队消灭了苏军的微弱抵抗，并在一个小时后抵达目的地。这次快速行动的结果是，部队俘获了数百名俘虏。凭借自身力量解困的Z2号突击炮随后也抵达了那里。部队随后从原先的出发阵地，与第83步兵团第1营一起向东北方向发起进攻，战斗一直持续到了夜幕降临。我们第一次在亚述海近距离看到了苏联海军的身影。幸运的是，这支小舰队当时姿态十分消极。我们的突击炮向舰队方向打了几炮，但由于距离太远，没有达到任何效果。今天，辎重队经刻赤郊外和卡泰尔勒斯，来到了103.0高地以南一公里处的农机站。

1942年5月16日。凌晨2时，苏军不顾一切地企图在连队集结地西面1.5公里处突围。各车组随即接到战斗警报，但上级并没有要求我们介入战斗。装甲师的步兵和辎重单位在一场血腥的近距离战斗中击退了苏军。上午，连队带着8辆突击炮（包括连军官的突击炮）前往布尔干斯克（Bulgansk），D号突击炮因在前一晚出现发动机故障而留了下来。连队已经被配属给第49步兵团，并与该团一道向东北方向行军，期间并没有发生战斗。部队随后在尤拉科夫－库特（Jurakow-Kut）以东1.5公里处占据了一处新的集结地。此时，我军坦克正在尤拉科夫－库特沿着海岸线前进。

13时，部队向东南方向的175.0高地发起进攻。起初，部队进展迅速，一切似乎都在按计划进行着。但是，15时左右，情况发生了变化，数个在海岸上准备登船的苏军师，意识到了自己所处的险恶困境，发动了一次绝望的突击行动。这让部队在数小时内一直处于一个十分危急的境地，尤其是部署在左侧的轻型坦克单位和摩托车单位，不久后令人吃惊地被撤了下去。苏军士兵狂热地喊着"乌拉"声发起突击。友邻实力薄弱的步兵单位尽管处境极其简单，但他们总体上仍能够守住阵地。我军的坦克和突击炮也恪尽职守坚持战斗，我们消灭了一些苏军火炮，其中包括一些在战斗中用于对地攻击的高炮。Z2号突击炮被击中数次，一个负重轮脱落，另外一个负重轮严重受损。正当这辆突击炮试图驶下高地，进入一处隐蔽阵地时，履带突然脱落。车组乘员们不得不在苏军战线前方50米处下车逃生，凭借自己的力量杀开一条血路，返回友军战线。当晚，这辆突击炮曾落入苏军手中数小时。苏联人从里面搬出了所有可用的东西。苏军曾试图用这辆突击炮向我军开火，但因为不熟悉突击炮的炮闩工作机制，而未能得逞。当夜，我们身后两公里处的集结地也传来了疯狂的步兵武器枪声。这是我们此前从没有经历过的事情，辎重队今天向亚述海岸边的尤拉科夫－库特（Jurakow-Kut）前进，并待在那里直至战斗结束。

1942年5月17日。今天，我军计划与苏军进行决战。炮兵已经就位，"斯图卡"俯冲轰炸机反复空袭轰炸了苏军主抵抗包围圈所在的马亚克村（Majak）。火箭炮也向苏军实施了数次打击。遭受了巨大伤亡的第49步兵团已经被第83步兵团替下。中午，我军在整条战线上发起进攻。来自第3连的萨拉蒙排在右翼向巴克斯（Baksy）方向进攻，随后在15时占领了这个村子。其余突击炮与第83步兵团一道进攻175.0高地，随后也占领了该地。再次，部队报告称消灭了大量苏军火炮和机枪。苏军此时只有少量分散部署的火炮。那支小型舰炮和其他火炮只能隔海对这里的苏军实施支援。幸运的是，我们的"斯图卡"很快便打哑了大多数苏军炮兵连。苏军的小舰队则迅速撤退。马道斯上士的A号突击炮被一发反坦克炮弹击中了发动机舱，燃起了大火。此时，乘员们注意到突击炮已经着火，而且根本无法实施补救措施。这辆突击炮随后几乎完全焚毁，维修分队在次日只抢救出一些零件。Z1号突击炮的车尾也在战斗中被击中。散热器被打弯，油箱亦出现裂口，燃油正在外泄。部队只能用两辆缴获自苏军的牵引车，将其拖离战场。连长最初待在后方的指挥车里，不过他下午就坐不住了，亲自接管了连军官座车。

1942年5月18日。连队与第83步兵团一起前往马亚克和欧波什那亚（Opossnaja）之间的海域。连队未发一弹就到达了海岸，然后从这里向仍掌握在苏军手中的欧波什那亚开火。不久后，连队转向并返回。就在返回的途中，连队又被要求回到欧波什那亚。据称，苏军坦克已经上岸。然而，这份报告并不符合事实，于是连队又返回马亚克。下午，我军在马亚克灯塔周边地带发起了主攻。被包围在此地的苏军进行了绝望的抵抗。傍晚，这座灯塔落入我们手中，但其已经被火炮、坦克和突击炮炸成了废墟。不过，此地的苏军直到夜幕降临仍没有被完全歼灭，他们仍坚守在灯塔与大海之间的一条大型隘沟里。连队随后在傍晚返回巴卡耶村（Bakay）郊外。夜间，苏军的空中活动十分活跃。一枚炸弹落在了距离一辆突击炮50米处，精疲力竭的乘员们甚至没有注意到它……

1942年5月12日。塞茨少尉再次接管了Z2号突击炮，哈伯兰上士则接管了D号突击炮。上午，我们连的四辆突击炮、萨拉蒙排的三辆突击炮和一些坦克再度攻击了灯塔。在此之前，一些士官和士兵在马亚克用一门苏制高炮，对着刻赤海峡上的一些苏军运输船胡乱发射了一些炮弹。让所有人惊讶的是，尽管没有进行瞄准，他们还是击中并摧毁了一艘渡船。部队重新向隘沟中的苏军发起的进攻很快就有了结果。几发炮弹过后，苏军便打出了白旗。身后跟着三辆38t坦克的一些勇敢的步兵跳进了隘沟后，最后一批苏军便投降了。到这时，我们已经抓获了数百名俘虏。让我们更吃惊的是，随后出现了一支望不到镜头的战俘队伍。根据统计，我军最终在此地共抓获了超过8000名俘虏。从今天起，根据营部的命令，施皮尔曼中尉正式成为我们的连长。

1942年5月20日。从今天起，我们连被配属给了第46步兵师。上午早些时候，我们连搭载着第73步兵团第7连的单位，向耶妮卡勒（Jenikale）进发。我们都认为在克里米亚的战斗即将结束。就在途中，我们遇到了一名摩托车传令兵，他声称耶妮卡勒的战斗已经结束了。随后，部队停止前进，等待下一步命令。9时，营长通过电台通报他已经抵达要塞。每个人都松了一口气，他们以为战事已经彻底结束……不过，部队还有些活儿要干。

我们必须消灭苏军在卡普卡尼（Kapkany）和“沃伊科夫”钢铁厂（Wojkow Iron Works）的最后的抵抗，13时，部队开始进攻，在逐屋战斗中夺取了卡普卡尼。连队尽一切能力为步兵提供了支援。仍在抵抗的苏军失去了所有重型武器。14时30分，来自第249突击炮营的首批突击炮，从西面加入了进攻。半小时后，除了钢铁厂之外的所有的地域都已经落入德军手中。我们的突击炮无法驶入矿渣场。步兵、炮兵和火箭炮彻底地清理了那里。我军在卡普卡尼又俘获了1000多名苏军，在钢铁厂则抓了4000名俘虏。战场上留下了1000多具苏军的尸体。17时，连队经占科伊返回巴克兹（Bakzy），在村子的一些民宅里住了下来。

1942年5月21日。部队在巴克兹休息了一天。连队被配属给了第97步兵团，准备消灭一些仍在抵抗的苏军。不过，最终并没有任何行动让我们参与。

1942年5月22日。部队于5时出发，经尤拉科夫－库特和布尔干纳克（Bulganak），于7时30分抵达刻赤。途中，辎重队在尤拉科夫－库特也加入了行军队伍。8时30分，部队又继续经萨拉伊明（Ssarajmin）、乌松－阿贾克（Usun-Ajak）、一道反坦克壕沟、达尔恩－卡梅奇和萨拉里戈尔（Ssarygol），前往费奥多西亚。部队最终在15时抵达费奥多西亚，整个行军里程约130公里。

1942年5月23日。今天，乌尔布里希特少尉被调回到了我们连。连队的突击炮、指挥车和弹药牵引车将于次日在萨拉里戈尔装上火车，因此被留在了费奥多西亚。8时，连队的其他车辆从费奥多西亚出发，经旧克里木、卡拉苏巴扎尔、舒亚和辛菲罗波尔。12时30分，部队抵达乌克兰卡。

1942年5月24日。因在3月份进攻刻赤期间的表现，施皮尔曼中尉和施罗德尔上士得到了元首的特别嘉奖。由于了解到连队的履带式车辆在5天内无法装车，营部为此下令进行公路行军。6时，连队的履带式车辆离开费奥多西亚，随后在22时30分抵达乌克兰卡。

1942年5月25日和26日。没有日志。

1942年5月27日。海涅曼下士被调往突击炮学校。为此，他将前往施韦因富特并立即启程。

1942年5月28日。费希特纳军士长被任命为候补军官，生效日期为1942年5月1日。

1942年5月29日。我们营在靶场举行了一次由第2连承办的射击竞赛。每个连都派出了15名射手。比赛项目为射击科目二的三种射击姿势。我们连获得了士兵组的第一名，并在单项中获得了第二名、第三名和第四名。这真是一个值得骄傲的成绩！获胜者的奖品为卷烟和巧克力。傍晚，军士长费希特纳为各炮手举办了一场讲座；军士长施罗德尔则给装填手们上了一堂培训课。

1942年6月1日。今天，6名二等兵被晋升为一等兵。

1942年6月5日。根据新的编制和装备表，连队现在只能拥有117人。为此，连队将23名士官和士兵调往位于施韦因富特的补充单位。傍晚17时45分，“缩编后的连队”身着崭新的夏季制服第一次列队集合。这是部队组建以来，我们连全体官兵第一次身着完全统一的制服。连长就连队整编的重要性发表了简短的讲话。在瓢泼大雨中，连长强调了制服统一性和得体合身的重要性。中午，连队宣布将在明天开拔，前往塞瓦斯托波尔周边地区前线。

1942年6月6日。12时，连队从乌克兰卡出发，经昌埃利（Chan-Eli）、巴赫奇萨赖（Bachtschissaray）、和舒尔然火车站（Sjuran train station），前往萨拉科伊（Salakoy）。随后，部队从那里穿过“北部2号公路”（Northern Route II），于17时抵达卡梅奇利（Kamyschly）东北2.5公里处的一处集结区。当晚，连队在野外过夜。中午，德国空军开始行动。傍晚晚些时候，炮兵部队也开始实施猛烈炮击。

1942年6月7日。凌晨3时，我军开始在塞瓦斯托波尔周边战线的北部战线发起攻势。我军实施了长达45分钟的猛烈炮火准备，空军也投入了大量战机。我们连已经被配属给第50步兵师，负责支援第123步兵团。此时，连队仍留在集结地上，等待接替第2连的命令，他们同样负责支援第123步兵团。至12时15分，第2连尽管仍未能进抵指定地点——林业大楼（forestry building），且已经遭受沉重的伤亡。战斗单位最初待命的位置位于梅尔策隘谷（Melzer Defile）西部出口，第二处待命点位于卡梅奇利西南一公里处。该地在接下来几天中被连队称为“1号据点”（Support Point I）。连队的弹药车和指挥车将留在这里，突击炮则每天傍晚回到这里补充弹药和燃油。傍晚，部队与第123步兵团第2营和第3营一道发动了一次进攻，期间第47步兵团的一个营也一度加入了战斗。此次进攻的目的是为接下来几天的行动赢取一个更好的出发阵地。部队推进缓慢，零散的苏军碉堡和隐蔽的据点让人惴惴不安，另外，天很快黑了下来。连队“粉碎”了几个碉堡，摧毁了大量苏军机枪巢。20时，步兵来到713点（Point 713）外围。但是，这处新地点的条件比原先的出发阵地更加糟糕，于是步兵又退了回来。连队也在黑夜中回到了据点。

1942年6月8日。7时，连队与第121步兵团和第123步兵团的部队一起发起进攻。这次的进展依旧非常缓慢。一些隐蔽的苏军零散据点屡次阻挡了部队前进的脚步。另外，多山的森林地形也给守军提供了所有有利的条件。我们很难找出苏军狙击手和机枪掩体的位置，尤其是苏军炮兵观察所的位置。由于林间的视野有限，突击炮不得不反复调整位置。虽然突击炮已经做了伪装，但是它们还是时常在一瞬间的功夫便吸引到苏军的炮火。

突击炮附近的步兵一直在蒙受着伤亡。9时30分，部队抵达713点，但部队的进攻势头已经受到动摇。然而，在部队于11时15分重新发起进攻之前，连队必须首先解决一些隐藏的苏军抵抗据点。这次的进展倒是十分迅速，在一个小时里向前推进了一公里。在这片该死的林地中能够达到如此推进速度确实是一件壮举！然而，由于左翼部队无法跟进，我们的进攻第二次停顿了下来。17时，部队才再次发起进攻。在进行了一轮猛烈的“斯图卡”和火箭弹的轰炸准备之后，步兵占领了711点北面的山头，而此地正是这片宽泛地区的制高点。这样，部队便为次日的行动占领了一处绝佳的出发点。大约18时，两辆苏军T-60轻型坦克出现在我们侧面的一处高地上。我们的突击炮在不到一分钟里便解决了这两辆坦克。此时，步兵们才如释重负，开始挖掘散兵坑。先头单位陆续来到711点。连长的嘴唇在战斗中被弹片击伤。他的突击炮离合器箱破裂了，失去了行动能力。19时45分，其余突击炮也返回据点。

1942年6月9日。凌晨4时15分，连队仍能作战的突击炮在塞茨中尉的带领下再度出发。当部队来到行军路线尽头时，科汉下士的左眼下方位置被弹片击伤。但是，他仍坚持留下来并继续战斗。部队原计划在6时发起进攻，但这次进攻随后被推迟到了一个不明确的时间。中午大约11时30分，进攻终于得以发起。第121步兵团第1营营长洛伦岑上尉（Lorenzen），主动给他的部队下达了进攻的命令。尽管侧翼没有保护，步兵还是加速向道路对面的高地发起了突击。我们连为步兵的进攻提供了掩护火力。半个小时内，第1连和第3连已经登上了右侧的高地。第2连和一支自行车单位则在半山腰被苏军的暗堡工事群挡住了进攻的脚步，由于担心误伤友军步兵，连队根本无法为他们提供火力支援。突击炮随后转移到4946点，并最终于19时30分返回据点。

1942年6月10日。凌晨4时，5辆突击炮离开了据点，其中D号突击炮的车长科汉下士已经被弗林特罗普下士代替。我军昨天占领的高地，现在已经完全落入我军手中。高地上的友军为我们提供了掩护火力。连队在进攻途中摧毁了一些碉堡和机枪巢，期间也遭到了猛烈的炮击。费希特纳军士长的Z2号突击炮被直接命中。装填手吕迪格列兵（Rüdiger）当场阵亡。费希特纳军士长和二等兵普雷茨勒受了轻伤。连队留停下来为第121步兵团第1营提供警戒。连长带着他的突击炮赶了上来，再度接管了突击炮分队的指挥权。部队在当天剩余时间没有继续进攻。我们的突击炮一度遭到了苏军极其猛烈的炮击。幸运的是，苏军的炮击没有给我们带来任何损失。19时20分，连队回到了据点。

21时，在据点中，连队在一片漆黑之中遭到苏军空袭。几发炸弹落在了连军官突击炮和Z1号突击炮附近。在这次空袭中，两门火箭炮及其弹药和牵引车（两辆），以及第190突击炮营的两辆弹药车和一门sFH 18型重型榴弹炮被炸毁。炸弹的弹片落下之后，一发发火箭弹呼啸着蹿上了天空，这简直是一副引人恐慌的景象。每个人心中泛起了一些紧张之情。二等兵绍尔（Sauer）左大腿下侧被打穿，二等兵吕德尔的臀部左侧和左大腿上部被两块弹片击中。这两名二等兵随后被往医院。最后，因为大腿负伤的二等兵巴克迈斯特（Backmeister）也被送往医院。受轻伤的人员包括连长（头部受伤）、施莱歇尔下士（2处腿伤）和二等兵赫普纳（手臂受伤）。二等兵阿尔贝特 · 里克尔在黑暗中跌倒，受了严重挫伤，他只能与二等兵赫普纳一起返回乌克兰卡。当晚，留在乌克兰卡的辎重队其余单位也遭到了空袭。苏军在那里投下了一些燃烧弹，其中一枚落进了一等兵弗里德尔 · 普里斯（Friedel Pries）的住所，炸飞了他的床铺。幸运的是，当时他并不在里面，而在塞瓦斯托波尔郊外。除上述损失和伤亡外，部队没有受到其他损失。第二天清晨，连队在己方区域找到了17颗哑弹。

1942年6月11日。上午7时，4辆突击炮离开了据点。哈伯兰上士的突击炮的扭杆断裂，不得不返回前往战斗辎重队，修复车辆。连队当天负责为第121步兵团第2营警戒东面，随后与该团第5营一起进攻一些苏军堡垒，并在16时进攻我军“进攻轴线”以北150米处的苏军野战工事，摧毁了一些堡垒。苏军的炮兵火力、反坦克步枪和狙击枪火力非常猛烈。另外，连队能部署的攻击路线极其有限。我们的部队已经来到“进攻轴线”以南一公里处，只能打击距离最近的苏军目标。突击炮和步兵停滞了整整三个小时，直至一些勇敢的步兵用炸药包炸毁了苏军的碉堡。随后，苏军开始逃跑。连队随即向苏军人群发射了几发炮弹。这轮射击效果非常好，消灭了超过一半的苏军士兵。之后，友军步兵得以占领这些碉堡。19时30分，连队返回据点。当夜，苏军又实施了非常猛烈的空中活动。

1942年6月12日。战斗单位度过了一个清闲的上午，官兵们终于可以好好睡上一觉。在享受了一顿美觉后，所有人都去洗漱，每人分到了1.5升水。当天上午，零星的炮弹偶尔落在了据点上。哈伯兰上士手臂因此受伤，不过他坚持留在了连队里。大约10时30分，长久以来备受渴望的降雨来临了。不过，这场雨没有持续很长时间，车辆驶过之处依然尘土飞扬。13时，5辆突击炮再次出发，其中一辆属于第2连的库尔特 · 阿尔比努斯下士（Kurt Albinus）。部队出发后不久，哈伯兰上士的B号突击炮抛锚了。弗林特罗普下士接管了这辆突击炮，把它送到维修场进行修理。16时，连队与巴伦方格营（Bataillon Barenfanger，第123步兵团第3营）一起从公路上发起进攻。几分钟之后，连军官座车碾上了一颗地雷。幸运的是，它仍凭借自己的动力后撤了一段距离，乘员们因此得以安全下车。随后，塞茨中尉再次接管了这些突击炮。由于地雷的威胁太大，我们的突击炮不敢继续前进。为此，连队开始转向东面警戒，然后发射了一些炮弹。苏军一度向突击炮附近实施了猛烈的炮击，但是连队没有损失任何车辆。19时30分，突击炮返回据点。晚上，连长向哈伯兰颁发了一级铁十字勋章。

1942年6月13日。凌晨4时，连队的4门突击炮再次出击，经斯特凡努斯韦格（Stephanusweg）一直推进到坦克壕沟，然后驶上通往东方的公路。随后，连队在那里时被召回，因为上级计划让我们休息一天，维护车辆。部队立即返回据点，从那里带着其他车辆前去战斗辎重队会合。部队在进行了短暂的维护工作后，每个人都洗漱了一番。在酷热和几乎铺天盖地的尘土中，洗漱一番确实让大家都感觉到心旷神怡。中午，温度已经上升到38℃。每个人都躺在阴凉处休息。晚上，部队宣布连长的名字再次登上了《国防军公报》，其还报道了连队在塞瓦斯托波尔周边地区的行动。

1942年6月14日。今天，三辆具备作战能力的突击炮被抽调给了第2连，并接受孔策中尉指挥。13时，他们正式作为第2连的部队，出发驶上了公路。然而，他们并没有遇到战斗。中午，这些突击炮被解除了与第2连的隶属关系，营里计划用它们替下第3连。于是，它们再次出发前往新的集结地，随后在16时45分与第122步兵团第2营一起向东南方向发起进攻。部队在50分钟内便达成了当天的目标。苏军被驱逐出了堡垒和野战工事。在此过程中，连队彻底摧毁了三门苏军火炮。傍晚，部队回到了位于713点附近的新据点——“2号据点”（Strongpoint II）。上午，连队的弹药车和指挥车辆已经先期抵达了这里。21时30分，部队送来了三桶啤酒，这确实让大家惊喜不已。在这种酷暑之下，阴凉处的温度达到了30℃，突击炮内的温度甚至达到了50℃，因此，能够畅饮一杯啤酒对于所有人来说真是妙不可言。

1942年6月15日。上午十分平静。12时30分，塞茨中尉带领三辆突击炮出发。在来回多次之后，他们最终在18时30分，与罗马尼亚军队的一个营向森林中的一个十字路口发起了进攻。虽然罗马尼亚士兵对苏军的碉堡十分畏惧，但进攻的进展依然十分顺利。劲头十足的罗马尼亚军官，反复激励他们的士兵向前进攻，而在士兵们前进的时候，他们却矗立在原地。我们的突击炮一直冲击到了距离苏军堡垒和战壕线几米处。之后，乘员们把手榴弹一颗接着一颗扔进了苏军阵地。这也激励了罗马尼亚人继续前进。另外，突击炮还消灭了许多远处的目标，以这种进攻方式消灭了一些迫击炮、火炮和一辆坦克。至夜幕降临时，罗马尼亚步兵已经前进到了距离森林十字路口几米处的地方。随后，连队返回据点。夜里下起了小雨。

1942年6月16日。连队休息了一天。施罗德尔军士长的E号突击炮的主炮受损，弗林特罗普下士的B号突击炮断了一根扭杆。这两辆突击炮必须前往战斗辎重队进行维修。虽然科汉下士的D号突击炮具备作战能力，营长还是决定让包括D号突击炮在内的剩余两辆突击炮的车组休息一天。

1942年6月17日。我们营于今天被配属给了第24步兵师。连队则奉命支援第31步兵团。凌晨4时，连队带着四辆突击炮和两辆弹药车出发。连长登上了D号突击炮，亲自指挥战斗。6时30分，连队与第31步兵团第1营一起进攻“格别乌”要塞（GPU fort，GPU为苏联国家政治保卫总局的缩写）。大家都松了一口气！终于没有树林或者植被了！一个小时后，部队没费一枪一弹地抵达了这座旧要塞。由于左右两侧友军部队没有跟进，步兵和突击炮无法继续孤军深入。于是，连队向西南方向警戒苏军北面的要塞，向西北面警戒“莫洛托夫”工事群（Molotov fortifications）。苏军的炮火十分猛烈，D号突击炮不幸被击中，除其他损伤外，还被炸掉了一个负重轮。当这辆突击炮在一个小时后准备撤退时，又被击中了一炮，掉了一个拖带轮，车体侧面还被打开了一个口子。连长一双小臂和双手被烧伤，施拉布斯下士头部被烧伤，一等兵普里斯的一只手被烧伤多处。情况简直糟透了。

此时，这辆突击炮留在战场上。不过，它还是在晚上回到了二号据点，随后在次日上午被送往战斗辎重队。迫于苏军极其猛烈的炮火，连队在与接受我们支援的步兵营营长进行协调后，得以撤出战斗。最初，连队回到了一个叫“军事设施”（military facilities）的地方，随后又前往该地以北一公里处。B号突击炮在途中被炮弹命中，一个负重轮、两个负重轮臂和一个减震器被打掉。这辆突击炮只得去战斗辎重队修理。随后，连队剩下的两辆突击炮和第2连剩余突击炮组成了一支新部队，并接受塞茨中尉的指挥。下午，部队计划进攻巴滕耶夫卡（Bartenjewka）的公墓。但是，部队一直等到傍晚也没有接到进攻的命令。18时30分，部队才接到了返回据点的命令。

1942年6月18日。B号突击炮恢复了战斗能力，塞茨中尉在3时带着三辆突击炮出击。突击炮向“格别乌”要塞驶去，穿过了一片细微至可以渗透进突击炮最细小缝隙的尘霾。5时30分，连队与第31步兵团第2营一起进攻巴滕耶夫卡及其东面的墓地。当天随后的目标为谢韦尔亚纳亚湾（Bay of Ssewernaja）。最初，进攻的进展相当迅速，部队在没有经过大的战斗的情况下，来到了巴滕耶夫卡，并迅速粉碎了苏军在这个村子里的微弱抵抗。我们连在战斗中摧毁数个碉堡，尤其是捣毁了村子南面航空发动机厂内的一些碉堡。由于大多数碉堡内存放了汽油或其他可燃物资，因此这些碉堡随后都燃烧了数小时之久。

施罗德尔上士在当天的战斗中肩部、背部和手臂被一发榴弹炸伤，随后被送往后方，他的座驾则被送往“军事设施”。B号突击炮上的一具剪式望远镜被打成了碎片，但它仍然坚持战斗。至7时，巴滕耶夫卡村和公墓已经落入我军手中。此时，步兵已经来到距离海湾约一公里的铁路线前方。最初，步兵留在那里，我们的突击炮则在公墓中警戒。10时45分，部队再次发起进攻。刚开始，我们只有两辆突击炮参与行动，哈伯兰上士的B号突击炮直到15分钟后才赶来加入进攻。由于突击炮无法越过陡峭的路基，它们只能在铁路西侧向南行动。由于缺少足够的步兵掩护突击炮继续前进，突击炮随后在距离海湾600米处停了下来。他们消灭了部署在铁路沿线和鱼雷码头上的一些苏军防御阵地，摧毁了一门76.2毫米炮。将近11时，苏军突然用迫击炮向我们发动猛烈炮击。为了寻找更好的隐蔽位置，连队随即撤向墓地。

Z1号突击炮在翻越墓地围墙和毗邻的一条深沟时，传动装置出现了故障，一时动弹不得。最终，这辆突击炮还是依靠自己的力量回到了据点。由于B号突击炮油箱漏油，迫使包括这辆车在内的其余两辆突击炮也撤了回去。当天下午，Z1号突击炮由B号突击炮拖往辎重队。E号突击炮从而成为留在据点上唯一的突击炮。晚上，部队发现E号突击炮的滤清器无法正常工作。这意味着此时整个连队都失去了作战能力。

1942年6月19日。连队休息一天。维修军官查看了突击炮并决定，将B号和“德国”号突击炮送往位于乌克兰卡的营维修所。部队当即送走了这两辆突击炮。Z1号突击炮将用平板拖车送去维修。E号突击炮和1号弹药牵引车被抽调给第2连。另外，连队存放在据点上的弹药也全部转交给了第2连。

1942年6月20日。上午，连队分为数个梯队，返回乌克兰卡，行军路线经过杜瓦科耶（Duwankoj）、巴赫奇萨赖、昌埃利和辛菲罗波尔。晚上晚些时候，连军士长蒂尔因肾脏问题被送往医院。在接下来几天里，连军士长一职要么由科汉下士，要么由军士长费希特纳代理。马道斯上士结束休假回到部队后，他接管了连军士长一职。

1942年6月21日。连队派出D号突击炮和2号弹药牵引车，在当天和次日参加了一部工兵教学影片的拍摄工作。这部电影正在乌克兰卡以北300米处反坦克壕沟周边地带拍摄。

1942年6月23日连队接到了二等兵吕德尔伤重不治的噩耗。吕德尔于1942年6月11日在塞瓦斯托波尔外围的战斗中受了重伤。哈伯兰上士今天被晋升为少尉，晋升生效日期为于1942年6月1日。他被立即调到了第3连。

1942年6月30日。乌尔布里希特少尉的连军官座车和科汉下士的B号突击炮，再次被送往塞瓦斯托波尔前线。他们已经被配属给第2连，前去参加战斗。

1942年7月1日。弗林特罗普下士的E号突击炮带着发动机故障，从塞瓦斯托波尔归来。在这之前，它曾数次与第2连并肩作战，进攻飞机发动机工厂和“白崖”（White cliffs，一座位于谢韦尔亚纳亚湾的苏军水下军火库）。今天，马道斯上士被晋升为军士长。

1942年7月2日。连长今天离开部队休假。他安排乌尔布里希特少尉先代理连长职务，随后将由塞茨中尉任代理连长。

1942年7月3日。最后两辆突击炮从塞瓦斯托波尔回到了连队。它们没有参战。我军已经获得了塞瓦斯托波尔战役的胜利。

1942年7月4日至6日。我们营组建了一支混编部队，与第50步兵师一道前往阿玛埃利（Arma-Eli），参与一部影片的拍摄工作。我们连贡献了两辆突击炮和一辆弹药车，并由一名军官带队。汉斯·韦格林中尉则负责指挥这支混编部队。

1942年7月5日。弗林特罗普下士获得了一级铁十字勋章。二等兵巴茨（Bartz）、霍雷尔（Horrer）、里夏德·保卢斯（Richard Paulus）和列兵鲍尔迈斯特（Bauermeister），则被授予二级铁十字勋章。

1942年7月7日。今天，勒克少尉回到连队。

1942年7月16日至30日。马道斯军士长的“占科伊”号突击炮，与第2连和第3连的各一辆突击炮，进行了一次涉水演习，地点位于亚述海岸边卡萨蒂布（Kasantip）。营部连的克雷奇默尔少尉被调入我们连，调令生效日期为1942年7月23日。

1942年7月27日至28日。连队在黑海岸边度过了两个惬意的休息日。部队将营地称为“帐篷城市”，其位于古拉苏夫（Gursuff）以东两公里处。我们得以整整休息了5天。洗浴、晒日光浴、体育运动、阅读以及与战友们享受愉悦的晚会，有一次大家还畅饮了大量起泡酒！这种惬意的日子让我们乐此不疲，对每个人来说都是难以忘怀的日子。不幸的是，连队被提前调走了。部队在1942年7月22日4时从辛菲罗波尔出发，后在1942年7月28日12时返回。

1942年7月28日。连队接收了一辆乘用车（福特汽车）和两辆新卡车（标致卡车）。此前连队拥有两辆乘用车、一辆卡车和4辆中型摩托车。

1942年7月29日。部队原计划在晚上举行一场全营露天聚会。遗憾的是，这个计划被取消。我们连明天将登上火车。打包和装车工作一直持续到了深夜。尽管如此，部队还是分发了啤酒。一些人很快就喝高了，酒桶也很快见了底。

以下为维尔纳 · 普罗伊塞尔在克里米亚期间的战争日记。

1941年11月16日，星期日。我们抵达了克里米亚的占科伊。此地大部分地形依旧为草原。

1941年11月17日，星期一。下午早些时候，我们来到了位于雅伊拉山脉山脚处的辛菲罗波尔城的郊外。我在行军途中可以数次看到这座雄伟的山脉。天气开始显著暖和了起来。我们此时有4辆突击炮。我们在辛菲罗波尔郊外的乌克兰卡住了下来。

1941年11月18日，星期二。我们对车辆进行了大修，油料送上来了。各排长在各辆突击炮之间四处走动，检查它们的状态。

1941年11月19日，星期三。弹药在今天也运了上来。

1941年12月2日，星期二。清晨6时，我乘坐M1号车离开，前去寻找维修单位。我们行驶了360公里，于16时抵达了梅利托波尔。我在这里遇到了我们营的一些车辆，但它们都不属于的维修单位。

1941年12月3日，星期三。我们在8时出发，在行驶了295公里后，于下午5时45分，抵达了新莫斯科夫斯克。我们在这里得知，维修单位此时仍在克拉斯诺格勒。

1941年12月4日，星期四。我们在8时出发前往克拉斯诺格勒。在10时30分抵达后，我根据任务要求质询了维修单位。事实上，维修单位此前一直留在这里。14时，我们返回新莫斯科斯克并在16时30分抵达那里。今天的整个往返行程约200公里。

1941年12月5日，星期五。我们在早上为车辆预热时，不慎烧毁了发动机。9时30分，我只能乘坐一辆没有刹车且离合器有问题的连军官座车，离开了梅利托波尔。天色变暗时，我来到了占科伊。在距离辛菲罗波尔40公里处，我们发生了交通事故，保险杠被严重撞毁，以至于我们无法继续驱车前进。我搭车去了辛菲罗波尔，并在22时30分回到了营里。

1941年12月10日，星期三。今天，我去了电影院。这是我在这场战役中第三次进入电影院。当时正在放映《卢娜女士》（Frau Luna）。在电影开始前放映的《每周新闻短片》中，可以看到第197突击炮营在哈尔科夫战斗时的画面：施罗德尔上士和里克尔正在分别使用冲锋枪和机枪开火，另外我还辨认出了沙夫（Schaff）。

1941年12月13日，星期六。我们在17时离开，前往一处准备进攻塞瓦斯托波尔的集结地。我军计划在1941年12月15日发起进攻。在经历60公里行军后，我们在午夜时分来到了奥尔塔－基塞克村。

1941年12月14日，星期日。我军的进攻已经推迟到12月16日。下午，我们来到了一公里外的黑海岸边。16时，我们在一座紧挨着战线的地堡中召开了一次战前会议。

1941年12月15日，星期一。进攻再次推迟到12月17日。下午，在空军发动的一次“斯图卡”攻击后不久，苏军的俯冲轰炸机也发起了进攻。

1941年12月16日，星期二。上午，弹药和油料被运到了集结地。下午将近16时，战斗单位进入了集结地。夜里，我们在集结地睡觉，只能睡在敞篷的人员运输车里。谢天谢地，此时的气温还算相对暖和。

1941年12月17日，星期三。天一亮，我们便发起了进攻。部队在苏军主防线前方战斗了数小时，但一无所获。F号突击炮被一发炮弹直接命中，随后被彻底焚毁。我的突击炮碾到了一颗地雷，全体乘员被迫弃车。随后不久，我们的突击炮又被击中了两次，苏军实施炮击的最大火炮口径达到了380毫米。一发150毫米炮弹在我们前方约一米处炸开，一枚弹片击中我的腿。我们随后在连军官座车附近隐蔽，后在它的掩护下后撤。C号突击炮亦直接命中一发炮弹，其乘员也被迫下车逃生，但是司机已经阵亡，塞淡中尉已是第三次受伤，不得不被送往医院。

1941年12月18日，星期四。我们带着仅存的E号突击炮返回辛菲罗波尔，并在上午抵达了那里。

1942年1月2日，星期五。我军中止进攻塞瓦斯托波尔后，第1连搭乘卡车前往占科伊。连队将得到其他连队的车辆和人员的加强。我们预计在占科伊接收8辆新的突击炮。我们日后的行动区域可能位于费奥多西亚和刻赤，因为苏军已经在那里登陆。

1942年1月5日，星期一。新的突击炮还没有到来，而且看起来我们还得等上几天。这期间，苏军已经在叶夫帕托里亚（Jewpatoria）登陆。预计苏军可能在今晚和明天夜间发动游击队和空降行动。我们已经进入最高警备状态，并部署了保卫营地的警戒力量。

1942年1月6日，星期二。12时，我军对辛菲罗波尔所有居民进行了搜查，但并没有发现值得注意的武器。1月底，连队从占科伊返回。允诺给我们的突击炮一直都没有抵达。此时，所有通往辛菲罗波尔的铁路线已经被改造成德国标准轨距。

1942年2月28日，星期六。夜里，6辆新突击炮终于抵达了，但全部披着非洲涂装。我们在白天为这些突击炮做好了战斗准备工作。另外，我们还从第190突击炮营那里得到了一些乘用车。这样，我们连便可以再度执行战斗行动了。

1942年3月1日，星期日。我们在清晨6时出发，沿着通往费奥多西亚的公路一直来到旧克里木，然后前往伊斯拉姆特雷克，接着又前往谢伊特－阿桑。我们来到了刻赤半岛最狭窄处，苏军已经在这里蚕食了我们的一些防线。这里的路况再度糟糕到了无法想象的程度。

1942年3月2日，星期一。下午15时，我军对25.3高地实施了一次炮火准备，计划夺取这座高地，以此拉直战线。在我们的突击炮的支援下，这次进攻十分顺利。当晚，由于没有其他有效的装甲防御兵器，我们的突击炮与步兵留在了前线。作为一名连军官，白天我带着一辆指挥车留在了步兵团团部，后在晚上返回谢伊特－阿桑。

1942年3月3日，星期二。早上，由于突击炮无法返回，我带着油料上了前线。第1排仍留在高地上，并在那里过了夜。

1942年3月4日，星期三。上午，第2排也回到了高地。也就是在上午，营长来到了我们连，带上我前往弗拉西斯拉沃夫卡（Wlasislawowka）。第2连在那里配合第46步兵师的行动。下午，我为第105步兵团计划中的一次进攻执行侦察行动。当晚，我在第2连的营地中过夜。

1942年3月5日，星期四。上午，我和营长回到了我们连。

1942年3月6日，星期五。一整天都没有发生特别的事情，晚上倒是下起了一场猛烈的暴风雪。

1942年3月7日，星期六。恶劣的暴雪仍在继续，气温相当的寒冷。

1942年3月8日，星期日。没有特别的事情。

1942年3月9日，星期一。没有特别的事情。

1942年3月10日，星期二。没有特别的事情。

1942年3月11日，星期三。各排在下午前往集结地。但是，由于进攻已经被推迟，他们在半路上又被叫了回来。夜里，为了给施皮尔曼带路，我和他再次回到第105步兵团团部。我们在午夜返回部队。

1942年3月12日，星期四。没有特别的事情。

1942年3月13日，星期五。苏军在清晨实施了非常猛烈的炮击。大约9时，我们位于左侧的两个排接到了警报，随即出发前往部署在我们左侧的步兵团作战地段。第1排去了占科伊，第2排则前往基耶特（Kijet）。连长去了位于占科伊的希茨菲尔德战斗群指挥部。我留在营地中，负责安排后勤补给工作。苏军以步兵和坦克部队发动了大规模进攻。塞茨少尉的突击炮在战斗中因离合器受损而抛锚，因而不得不对其实施爆破处理，以免其落入苏军手中。施罗德尔军士长在战斗中击毁了8辆坦克。魏德勒则收获了两辆坦克。晚上，这二人的两辆突击炮因为受损而不得不撤回到了营地。施皮尔曼和他的排则击毁了7辆坦克，并留在阵地上过夜，执行警戒任务。

1942年3月14日，星期六。施皮尔曼击毁了9辆坦克。

1942年3月15日，星期日。上午，施皮尔曼再次出击，在白天的战斗中击毁了7辆坦克。《国防军公报》报道了他在最近几天中的“击杀”战绩。由于25.3高地在3月13日再度失手，因此苏军以此地为观察点，将炮火延伸至我们所在的村子。

1942年3月16日，星期一。施罗德尔军士长的名字因3月13日的“击杀”战绩，同样登上了《国防军公报》。他在那天一共击毁8辆坦克，其中3辆为重型的KV坦克。施皮尔曼今天再次回到老阵地，击退了苏军在11辆坦克支援下发动的一次步兵进攻行动。第2连今天与我们一起行动。

1942年3月17日，星期二。施皮尔曼今天继续留在原来的阵地上，第2连的两个排也来到了那里。下午，参谋军士施密特（Schmidt）被弹片击伤。营长今天与我们在一起待了很长时间，通知我们称友军即将发起一次坦克进攻行动。

1942年3月18日，星期三。就像过去几天一样，我们今天再次进入阵地。这却是相当平静的一天。

1942年3月19日，星期四。苏军坦克今天发起了进攻，其中还包括4辆52吨坦克。扎菲尔少尉的突击炮在战斗中全损，其本人和驾驶员因此受伤，装填手在被送往医院的途中伤重不治。我们直到晚上才救出了受伤的炮手，但他几天后也死了。施皮尔曼的突击炮也被击中，主炮后座机构破裂，驾驶员霍斯特 · 加林斯基轻微受伤。在当天的战斗中，施皮尔曼再次击毁了11辆坦克。至当天晚上，第1

连仅剩下了两辆可以作战的突击炮，第2连则有4辆突击炮可以作战。

1942年3月20日，星期五。施皮尔曼再次回到了原先的阵地。第2连支援第28步兵师一个营进攻图卢姆奇克，而第22装甲师则计划从侧翼发起突击。然而，我们的进攻却彻底失败了。我们的坦克和步兵只能带着严重伤亡与苏军脱离了接触。

1942年3月21日，星期六。我们被告知，我们将被其他突击炮排替下。

1942年3月22日，星期日。交接工作结束后，我们在下午冒着严寒离开了前线，返回辛菲罗波尔，并在傍晚抵达了那里。

1942年4月9日，星期四。今天，施皮尔曼被授予了骑士十字勋章，我们为他举行了盛大的庆祝活动。我生日那天，连队接到警报，奉命带领三辆突击炮和第2连的两辆突击炮（其中一辆因机械故障未能与我们一起出发），奔赴刻赤前线。但是，那里并没有发生什么战事，于是连队又被叫了回来，我们在天黑后回到了辛菲罗波尔。此时，我才得以与大伙儿庆祝我的生日。就在我们即将开始聚会时，营长来到了连队，宣布我已经被晋升为中尉。

1942年4月12日，星期日。傍晚，因为肾痛得相当难受，我必须前往医院接受检查。我八成患上了肾结石。

1942年5月7日，星期四。其他连队抵达时，我们连回到刻赤前线已经有了些日子。经过几次推迟，我军的攻势最终计划在1942年5月8日正式拉开序幕。我此前在医院中又染上了咽喉痛，加之在被替下前又两次出现了严重的腹痛，于是我被一架 Ju 52运输机送往罗马尼亚首都布加勒斯特。这架飞机途中曾经停在尼古斯拉耶夫。我被送进了位于布加勒斯特的一所空军医院。这里与众不同的文化与居民让人觉得如同身在童话世界。我还算是勉强能够接受这一切。

1942年5月13日，星期三。在经历了一周的恢复，并经过X光检查后，医生确定我并没有患上什么病。于是，我被送到了位于康斯坦察港附近蒂米什（Timisul）的一所医院。我将在这里再度过14天的疗养期。

1942年5月25日，星期一。在愉快地度过12天后，我在夜间启程前往施韦因富特。

1942年5月26日，星期二。我在晚上抵达匈牙利索尔诺克（Szolnok），随后继续前往维也纳。

1942年5月27日，星期三。我在清晨时分抵达了维亚纳，然后继续前往布雷斯劳，并在那里碰到博比施。

1942年5月28日，星期四。下午，我继续前往施韦因富特。

1942年5月29日，星期五。8时，我终于来到了位于施韦因富特的营补充单位。

■ 上图及下图拍摄于第197突击炮营第1连在乌克兰卡的营地内。相比其他苏联村庄，这座乌克兰村庄的条件要好得多。

■ 尽管相比东线腹地，克里米亚的气候要温和很多，但这里有时候也会出现恶劣的严寒天气，面对即将到来的进攻塞瓦斯托波尔要塞行动，第197突击炮营不得不为突击炮披上白色的冬季涂装。上图为两名该营的士兵站在一辆覆盖着积雪的突击炮上合影。下图为一些该营的士兵裹得严严实实地与突击炮的合影。

■1941年12月17日，德军开始向塞瓦斯托波尔要塞发起进攻。由于此时尚未削弱苏军的抵抗，因此未能夺取这座要塞。在这次攻势中，第197突击炮营第1连几乎在短时间内便失去了作战能力。图为几名士兵正准备回收一辆被地雷炸毁行走机构的突击炮。

■ 上图及下图为1941年12月24日，几名第197突击炮营第3连的几名士兵在C号突击炮前合影，准备度过1941年的平安夜。

■ 上图为第197突击炮营在克里米亚作战时使用的一辆三号突击炮B型后期型号。在1942年2月17日对塞瓦斯托波尔的进攻失败之后，几乎所有这个型号的突击炮都无法作战。

■ 1942年2月28日，第197突击炮营第1连接收了6辆带沙漠涂装的新突击炮。下图为该连的一名士兵兴高采烈地与新的A号突击炮合影。

■ 上图为一名车长在乌克兰卡村的营房前，站在一辆新突击炮上的照片。作为过渡时期的涂装，部队又涂上了一些波浪形色条。

■ 下图为1942年3月1日，第1连带着崭新的突击炮开拔前往刻赤前线。

■ 1942年早春，第197突击炮营的车辆和突击炮都在灰色底色上刷上了迷彩。例如上图及下图中的这辆名为“小克莱尔”（Klärchen）的Sd. Kfz.253型半履带装甲车，也被涂上了波浪形伪装涂装。这辆半履带车为第1连的Z3号排长座车。

■ 上图为第1连的二等兵里克尔站在Z3号排长座车上。

■ 右图为第1连的1名士兵与“小克莱尔”号半履带装甲车的合影。

■ 下图为第1连的Z3号排长座车和几名士兵与这辆半履带车的合影，地点为谢伊特－阿桑。

■ 1942年3月1日，第1连来到伊斯拉姆特雷克村以东2000米处的一个集体农庄。由于此地的设施在夜间可以提供舒适的住所，因此部队随后在这里扎营。上图为一辆突击炮蒙着车罩停放在一幢矮房子的背后。

■ 下图为第1连在谢伊特－阿桑停留期间拍摄的一张照片。一些情况下，部队不得不将突击炮停放在牲畜的圈舍或者房屋废墟中。图中一辆突击炮便停在了废墟中。

■ 1942年3月13日，第1连在斯拉姆特雷克至尔迪斯拉夫沃夫卡铁路线前方爆发了一场激战。施罗德尔军士长指挥他的E号突击炮在当天的战斗中击毁了8辆苏军坦克。上图为当天拍摄的一张照片，可以看到Z2号突击炮。这辆突击炮的离合器在战斗中起火，失去了行动能力。随后一些苏军士兵来到了这辆突击炮跟前，甚至有一名士兵爬上了车顶。为了避免其落入苏军手中，施罗德尔的E号突击炮随后开火将其击毁。

■ 由于路面十分泥泞，下图中的Z1号指挥车陷进了烂泥中。一名士兵不得不花费很大力气，清理履带上的大量泥巴。

■ 在1942年3月中旬的几次战斗中，第197突击炮营第1连多次击退了苏军的进攻。施皮尔曼少尉则因击毁大量苏军坦克在1942年3月15日登上了《国防军公报》。上图为在1942年3月中旬战斗期间的一辆第1连的突击炮。

■ 下图为一辆在1942年3月14日被第1连第1排击毁的一辆苏军KV-1重型坦克。两名第1连的车长站在这辆坦克的残骸上与其合影。

■ 由于乌克兰卡的条件非常适合维修单位开展工作，因此第197突击炮营维修单位在1942年春天和夏天一直待在乌克兰卡。上图为维修单位位于乌克兰卡村一块空地中的工场，他们在这里架设了龙门吊。照片中可以看到三辆正在维修的突击炮和一辆半履带式装甲车，下图为一些士兵正在吊装一辆突击炮的主炮。

■ 上图为1942年4月底，第197突击炮营营部连的一些士兵即将启程前往刻赤前线时，在修复完毕的几辆装甲车前合影。

■ 下图为第3连弹药分队的一名士兵在前往刻赤的途中坐在发动机盖上休息。

■ 1942年5月8日，在进攻帕尔帕奇防线时，第197突击炮营第1连的这辆 Sd.Kfz. 253型半履带装甲观测车被反坦克枪击中，导致车里的莱特上士阵亡。上图可见该车右侧被反坦克枪击穿的弹孔。

■ 第197突击炮营通讯分队抵达帕尔帕奇防线前方时，接到了新的指示。左图为通讯分队的两名成员在一辆无线电通讯车旁聊天。

■ 1942年5月10日，第1连的B号突击炮在63.2高地上与一辆重44吨的 KV-1重型坦克进行了一场激烈的对决。最终，这辆 KV-1坦克失去行动能力，但其还是击中了突击炮，迫使突击炮乘员弃车逃生。下图为战斗结束后于次日被德军缴获的那辆 KV-1坦克。

■ 上图为1942年5月，第197突击炮营的一名摩托车传令兵隐蔽在刻赤前线的一处战壕中，他的摩托车则停在一旁。

■ 左图为1942年5月20日，在刻赤半岛上的战斗结束后，一处被德军完全占领的苏军战壕阵地，到处都是苏军的尸体。

■ 1942年6月7日，德军开始再次向塞瓦斯托波尔要塞发起进攻。上图为友军的一辆半履带车牵引着一具火箭弹发射器从第197突击炮营的车队旁经过，准备进入进攻塞瓦斯托波尔要塞的阵地。下图为德军一处火箭炮阵地向塞外托波尔要塞发起齐射的壮观场面。

■1942年6月7日，第197突击炮营的战斗单位在清晨出发，前往进攻发起阵地。图为继续留在后方梅尔策隘谷内的营部连的单位。

■ 第197突击炮营与第121步兵团的反坦克单位一起发起进攻。上图为几名正在待命的第121步兵团的37毫米反坦克炮炮组人员。

■ 1942年6月14日，当天的气温高达30℃。为此第1连的连军士长为部队送来了一桶啤酒，这完全出乎了大家的意料。下图为几名第1连的士兵正围坐在啤酒桶旁畅饮清爽的啤酒。

■ 第197突击炮营的进展十分缓慢，他们不得不时常在非常近的距离上逐个消灭苏军抵抗据点。上图为一辆突击炮正在炮击不远处高地上的苏军阵地。

■ 由于苏军隐蔽的堡垒工事群阻碍了部队继续前进，德军于是调来了一个遥控爆破车连队，准备向苏军堡垒实施爆破。下图中可以看到一辆第197突击炮营的突击炮前方停放着几辆履带式遥控爆破车。

■ 1942年6月17日，第1连的D号突击炮在进攻“格别乌”要塞时严重受损，一个拖带轮脱落。上图为战斗结束后被拖回到营地中的D号突击炮。

■ 下图为一名维修单位的士兵正在检查被炸成废铁的第3连的E号突击炮。

■ 上图为德军正在猛烈炮击塞瓦斯托波尔要塞周边地区的苏军堡垒和工事群。

■ 尽管身处绝望境地，但苏联守军还是进行了殊死抵抗。下图为第197突击炮营第3连的一辆突击炮在战斗中被直接命中弹药架，被炸得支离破碎。

■ 在德军进攻塞瓦斯托波尔要塞期间，萨蓬山（Sapun Hills，海拔240米）、北岬角（Nordnase）、卡佩伦山（Kapellenberg）和卡马里洼地（Kamary Depression）一直是这场战役的战斗热点地带。右图为一辆第197突击炮营的突击炮停在萨蓬山的一处开阔地带上。一名摩托车手传令兵将车停在一旁，注视着正冒着浓烟的萨蓬山。

■ 下图摄于1942年5月20日刻赤半岛的激战结束后，此战以当地苏军被全歼而落下了帷幕，第197突击炮营的突击炮对这次胜利贡献巨大。

■ 下图是第197突击炮营第1连的Z2号突击炮，左边是骑士十字勋章获得者施皮尔曼少尉，此时他正在德军大举进攻塞瓦斯托波尔要塞之前进行地形勘察。

■ 上图为第197突击炮营第1连的D号突击炮，它的中部托带轮在1942年6月17日进攻“格别乌”堡垒时被打掉了。

■ 下图为克里米亚战事结束之后，一辆第197突击炮营第3连的突击炮。车前两名士兵分别为保罗·罗斯特（Paul Rost，右）和海因里希·阿佩尔（Heinrich Apple，左）。

■ 上图为一座被德军占领的塞瓦斯托波尔要塞工事群上的炮台。

■ 下图为两名德军士兵正在查看一枚305毫米火炮的哑弹。

■ 上图及下图为第197突击炮营的一些士兵正在查看一座被德军600毫米“卡尔”自行火炮和800毫米“多拉”铁道炮摧毁的重炮炮台。

■ 上图及下图为第197突击炮营的一些士兵正在参观被摧毁的“马克西姆 · 高尔基”二号炮台（Maxim Gorki II）。

■ 1942年7月3日，德军正式宣布攻陷塞瓦斯托波尔要塞。上图为第197突击炮营营长施泰因瓦赫斯上尉，在战役结束后带领该营的一些军官在塞瓦斯托波尔要塞四处参观。

■ 下图为塞瓦斯托波尔战役结束后，一些第197突击炮营的士兵的合影。

■ 1942年7月4日至6日，第197突击炮营出动了两辆突击炮和一辆弹药车，参加了一部电影的拍摄工作。这部教学片名为《突击炮与工兵》，由德国陆军总司令部下令摄制。第197营的突击炮在影片中出现在乌克兰卡以北300米处的一道反坦克壕沟地带。上图及下图为影片拍摄期间的两张照片，突击炮上坐着一些战斗工兵。

■ 第197营的单位与第50步兵师的一支部队组成的混编连队，在韦格林中尉的指挥下，随后前往阿玛埃利继续拍摄这部教学影片。上图及下图同样为影片拍摄期间的照片，可以看到第197突击炮营的两辆突击炮和一辆弹药车。

Besitzzeugnis

Dem Gefreiten
(Dienstgrad)

Peter Schade
(Vor- und Zuname)

3./Sturmgeschütz-Abt. 197
(Truppenteil)

wurde das

Sturmabzeichen

verliehen.

K.H.Qu., den 25. August 1942
(Ort und Datum)

(Unterschrift)

General der Artillerie und
Kd.General des VII. A.K.
(Dienstgrad und Dienststellung)

■ 本页和下页为第197突击炮营第3连一名叫彼得 · 沙德（Peter Schade）的二等兵在1942年夏天获得的二级铁十字勋章和普通突击章的获奖证书，其签发的时间分别为1942年7月13日和8月25日。

Im Namen des Führers
und Obersten Befehlshabers
der Wehrmacht

verleihe ich

dem

Gefreiten Peter Schade

3./Sturmgeschütz-Abt.197

das

Eiserne Kreuz 2.Klasse

Auf der Krim, den 13.Juli 1942

(Dienstsiegel)

(Dienstgrad und Dienststellung)

Gen.Lt. u. Kdr. der 24.I.D.

■ 1942年7月底，第197突击炮营在乌克兰卡接收了两辆长身管突击炮。尽管这两辆突击炮为刚下线的崭新装备，但维修单位必须首先检对其进行全面的检查和零部件的校正工作。左图为一些维修单位成员正在吊装一辆新突击炮的发动机。

■ 下图为三名维修单位的士兵正在乌克兰卡为一辆长身管突击炮进行维护。

■ 上图及下图为在对新突击炮进行了测试射击后，几名士兵正在清理突击炮炮管内的积尘。

第五章
东线中部地区战记
（1942年7月30日至1943年1月30日）

1942年7月30日。上午，连长休假归来。由于火车一直没有抵达，铁路装车工作便一直推迟到了中午。11时30分，一切终于准备就绪。虽然只有一个坡道可用，而且营部连部分单位也将搭乘我们连的这列火车，但连队还是在19时30分完成了装车工作。21时30分，火车向占科伊方向出发。就我们的目的地而言，此时每个人心中都有很多猜想。

1942年7月31日。黎明时分，火车抵达占科伊。6时，火车继续前进。6时45分，火车跨过了锡瓦什湾（Siwasch），这意味着我们又回到了乌克兰。部队此后于12时30分抵达梅利托波尔，19时抵达扎波罗热，并在同日夜间抵达锡涅利尼科沃（Sinelnjkowo）。

1942年8月1日。今天是个下雨天，上午，火车抵达洛佐瓦（Losowaja），直到13时30分才再次启程。由于火车头出了故障，火车在途中停了很久。

1942年8月2日。火车在凌晨4时抵达哈尔科夫，随后在10时抵达别尔哥罗德（Bjelgorod）。天空持续下着小雨。17时，火车来到距离库尔斯克（Kursk）约40公里处的科罗维诺（Korowino）。部队在这里迅速卸车，并扎营过夜。

1942年8月3日。部队在5时出发，经索博诺（Saubotino）、萨维涅兹（Sawinez）和曼图罗瓦（Manturowa）行军；然后在季姆（Time）调头向东，驶上K公路，经戈尔舍奇诺耶（Gorschetnoje）前往雅森基（Jassenki），行军里程共140公里。今天天气很好，道路开始缓慢干燥起来。部队随后在一个集体农庄里露营。

1942年8月4日。8时，连队再次出发，穿过尼什尼德维兹（Nishnedewizi），一直来到图罗沃（Turowo）以西500公里处的一个集体农庄。今天的天气很好，路面也很坚硬。

1942年8月5日。部队继续经图罗沃、尼施涅－韦杜加（Nischne–Weduga）和斯塔德尼扎（Stadniza），在中午抵达谢姆利扬斯克（Semljansk）。随后，部队在城郊的一片小树林里扎营。

1942年8月6日至10日。部队在谢姆利扬斯克休息了一天。1942年8月9日，连队住进了一些民宅。连队已经被配属给第2集团军，编为第7军的军属机动预备队。

1942年8月11日。18时45分，连队接到战斗警报。战斗单位和辎重队15分钟后启程前往小韦雷雅卡（Malo–Werejka）。随后，部队在距离此地不远的一个集体农庄里过夜。

1942年8月12日。凌晨2时45分，部队出发前往小普罗科夫卡（Maloprokowka）和第340步兵师作战地区。战斗单位（5辆突击炮和所有弹药运输车，以及指挥车）去了伊尔蒂诺夫卡（Iltinowka）。昨天，大量苏军坦克已经在这个村子北面获得突破。不过，此时该地却十分平静。在部队行军路线身后的一片良田中隐蔽着一些苏军徒步坦克兵，第2排与步兵随即肃清这些苏军。连队的其余三辆突击炮来到了费多罗夫卡（Fedorowka）东郊。他们没有接到战斗任务，但一度暴露在了苏军猛烈的炮火之下。乌尔布里希特少尉的Z2号突击炮被击中，一个拖带轮被打掉，车体也被炸裂。不过，它还是有能力与其他突击炮一起在傍晚返回谢姆利扬斯克，并最终在夜色中抵达了那里。连长今天宣布科汉下士晋升为上士。一等兵克吕格尔、普雷茨勒和二等兵齐默尔曼则被晋升为下士。三名二等兵则被晋升为一等兵。另外，连队今天还晋升了几名二等兵和上等列兵。

1942年8月13日。连队已经被配属给第287步兵师，并被指派去支援第541步兵团，凌晨2时45分，3辆突击炮（*B号突击炮有发动机故障*）出发前往卡韦亚（Kawerja）。起初，他们在村子外围等待。后来，突击炮在村子北郊占据了一处伏击阵地。连队一直保持静默，苏军坦克此时位于4500米外的地方。当天，突击炮继续在伏击阵地过夜。

1942年8月14日。突击炮依旧待在伏击阵地上。大约中午的时候，突击炮击退了从东面过来的苏军坦克。Z1号突击炮消灭了一辆KV－1和一辆T－34坦克。马道斯军士长的A号突击炮的发动机舱被击中，燃起了大火，但乘员们都毫发无损地逃出车外。然而，他们无法扑灭大火，这辆突击炮在15分钟后被炸飞上了天空。一会儿后，Z2号突击炮抵达伏击阵地，这样阵地上又有三辆突击炮可以战斗了。马道斯军士长爬进了连军官突击炮。至傍晚，连队又接到两次战斗警报，但并没有发生任何出乎常规的事情。

1942年8月15日。战斗单位被部署在伏击位置。上午，那里遭到了苏军火炮和坦克猛烈的轰击。在此过程中，二等医疗兵克勒维茨的背部被数块弹片击伤，只能将他送往野战医院。当天我们接到了三次战斗警报，并三次击退了已经推进到村子边缘的苏军坦克。连队在战斗中击伤了4辆坦克，但还是让它们给跑了。傍晚，连队回到了位于卡韦亚西南郊的据点。在这里的狭窄绵长的峡谷中可以找到很好的隐蔽位置，突击炮在此后的一些日子里执行完任务都会回到这里。

1942年8月16日。清晨，连队出发前往原来的伏击阵地。这次，勒克少尉代替生病的乌尔布里希特少尉指挥Z2号突击炮。大约9时，苏军坦克发动了一次突袭。Z2号突击炮消灭了一辆KV－1和一辆T－34坦克。当它重新补充弹药再次回到前线时，在距离苏军800米处被一发炮弹直接击中。这发炮弹击穿了突击炮不久前刚刚经过焊接的车首倾斜面。驾驶员祖布林克二等兵当场阵亡，炮手库尔特·提图斯二等兵（Kurt Titus）的前额、左上臂和右手受了重伤。傍晚，这辆突击炮撤了回去。剩下的两辆突击炮则在下午奉命支援第2连，于14时与第377步兵师所属第777步兵团第2营向东北方向进攻，行动中绕过卡韦亚转到右翼。我军计划夺回原先的一处出发阵地。此次进攻进展十分顺利，在没有遇到严重抵抗的情况下向前推进到了很远的地方。后来，连军官座车被击中，左侧驱动轮、一个路轮和左前减震器受损。这辆突击炮就此失去了机动能力，但最终还是凭借自身的力量回到了据点。Z1号突击炮的排气管在战斗中被弹片击中，随后也在傍晚回到了据点。

1942年8月17日。马道斯军士长的Z1号突击炮，今天被配属给了第2连，支援其警戒已经夺回的地区。部队极其平静地度过了这个日子，一发炮弹也没有打出去。18时30分，这辆突击炮回到据点。下午，调拨给我们的两辆长身管突击炮抵达了谢姆利扬斯克火车站。

1942年8月18日。休息日。中午，连队穿过大特雷奇维维克（Bol.Treschtschwewk）前往谢姆利扬斯克，并于14时30分抵达那里。18时，连队带着5辆突击炮前往第340步兵师作战区域，随后在19时30分抵达那里。部队随后在一个村子里过夜。

1942年8月19日。3时，战斗单位出发前往218.7高地，在那里与第695步兵团第1营一直执行警戒任务。这天十分平静，只有降雨扰乱了我们的心情。夜色降临，连队返回位于两公里外的一条峡谷中的据点。

1942年8月20日至22日。战斗单位一直部署在218.7高地。这里非常平静。部队今天没有消耗任何弹药。

1942年8月23日。部队就在老地方执行警戒任务，后在17时15分返回谢姆利扬斯克，于19时15分抵达那里。

1942年8月24日。我们营被解除了与第2集团军的隶属关系。部队立即前往奥廖尔（Orel）以北地区和第2装甲集团军的行动区域。凌晨3时，全连朝着库拉克（Kurak）方向开拔，沿着12号公路经卡斯塔尔诺伊（Kastarnoy）前往克拉斯纳亚－博尔亚纳。18时，在经历了130公里的跋涉后，部队抵达了目的地。

1942年8月25日。凌晨3时，部队再次开拔，经切伊里（Tschyri）前往库尔斯克。随后，部队从库尔斯克调头向北，于16时抵达斯沃博达（Soboda）。这次行军距离约110公里。

1942年8月26日。凌晨3时，连队与营部连的单位一起在斯沃博达进行铁路装车作业。9时，部队出发前往奥廖尔。14时30分，火车行驶了170公里后抵达奥廖尔。15时30分，部队继续行军，前往博尔霍夫（Bolchow）。夜幕降临时，我们在这座城市外围20公里处扎营露宿。

1942年8月27日。清晨，部队继续开拔，穿过了博尔霍夫，最初沿着第65号公路和第66号公路向北朝着布利萨诺沃斯基（Blisnowoskij）的方向前进。我们随后在那里转向西北，穿过了戈尔亚纳（Gorjana）。中午，连队来到了位于戈尔奇特涅（Gortschetnij）东南200米处一片树林边缘的新营地。这天的行军距离为50公里。下午，连队对车辆进行了维护。

1942年8月28日。连队受第53军的指令，前去支援第26步兵师。上午，战斗单位带着4辆突击炮和战斗辎重队前往梅辛（Mysin），途中经过布利诺夫（Blinow）、伊万诺夫卡（Ukolizy）、乌科利兹（Ukolizy）、索罗基诺（Sorokino）和巴宾科沃（Babinkowo）。随后，连队将弹药车和战斗辎重队留在梅辛，突击炮则前往梅辛东北2.5公里处的一处集结地。傍晚，已经被配属给第39步兵团第1营的第2排，与苏军坦克群展开了一场艰难的战斗。最终，在经历一段长时间的来回击杀后，形势开始有利于我们。勒克少尉的长身管突击炮单车击毁了5辆KV－1坦克。弗林特罗普下士则用他的短身管突击炮解决了一辆KV－1和一辆T－26轻型坦克。另外，他的突击炮还严重击伤了一辆KV－1坦克，使其无法继续开火，后者随后被反坦克小组的一名上士彻底击毁。与魏勒战斗群一起部署在东南方向一公里处的第1排，则没有接触到苏军，只能在那里徒劳地等待。下午，他们在远距离上击毁了一辆卡车。在苏军的炮击中，列兵库内施（Konesch）因被弹片击伤被送往医院。

1942年8月29日至9月7日。突击炮被部署在梅辛东北2.5公里处的伏击阵地。他们徒劳地等待苏军坦克。苏军偶尔会猛烈炮击那里，甚至还有更猛烈的迫击炮火。不过，连队在此期间并没有遭受人员和物资上的损失。每天晚上，突击炮都会如期回到据点，以便更好地休息并在次日黎明时再度出发。尽管Z1号突击炮在1942年8月29日回到了连队，但连军官座车和B号突击炮却在当天双双失去战斗能力。每天，各突击炮车组轮流出去行动。后来，即使突击炮再度回到部队，部队仍没有改变这种措施。每次，连队都只向前线派出三辆突击炮。连队在据点修筑了一些地堡，牵引车车组的地堡叫作“士兵起居室”（Lanser Living Room），其惬意的装饰吸引了所有人的注意。我们今天没有人员和物资的损失。傍晚，突击炮按计划回到了支撑点，以便拂晓再次出动。

1942年9月8日至10日。突击炮在这三天都留在据点里。此地的形势是如此的平静，以至于连队可以安心地在据点中待命。

1942年9月11日。今天，连队被第3连替下。凌晨5时，战斗单位出发前往博尔霍夫，而战斗辎重队昨天就已经离开了。途中，辎重队也跟了上来。中午，部队抵达博尔霍夫，并进驻第202突击炮营此前的营地。

1942年9月12日。连队开始为即将到来的冬天做准备，并修筑车辆掩体。

1942年9月13日。全连今天列队集合。连长向部队颁发东线冬季作战勋章的绶带，全连目前和之前的147名成员都获得了该勋章。二等兵布尔（Bull）、约翰 · 科勒（Koller）、朗格（Lange）、洛伦岑（Lorenzen）和辛格尔曼被授予了佩剑饰战功十字勋章。另外，部队还颁发了几枚战伤勋章。

1942年9月20日。连队今天在营地举办了聚会。由于部队提供了大量酒水，结果大家都喝高了。

1942年9月25日。连队为战斗单位在博尔霍夫东北20公里处修筑了新的地堡。人们像疯了一样劳作，汗如雨下。傍晚，每个人累得和狗一样，不过工作进展十分迅速。

1942年9月30日。完全出乎大家意料的是，连队接到了出发的命令。部队立即结束了地堡修建工作，开始打包和装车。

1942年10月1日。16时，全连出发前往奥廖尔。天黑后，部队抵达了奥廖尔，随后在火车站附近的集体宿舍住了下来。韦德勒下士今天被晋升为上士。

1942年10月2日。连队停留在奥廖尔。

1942年10月3日。6时，连队与营部连的单位开始火车装载工作。10时30分，火车启动，驶向布良斯克（Brjansk）。傍晚，部队抵达了布良斯克。

1942年10月4日。火车在上午抵达罗斯拉夫尔（Rosslawl），下午抵达斯摩棱斯克（Smolensk）火车东站，随后在晚上继续前进。

1942年10月5日。火车在凌晨4时抵达斯帕斯－杰缅斯克（Spass-Demensk），随后在6时30分继续开往斯帕斯－杰缅斯克以东12公里处的洛马金诺（Lomakino）。部队在这里住进了民宅，并立即开始修筑车辆隐蔽所。连队已经被编入第4集团军的预备队。连队将用几周时间来做过冬的准备工作，以便让大家在冬季过得舒服一些。除此之外，部队还在营地修建了一处洗浴点。

1942年10月12日。乌尔布里希特少尉今天被晋升为中尉，生效日期为1942年9月1日。

1942年10月15日。参谋军士克劳斯 · 容克尔（Junker）被派往斯德汀（Stettin）的国防军学校，参加第一期期末考试。当天，连队从第202突击炮营接收了一辆突击炮。

1942年10月14日至11月1日。连队一半的人员和其他连队的一些单位合并为一个“筑垒分队”（Fortifications detail）。他们在米利亚丁斯基（Miljatinski）以东5公里处的诺沃耶－阿斯克罗沃（Nowoje-Askerowo），修建了步兵阵地。虽然环境恶劣，偶尔有坏天气，但部队还是完成了这一了不起的工作。1942年11月2日，由于我们营将再度调往其他地方，连队派出去执行建设任务的单位又被叫了回来。

1942年11月1日。今天，费希特纳军士长被晋升为少尉，生效日期为1942年10月1日。马道斯军士长随即被任命为连军士长。

1942年11月2日。下午，战斗单位的一部分转移到了新营地。此地位于斯帕斯－杰缅斯克东面12公里处的一条公路附近。

1942年11月3日。上午，战斗单位的剩余部队也出发前往新营地。最初，部队住进了一个村子的私宅，开始加班加点修建营房和掩体。此前，“托特”组织已经在这里开工。经过三天努力劳动，战斗单位终于进驻新营地。

1942年11月10日。辎重队也转移到乌特里科瓦（Utrikowa）。在接下来几周里，部队继续修建了一些营房和掩体。同时，部队对营地进行了清理和装饰，安装了照明和广播系统。由于冬季此时还没有在此地完全施展开身手，目前部队在这里的生活还算过得去，而且连队拥有足够的冬装可以过冬。

1942年11月12日。施罗德尔上士今天被调往施韦因富特，前去参加将补充单位组建为一支新的作战单位的工作。

1942年11月24日。今天，参谋军士容克尔回到连队。

1942年11月25日。今天是我们营成立两周年的日子。在全营大会上，营长大声宣布了一份与周年纪念有关的简短日令。勒克少尉发表了简短的致辞，回顾了连队非比寻常的历史，将整个纪念大会的气氛推到了高潮。

1942年11月30日。齐默尔曼下士被调往施韦因富特的突击炮兵种学校，参加一个候补军官培训课程。比德尔曼下士（Biedermann）被调往位于巴特基辛根（Bad Kissingen）的医疗补充营，前去完成军事医疗学业。我们营组建了一支“猎杀特遣队”（Jagdkommando），负责在冬季清剿游击队。我们连为此抽调了一个班，其机动能力完全适应冬季作战。该班由一名军官和8名士兵组成，且装备精良：除其他装备外，他们还装备了一挺轻机枪、两支冲锋枪和一些雪橇。克雷奇默少尉为这个班开展了多种多样且持续数周的训练。

1942年12月2日。今天，里希特上士（Richter）被调到了我们连。

1942年12月14日。今天，我们营在乌特里科瓦开办了一个士官培训班，并由乌尔布里希特中尉主持培训事务。为此，第1连派出了7名士兵。

1942年12月17日。上午，战斗单位接到警报，计划在罗斯拉夫尔地区投入4辆短身管突击炮清剿游击队。部队当即开始进行出发的准备工作。下午，这道命令被取消了。然而，现在全营都要准备出发。官兵们干劲十足地开始打包和装车。到傍晚时分，部队已经做好了出发的准备工作。显然，我们营可能要前往托罗佩茨（Toropez）西面的韦尔基耶（Welkije），进入第9集团军战区。部队将在那里协助解围一个被包围的战斗群。据称，元首已经保留了调动我们营的最终决定权。如有必要，我们连应做好准备，最早在明天上午在奇普利亚沃（Tschipljajewo）装上火车。

1942年12月18日。上级仍没有向我们下达是否开拔的命令。直到傍晚的时候，官兵们才获悉我们营不会被调往第9集团军战区。不过，我们也许将前往在顿河地区的意大利集团军的战区。

1942年12月19日。由于第2连依然没有完成重组工作，我们营将继续留在第4集团军。第290突击炮营作为我们的替身将前往顿河。

1942年12月21日。今天部队开始卸车，并再次架设电话、照明和广播系统。每个人都很厌烦这种反复装车和卸车的工作。另外一方面，每个人又十分高兴于可以在舒适的营地中度过一个祥和平静的圣诞节。

1942年12月23日。中午，部队宣布我们将返回德国，并在那里改组为“重型营”。部队将把车辆转交给正在组建的第270突击炮营。得到这项消息的欣喜简直难以名状。不过值得注意的是，此时没有人完全相信这个消息。

1942年12月24日至27日。连队庆祝了一个平静的圣诞节。圣诞节前夜的下午，部队举办了一场“圣诞节读书会”，之后在露天里举办了联欢会。连长利用这个机会，宣布了许多晋升名单。于1942年12月1日生效的晋升名单如下：弗林特罗普下士晋升为上士，一等兵普里斯、二等兵戈林斯基和二等兵鲁道夫 · 哈曼（Rudolf Hamann）晋升为下士。另外，连队今天有了第一个上等兵、10个一等兵和21个二等兵。一等兵克里格、二等兵布伦德（Blender）和二等兵弗里茨 · 埃弗斯（Fritz Evers），在今天获得了佩剑饰二级战功勋章。晚上，部队在营地中简单地庆祝了一番。部队提供了大量酒水，每个人都喝得心满意足。狂欢一直持续到早晨。部队在圣诞节没有安排训练。圣诞节的第2天和第3天（星期日）——几乎没有什么事可做。我们在住所中惬意地度过了这些天。尤其是大伙儿围坐在一棵圣诞树旁，望着摇曳的烛光时，才偶尔显示出一丝真正的圣诞节氛围。家乡和部队向大家提供了充足的食物、烟草、巧克力和糖果，因此大家对这方面没有任何抱怨。另外，士兵们在营地中惬意地读书、写作、下棋或打牌，一些人甚至结队进入树林滑雪。

1942年12月28日。参谋军士容克尔带领一个10人的先遣队，与第3连全连一起先期返回德国。看起来部队启程回国和重组工作真的开始了！

1943年1月1日。连队度过了一个异常平静的新年。大伙儿都在做回国的准备工作。士兵们对出发的日子期盼已久。

1943年1月3日至9日。连队举行了“毒气周”（Poison gas Week）训练，以便让部队在遇到毒气攻击时有所准备。我们进行了理论学习，并进行了行军和演练中的防毒面具使用训练。毒气检测队举行了一次特殊的演练，演示如何识别和防护芥子气。

1943年1月8日。新建的第270突击炮营第3连希望进行突击炮与步兵协同训练。该连出动了一个步兵排，与其他连队的突击炮单位开展了这次协同演练。此次演练于7时至10时在伊波特－维索科耶（Ipot—Wyssokoje）周边地区进行。

1943年1月11日。连队在新年曾让施拉布斯下士的一个突击炮车组，展示如何用单兵武器对付装甲车辆。今天，我们在乌特里科瓦也展示了如何使用单兵武器有效地对付装甲车辆。战斗工兵让我们的一辆突击炮碾过他们挖掘的散兵坑，然后他们用炸药包“炸掉”了我们的突击炮。

1943年1月12日。整个连队的士兵都进行了一辆突击炮从头顶开过去的训练，让每个人都体会了被敌军坦克碾过头顶的恐惧情形。

1943年1月14日。连长今天向一些连队的当前成员和前成员颁发了普通突击章。

1943年1月19日。接替我们的第270突击炮营已经抵达斯帕斯－杰缅斯克。当天下午，连队开始进行部分装备的移交工作。

1943年1月20日。今天上午，连队进行了剩余装备的移交工作，随后进行出发的最后准备工作。14时，部队在营长面前列队集合。施泰因瓦赫斯少校向官兵们发表了简短的演讲。他详细阐述了我们营的历史将开启一段全新的篇章。尽管我们可以自豪于在俄国的成就，但我们仍有义务继续为国家贡献所有力量。我们将成为我军的第一个重型营，这必将激发我们一贯恪尽职守的热情。随后，我们乘坐卡车出发前往斯帕斯－杰缅斯克。抵达那里一个小时后，我们全部登上了火车。我们连分乘四个车厢，虽然空间有些拥挤，不过由于有足够的稻草和合用的烤炉，这里还是挺舒服的。随后，连队在车厢里过夜，因为火车要到次日早上才开车。

1943年1月21日。7时30分，火车离开斯帕斯－杰缅斯克。傍晚18时30分，火车抵达斯摩棱斯克东站。部队在这里吃完饭并享用热乎乎的咖啡。

1943年1月22日。午夜1时，火车从斯摩棱斯克东站出发，2时又离开了斯摩棱斯克火车总站。7时30分，火车抵达白俄罗斯奥尔沙（Orscha）。上级在这里准备了大量令人愉悦的东西——烈酒和香烟，部队甚至在下午去看了电影！

1943年1月23日。午夜过后不久，火车再次出发。8时20分，火车抵达鲍里索夫（Berisow）。直到17时50分，部队才得以继续上路前往明斯克，并最终在23时抵达那里。

1943年1月24日。这天有个小小的惊喜：首先，火车行军进展顺利。其次，我们有大量烈酒可以饮用。我们真应该感谢行军管理军官乌尔布里希特中尉。为了让我们舒适地度过这段旅程，他做了许多出色的保障工作。每当火车抵达大型火车站，我们总能喝到热咖啡和美味的浓汤。另外，值得指出的是，自斯摩棱斯克开始，连长总是为我们打头阵。部队在9时10分抵达斯托尔布齐（Stolboy），11时45分到了巴拉诺维奇（Baranowitschi），21时抵达沃尔科维斯克（Wolkowisk）。每个人都希望在两天内抵达于特博格。

1943年1月25日。今天令人非常失望，火车只向前行进了一小段距离。但是，乌尔布里希特中尉再次安排一些非常棒的事情！部队在切雷姆齐（Czeremch）第一次喝到了很久没有品尝到的啤酒。随后，部队又在一些小火车站耗费了一整个下午。

1943年1月26日。午夜1时，我们到了波兰谢德尔采（Siedlce）。在停留了两个半小时后，火车再次出发，只在几个较小的车站停车。12时30分，火车抵达华沙郊外的普拉加（Praga）。火车在那里只停留了15分钟。我们并没有看到华沙市区。随后，火车又在华沙外围30公里处的一个小站停车。官兵们在这里再次喝到了啤酒。

1943年1月27日。夜间，火车穿过了波兰总督区和东普鲁士省的边界。随后，火车继续向西行驶，朝着但泽－西普鲁士（Danzig-West Prussia）地区进发。清晨，大家睁开双眼，惊愕地看到了第一个德国小镇——戈斯拉豪森（Gosslarshausen）。火车在10时抵达格劳登茨（Graudenz），后在19时抵达布隆贝格（Bromberg，今波兰北部城市比得哥什）。

1943年1月28日。大约3时30分，火车来到施奈德米尔（Schneidemühl，今波兰小城皮瓦）。遗憾的是，火车从这里的发车的时间反复被推迟。由于火车需要改变轨道，因此直到18时30分才得以继续启程。

1943年1月29日。4时30分，火车抵达柏林外围的里希特费尔德镇（Lichterfelde）。随后，火车直到7时45分才再次出发，穿过了帝国首都南环，于8时抵达滕佩尔霍夫（Tempelhof）货运火车站，这次，我们又必须等待。我们利用停留的时间来洗漱、刮胡子等等。每个人都在渴望到达于特博格。13时30分，火车终于开始了最后的旅程，高速驶向于特博格，经过了泰尔托（Teltow）和卢肯瓦尔德（Luckenwalde）。17时15分，部队终于抵达于特博格。不久后，卡车队也来到了这里。部队把行李装上了卡车。连队在夜色中徒步从于特博格前往新营地。营区的营房都是新建的，这让我们都感到特别惊喜。这里十分干净，通了电灯和自来水。当晚，连长召集部队集合。他愉快地宣布每个人都可以休假三周时间。

1943年1月30日。上午，大伙儿愉快地洗了个澡，以此方式除掉了身上的虱子，每个人都在准备离开部队。在此之前，连队还得到了另外一个惊喜。我们的第一任连长布林克上尉来到部队，探望我们，部队借此场合宣布他已经被授予金质德意志十字奖章。这天还有另外一个惊喜！连长终于开始颁发部队渴望的克里米亚战役盾章。勋章颁发后，官兵们便开始陆续离开部队。

■ 1943年1月，第197突击炮营在回到德国后，在柏林的“祖国”饭店举行了一场大型晚会。坐在照片右侧的军官正是营长施泰因瓦赫斯上尉。此后，第197突击炮营被改编为第653重装甲歼击营，从此从突击炮部队转入了装甲部队。

■ 1942年7月30日，第197突击炮营在辛菲罗波尔装车，准备乘火车离开克里米亚。左图为几名士兵正在为一辆突击炮蒙上车罩。

■ 完成装车工作后，第197突击炮营的下一个目的地为东线中部地区。下图为第197突击炮营已经装上火车的车队。

■ 上图为几名第1连的士兵在火车上与一辆突击炮合影。

■ 在东线经历了一年多的战斗后，第197突击炮营收集了许多缴获的车辆。在下图中可以看到突击炮身后有一辆美制“斯图亚特”轻型坦克和一辆苏制 STZ-5型牵引车。

■在这张拍摄于第197突击炮营此次铁路运输途中的照片上，可以看到第3连装备的长身管新突击炮。

■ 上图为运送第197突击炮营的火车抵达扎波罗热时拍摄的一张照片。一辆长身管突击炮前面为一辆牵引车。

■ 1942年8月2日，第197突击炮营在距离库尔斯克约40公里处的科罗维诺下了火车，并在这里扎营过夜。下图为两辆卸车后仍披着车罩的长身管突击炮。

■ 1941年8月5日中午，第197突击炮营战斗单位抵达谢姆扬斯克，随后在城郊的一片小树林中扎营。上图为战斗单位抵达谢姆扬斯克时所拍摄，照片中可以看到三辆突击炮，其中至少有两辆为长身管突击炮。

■ 下图为一辆隐蔽在一棵茂盛大树下的第197突击炮营的突击炮。

■ 上图为1942年夏天，第1连的一个炮组站在一辆长身管突击炮前的留影。

■ 下图为部队在集结阵地中待命时，一名士兵坐在一辆精心伪装的突击炮上享受日光浴。

■ 本页及下页组图为1941年8月14日，第1连马道斯军士长的A号突击炮发动机舱被击中，燃起了大火。尽管车组成员最后扑灭了火焰，但这辆突击炮最终还是在15分钟后发生了剧烈爆炸，被彻底炸毁。幸运的是，突击炮乘员都毫发无损地逃出了车外。本页及下页为战斗结束后，一些士兵正在清理战斗现场，检查车辆残骸。

■ 从上图及下图中可以看到突击炮的上部结构已经被炸飞，一侧履带也已经脱落。下图中可以看到突击炮车首还挂着牵引钢缆，可能是维修单位试图回收这辆突击炮的残骸。

■ 上图为1942年8月28日，第1连勒克少尉的车组隐蔽在伏击阵地中，车组成员都在车外的灌木丛中休息。在当天的一场战斗中，这个车组一举击毁5辆 KV-1重型坦克。

■ 随着《租借法案》逐步落实，英美装备越来越多地出现在东线战场上。第197突击炮营也击毁了越来越多的英制和美制坦克。下图为在1942年8月底被第197突击炮营击毁的一辆英制“玛蒂尔达”II型坦克。

■ 上图为集结在一起的第3连的突击炮群。该连随后被调到了第2装甲集团军行动区域的北部（奥廖尔以北地区）。

■ 下图为1942年8月17日，交付第197营的第一批长身管突击炮用军列运抵斯摩棱斯克。这些突击炮在出厂时就涂上了暗黄色涂装。

■ 上图为1942年10月2日第197突击炮营第3连的突击炮在奥廖尔火车站的铁路线旁等待装车前往斯摩棱斯克时所摄。第197突击炮营的全部三个突击炮连同时装备着新旧型号的突击炮。

■ 下图为第3连的两名经验最丰富的驾驶员——保罗 · 罗斯特（左）和海因里希 · 阿佩尔（右），在一辆长身管突击炮前合影。阿佩尔上等兵为第3连连长的驾驶员。此后，即使第197突击炮营转型为“斐迪南”和“猎虎”坦克歼击车部队，他从1943年到1945年一直担任连长的驾驶员。

■ 上图及下图为1942年10月2日，上等兵阿佩尔在奥廖尔的营房前，坐在一辆长身管突击炮的主炮上的留影。

■ 1942年11月初，停在乌特里科夫瓦（Utrikowa）维修工场内前方空地中的几辆短身管突击炮。这几辆突击炮都是第197突击炮营从第202突击炮营那里接收的。

■ 上图为两辆突击炮安装好了刚刚送到部队的“东线履带”（Ostkettern）。

■ 1942年11月25日为第197突击炮营组建两周年纪念日。下图为当天第3连的二等兵维利 · 舒尔迈尔（Willi Schulmeyer）和一名战友在一辆突击炮前合影。

■ 1942年12月中旬，第197突击炮营曾接到命令准备离开东线。但是，这道命令不久后被取消，部队只能继续留在乌特里科瓦。上图为几辆原本已经收拾完毕准备装上火车的第197突击炮营的餐车和用作值班室的卡车。

■ 1942年12月17日，第197突击炮营接到任务，执行一次反游击作战行动。但是，这次行动随后在下午被取消。图为当天部队准备出发执行任务前，三名士兵在突击炮前合影，站在中央的为曾在第2连和营部连担任无线电员的埃里希 · 比尼克下士。

■ 为了适应冬季作战条件，第197突击炮营的突击炮被乘员和维修单位成员涂上了白色的冬季伪装涂装。上图为一个突击炮车组正在修补突击炮的涂装。

■ 下图为在1942年12月仍使用夏季涂装的一辆Z3号连军官座车。

■ 上图中可以清楚地看到这辆长身管突击炮安装了适合东线冬季作战的“东线履带”。这种履带的宽度要远宽于三号突击炮的常规履带。另外，突击炮上的白色冬季伪装涂装通常为士兵手工涂刷或喷涂在车身上的。

■ 下图为第1连的二等兵瓦尔特 · 赫普纳和约瑟夫 · 米勒(Josef Möller)在一辆停在野战车库中的短身管突击炮前合影。同样，第197突击炮营的短身管突击炮此时也披着白色的冬季伪装涂装。

■ 上图为一辆停在户外的短身管突击炮。出于作战识别的需要，突击炮车身上的铁十字标志并没有涂成白色。

■ 1942年圣诞节前不久，第197突击炮营向官兵宣布，部队将调回德国，并改组为一个“重型营”。另外，第197突击炮营应将所有车辆就地转交给第270突击炮营。营行政官奥托 · 彼得斯（Otto Peters）收藏了下图及下列几页中的一些照片，记录了第197突击炮在东线的最后一些日子。这组照片中的一辆长身管突击炮的编号为91284。

■ 上图及下图为刚刚驶出车库的91284号突击炮。

■ 上图及下图为彼得斯与91284号突击炮的合影。

■ 上图及下图为彼得斯与几名战友在91284号突击炮前的合影。突击炮前面三人从左向右分别为一名不知名的士兵、维利 · 勒夫勒（Willi Löffler，二等兵）和奥托 · 彼得斯。从突击炮战斗室探出上身，站在剪式望远镜后的是海因茨 · 亨宁下士。

■ 上图及下图为第1连的三名士兵与91284号突击炮的合影，从左向右分别为卡尔 · 施密特（Karl Schmidt，二等兵）、安东 · 科贝勒和海因茨 · 亨宁。

■ 上图及下图为第1连另外一些士兵与91284号突击炮的合影，从左向右分别为二等兵瓦尔特 · 赫普纳、二等兵约瑟夫 · 马格、阿尔贝特 · 里克尔、一等兵赫尔曼 · 坎茨和阿德里安 · 加特纳中尉。

■ 下图为安东 · 科贝勒与列兵阿洛伊斯 · 舍费尔在91284号突击炮前合影。

■ 上图及下图为91284号突击炮出发执行一次反游击行动，坐在车长指挥舱口的是亨宁下士。

■ 上图为一名士兵正在解开91284号突击炮的炮口罩。

■ 右图同样为91284号突击炮，将与其他突击炮一道被转交给第270突击炮营。

■ 1943年1月8日，第197突击炮营的突击炮与新组建的第270突击炮营第3连的一个步兵排，在伊波特－维索科耶周边地区举行了一次演习。图为参加演习的第197突击炮营的突击炮车队。

■ 1942年至1943年新年前，第197突击炮营的部分官兵在斯帕斯杰米扬斯克周边地区滑雪。上图为官兵们出发时在一辆突击炮前的留影。

■ 下图为1942年圣诞节前，第197突击炮营的几名军官的合影，从左向右分别为维尔纳・哈伯兰少尉、施约翰内斯・施皮尔曼中尉、海因茨・施泰因瓦赫斯上尉、赫尔穆特・乌尔布里希特中尉和一名姓名未知的军官。

第六章
第197突击炮营的老兵回忆

第2连的埃里希 · 施密特霍伊泽的回忆

1940年夏天，我志愿加入了突击炮部队。在补充训练单位的每一天都很辛苦。1940年10月10日，我来到了炮兵教导团所在地卢肯瓦尔德军营（Camp Luckenwalde），接受再分类训练。与常规骡马运输或机械化牵引炮兵部队所不同的是，我在这里见到了装甲车辆，这让我非常吃惊。当我向其他人询问这些车辆的细节时，才知道这便是我军新颖的突击炮。这是一种最新式的支援性武器，它给我留下了深刻的印象。在一次士官培训班上，我们在这一新式武器系统上重新进行了训练。由于我乘坐巴士或坐火车时坐在行驶方向相反位置上会经常晕车，因此我在突击炮上训练的最初一段时间里时常感到不舒服，会恶心和呕吐。但是一周后，这些不适症状都消失了，我逐渐习惯了突击炮战斗室内的嗡嗡声，以及摇摆和仄小的空间，并且此后再也没有出现任何不适状况。1940年11月25日，第197突击炮营在柏林附近的特罗伊恩布里岑（Treuenbrietzen）成军。我被分在第2连，担任D号突击炮的车长。

我的炮手是格哈德 · 利尔曼（Gerhard Liermann），他是个很不错的柏林人。驾驶员为奥斯特下士（Aust），他是一名来自西里西亚的车辆机械师。装填手和无线电员是来自杜塞尔多夫的二等兵奥费曼（Auffermann），此人寡言少语，有时候还有些笨拙，但他渴望去上大学。我们很快就成了一个精诚团结的车组，成了最好的战友。我们的预备车组为马图沙特上士(Matuschat)和他的三名手下。最初，每辆突击炮都有一个预备车组。连队当时有三个排，每个排拥有两辆突击炮。

我们的排长为扎菲尔少尉，他负责在一辆装甲通讯车内指挥战斗。第197突击炮营第2连连长是富尔中尉，他是一名精力充沛且活力四射的军官。我们的营长为克里斯特少校。之后，我们用75毫米短管主炮进行了不同射程的射击训练，突击炮乘员们就此慢慢地熟悉了这种新式武器系统。

1941年1月底，我们来到了西里西亚的奥得河畔布里格。1940年至1941年的冬季是如此之冷，以至于我们的车辆机械师必须每隔两个小时启动发动机，为车辆发动机预热。我们将车辆停放在封闭的车库里。这期间发生了一起事故：来自柏林的二等兵辛德米特（Hindemith）在一个傍晚不知所措地跑进了值班室。他只是结结巴巴地说："一切都完蛋了！"当时，我们根本搞不清楚他究竟在搞什么名堂。次日上午，我们才在车库中发现了他所要表达的事情。一辆突击炮彻底撞倒了墙壁，冲到了道路上。我们询问辛德米特后，才得知他在突击炮处于空挡时启动了发动机，但是离合器中粘稠的润滑油阻挡了变速箱进入空挡位置。因此，变速箱仍处于一档，当他启动发动机时，突击炮便蹿了出去。慌忙中，辛德米特没有踩住刹车，反而拔掉了钥匙。但一切都太晚了。辛德米特接受了轻微的处分，建筑工人很快便修复了倒塌的墙壁。突击炮在撞倒墙时并没有出现损伤。

1941年4月初，意大利军队入侵南斯拉夫，导致巴尔干地区爆发了一场危机。德国军队随后不得不介入了这场危机。为此，我们于1941年4月8日在布里格登上了火车。我们最初的目的地为奥地利南施泰尔马克州南部的莱布尼茨。因为南斯拉夫境内的一些桥梁已经被炸毁，因此我们不得不在这里等待了两天。随后，我们穿过奥地利边境城市穆雷克，并渡过了德拉瓦河。此后，我们穿过阿格拉姆（今萨格勒布），进入萨瓦河谷地区，经亚斯特雷巴斯科前往卡尔施塔特。斯洛文尼亚人对我们并不是很友好，而克罗地亚人则以非常友好的方式问候了我们。我们在上述地点并没有经历任何战斗，行军是如此的迅速，以至于我的驾驶员时常需要夜以继日地开车。在卡尔施塔特，一个克罗地亚家庭非常友好地向我们分享了一顿豪华的复活节餐。我们吃了烤羊肉，喝了非常美味的深红色香槟酒。此后，我们离开了卡尔施塔特，进入山区，行进在几乎无法通车的山路上，前往巴尼亚卢卡（Banja Luka）。但是，我们尚未抵达巴尼亚卢卡，战争便结束了。南斯拉夫军队已经投降。南斯拉夫投降的主要原因可能是我们的He 111和Ju 87俯冲轰炸机猛烈空袭了贝尔格莱德。部队停止前进的所在地利卡（Lyka）地区，为我见过的最为贫穷的地方之一。

这里是一片贫瘠的喀斯特地区，周遭只能看到少量植被。居民都聚居在破败的小屋里，这些屋子只有一扇门和两个小窗户。早上房门一打开，屋子里所有能动的东西都跑了出来：鸡、鹅、山羊、猪以及居民和他们的子女。我们无法想象这么小的屋子怎么能够容纳这么多人和动物。几天后，部队开始打道回府。我们的一辆突击炮在萨格勒布南面抛锚了。连长下令，让我在维修单位修好突击炮后，将其带往菲拉赫。

连队计划将在那里扎营。另外，他还给了我一份文件，让我们可以从任何军事单位获取燃油。我们准备在三天后出发，前往菲拉赫。我们从路边的农民手里购买了食物。获取燃油的工作实际上非常困难，因为我们一次需要300升燃油，这对于一些地方军事指挥官来说确实太多了。他们中的大多数人手头都没有这么多的燃料储备。因此，我们只得到处讨要燃料。我们行驶了一整天，寻找可以过夜的好地方。日夜从我们身旁经过的南斯拉夫士兵们脸上都洋溢着喜悦之情，对于他们来说，战争已经结束了。我们最终在夜里抵达了处于灯火管制中的马尔堡。由于已经非常疲惫，我们找到了一个地方停了下来并睡觉。我们中的两个人躺在突击炮暖和的后顶上睡觉，另外两人则在战斗室内睡觉。次日早晨，我在睡梦中被喧闹声吵醒，透过观察缝发现天已经大亮。当我打开舱盖，发现我们竟然停在了市政厅前方的市场中央地带。

我们遭到了大批市民“惨无人道”的围观。我迅速摇醒了裹着毛毯睡在后盖上的两名战友。之后，我们启动了发动机，在当地人诧异的目光中迅速驶出了这座城市。因为在昨天经历了远程行军，我们的脸上沾满了尘土和污垢，于是我们在抵达第一条小溪时便停车，彻底地洗漱了一番。洗漱完毕后，我们继续前往德拉瓦河河谷地区，沿途沐浴在春日里最美好的天气中。我们经过了德劳堡、弗尔克马克特（Volkermarkt）和克拉根福，然后沿着沃尔特湖，前往菲拉赫。这也是一段非常梦幻的旅程，我们享尽了沿途的美景：旖旎的法克湖（Lake Faak）、米尔施塔特湖、奥西阿赫湖（Lake Oissach）和格利岑雪山等。

五月中旬，我们接到了开拔的命令，不得不告别风景秀丽的菲拉赫。我们登上了火车，被运往西里西亚地区的格拉茨。在格拉茨期间，部队中流传着许多有关我们日后究竟会被部署在哪里的传言。例如，有人说我们将行军穿过俄国，去占领波斯的油田。我们将学习俄国地图，熟悉西里尔字母。一切都看起来我们将被部署到东方。1941年6月1日，我们搭乘火车前往波兰东南边境地区。我们在扎莫希奇下了火车，然后从这里快速前往布格河畔的边境城市索卡利，并在图尔科维克（Turkovic）附近的一片森林中占据了一处大型露天营地。我们在森林中为突击炮和车辆进行了精心伪装，并建立了一座“帐篷城市”。该地区到处都是农庄和森林。大部分居民为犹太人，主要为农民、商店主和工匠。他们居住在一些简陋的小村里，村子里只有寒碜的房子。我们最初在这里修筑道路。我们军在该地区修建了许多大型军事营地和野战机场。直到1941年6月22日前几天，我们才被告知，德国将进行一场与俄国的战争。我们都很沮丧。上级告诉我们，斯大林计划在近期进攻德国，因此我们将实施预防性进攻，先发制人。

在我们侦察计划用于渡河的地点时，发现布格河上的铁路桥上长着大量非常高的杂草。显然这座桥已经很久没有使用过了。我们一下到布格河，来到河中央位置，苏军守卫便会立即现身，并威胁我们。但这也是我们所期望的，以确定如果苏军炸毁了大桥后布格河的哪段河段可以用于泅渡。1941年6月21日傍晚，我们用尽了最好的隐蔽措施，进入了紧挨着布格河的集结地和炮击阵地。我军计划在次日凌晨4时20分发起进攻。

1941年6月21日至22日夜间，我们占据了紧挨着布格河岸边的阵地。1941年6月22日4时15分，当第一缕光线洒落在布格河面上时，德军火炮开始向索卡利的苏军工事群及其周边地区倾泻所有炮弹。我们随即进入预设的炮击阵地，开始炮击之前已经辨明的目标。我奉命负责清除苏军位于交通钟塔上的观察哨。随后，我们负责警戒铁路桥周边地区，以免其被苏军炸毁。此后，我们穿过了被工兵铺设了木板的铁路桥，进入索卡利。工事群内的苏军已经被我军打懵。经过短暂的战斗后，我们继续向东前进，遇到了一道精心修建的堡垒工事群和一道宽阔连续的反坦克壕沟。我们将设定了延时的高爆弹射入反坦克壕沟的墙壁，将其轰塌，从而填平了反坦克壕沟。随后，在夺取苏军堡垒时爆发了一场近距离战斗。苏军的50毫米炮根本打不穿我们的正面装甲。突击炮只有在行走机构或主炮受损时才会失去作战能力。我们试图通过堡垒的射击盲区尽可能近地靠近苏军的堡垒。

随后，我们一直朝着堡垒的射击孔射击，直至苏军的武器无法开火。如果堡垒守军没有放弃抵抗，我们的工兵将用空心装药炸药将堡垒炸碎。这种炸药可以炸穿堡垒的混凝土墙壁。有时候，堡垒守军也会用储备在堡垒中的备用武器继续战斗。由于我军的进攻部队已经继续前进，只能由后继部队随后解决这些苏军。我们在继续向东进军途中穿过了塔尔塔科夫村，遭遇了一些苏军步兵和炮兵，有时候我们透过舱盖用冲锋枪和手榴弹进行战斗。塔尔塔科夫村正是我们当天的目的地。第二天，部队继续快速前进，穿过了前波兰省份加利西亚。这里的地形主要为开阔的丘陵，散落着一些村庄和树林，十分适合装甲车辆行动。

不过，天空中第一次出现了苏军的轰炸机和近距离空中支援飞机。我们第一次看见了被击毁和烧毁的德国装甲车辆。阵亡的装甲兵都被烧成了焦炭，尸体蜷缩成了小孩的大小。看到这些情形让我们非常不自在，甚至想呕吐。我们时常需要通过承重只有2到3吨的小型木桥。有的桥能承受住突击炮的重量，有些则不能！当桥梁无法通过时，我们必须寻找一处涉水点。马克斯上士（Marks）过桥的时候可能真不走运。通常，他的突击炮行驶在我前面，第一个过桥。但是，他的突击炮时常刚上桥便压塌了木桥。后来，他都让我先过桥，但我每次通过后，桥的表面便会出现损伤，因此他的突击炮跟在我后面过桥时，桥便坍塌了。随后，我只能用牵引索小心翼翼地将他的突击炮拖出困境。保持着压塌桥梁数量纪录的马克斯上士，因此被我们取了一个戏谑的外号——“潜水炮”（U-Geschütz)。1941年6月25日，我们来到了雷辛村(Lysin)。当地的波兰裔乌克兰人欢迎了我们，将我们视为他们的“解放者”。他们搬出了旗帜、圣像、面包和盐等一些象征着殷勤好客的物品，迎接了我们。由于我们将步兵单位落在了身后10到20公里处，根本难以安然入睡，因此当地的一些年轻人为我们放哨执勤。我们的进军速度过于迅速，时而会与苏军发生战斗。我们经常与撤退的苏军行进在平行的道路上，天黑后有时甚至会混在一起，因此我们天一亮必须进行战斗，清理周边的苏军。

我们连冲得太前，一直打到了卡特琳堡（Katrinburg)，然后就被苏军包围了。我们的战斗群包括一个步兵营和6辆突击炮。我们占据了一个环形防御阵地。值得指出的是，我们当时并没有特别忧虑自己的处境。我们知道其他德国军队将迅速向我们靠拢。但是，我们必须击退苏军反复发起的猛烈进攻，尤其是苏军第二天的进攻。我们第一次遭到了苏军骑兵的进攻。当步兵的机枪开始开火，突击炮的炮弹落在向我们发起冲锋的骑兵队伍中央弹起炸开时，出现了一场恐怖的大屠杀。苏军骑兵冲锋最终在距离我们200米到400米的地方崩溃。这显示出在现代兵器面前，骑兵进攻是多么的疯狂和落后。

1941年6月25日下午晚些时候，我们以6辆突击炮进攻了希特诺周边的一处苏军坚固阵地。我们在一片长得很高的粮田中前进了600米到800米。借助夕阳和高高的粮田的掩护，车身高度只有2米的突击炮很难被苏军发现。苏联守军难以辨别出准确的目标，因此我们得以在没有受到任何伤亡的情况下，迅速歼灭了阵地上的所有苏军。我们收获了颇丰的战利品：4门76.2毫米炮、8门172毫米火炮、6辆坦克和大量其他车辆。当我们查看第一批在近距离战斗中缴获的火炮时，我们都惊呆了，76.2毫米炮的炮闩上竟然有“莱茵金属”（Rheinmetall）的铭文。这种火炮可能是苏军功能最为多样、有效的武器之一。该炮的炮弹炮口初速是如此之高，以至于根本无法判断其究竟是从哪个方向打来的，这也就是为什么德军士兵会称其为“哧－嗙”炮（Ratsch-Bumm）的原因。这种火炮肯定是德国研制，并装备了德国军队且随后出售给了俄国，或者俄国进行了“山寨”。我们的反坦克炮单位仍装备着小巧的37毫米炮（“坦克门铃”）或50毫米炮，而它们都已经落伍了。当天我们缴获的其他苏军兵器包括一些最大口径达150毫米的迫击炮。我们在战斗中很难辨别出迫击炮炮弹来临的方向。尽管迫击炮炮弹的穿甲能力不高，但他们的破片杀伤能力却不能小觑。

但是，最糟糕的兵器则是苏军火箭弹发射器，其亦被称为“斯大林管风琴”。这种安装在卡车上的兵器拥有出色的机动能力。我们一旦听到火箭弹逼近的声音，唯一能做的事情只有迅速跳进散兵坑隐蔽起来，并且期望你的散兵坑不在火箭弹宽泛的杀伤范围之内，因为大批火箭弹可能同时在各处爆炸。在开阔地带遭到火箭弹打击将是一场灾难，如果50或50枚以上的火箭弹落在一片狭小地区，那么你活命的几率将会很小。最为危险的对手则是非常现代化的T-34坦克，其拥有出色的设计和装甲防护，装备了一门长身管主炮，在性能上完全超越了我们。我们的突击炮的主炮粗短，长度只有1.58米，我们只能前进到非常近的距离才能用75毫米主炮消灭T-34坦克。需要指出的是，突击炮低矮的车身则是我们的优势。1941年7月8日，我们抵达了旧康斯坦丁诺夫，占领了当地的一座机场并缴获了大量军事装备。此外，我们还抓获了大批俘虏。在随后的一次进攻行动中，我们获悉我军的“斯图卡”俯冲轰炸机将使用一种新式武器，为我们提前“软化”苏军阵地。

当Ju-87发出刺耳的尖啸声向苏军阵地发起俯冲，并准确地将炸弹投向目标时，我们已经来到距离苏军阵地500米处的进攻阵地。炸弹的威力是如此的巨大，以至于冲击波都波及到了我们。这些炸弹产生了一个特别强烈的气压，士兵们因此称这种炸弹为压缩空气炸弹。当我们发起进攻时，苏军阵地上已经没有什么抵抗了。那些身处较浅战壕或散兵坑内的士兵都已经被炸死，战壕内其他幸免于难的士兵则完全失去了神智，只能束手就擒。但是，我们此后再也没有机会体验空军的压缩空气炸弹。日后我们得知，斯大林声威胁称，如果我军继续使用这种炸弹，那么他将使用毒气攻击我们。

1941年7月11日，我们挺进到“斯大林”防线。这是一道以法国“马奇诺”防线为蓝本修建的纵深堡垒防御体系，且进行了精心伪装。它可以将我们牵制在这里，进行长达一到两周的艰难的战斗。但是，其随后还是在各地被我军击破。苏军狙击手频繁出现在该地区，他们携带了一支有15发弹匣的半自动步枪和瞄准镜。他们的伪装能力非常出色，时常将自己绑在枝叶繁茂的树上。他们一度拦住了我们的步兵前进的脚步长达数小时之久，直至被我们歼灭。在对苏作战的早期阶段，我们得以在战斗中收获第一批战斗经验。在一次进攻结束后，一些苏军向我军中的一名车长投降。

因为我们无法带走他们，只能让他们扔掉武器，准备将他们交给身后的步兵。突然，一名苏军捡起了突击炮后面的步枪，并向站在舱口中的车长脑袋开枪。从此以后，我们会让俘虏将武器摆放在突击炮履带的前面，然后把他们赶走。沙伊贝下士（Scheibe）在清理一道战壕时候抓获了三名俘虏。他们举着双手站在他面前。当他走向他们时，一名苏军士兵将一颗藏在手中的手榴弹投掷到他的脚跟前。沙伊贝下士当即在手榴弹炸开前跳到旁边，并在一瞬间清空了弹匣。

我们意识到，你必须对战争中的所有阴谋诡计有所防备，你只有在战斗中保持极度的谨慎，才能幸存下去。几天后，在一次进攻行动后，我独自穿过了被我们捣毁的苏军阵地。这里可以找到任何东西：望远镜、狙击步枪等。当时，我已经远离了战友。突然，在距离我几步之遥的田野中出现了一名苏军士兵。他举着步枪对着我。我下面回忆的事情只发生在几秒钟内：由于当时我的手枪装在腰带的枪套里面，我本能地知道，如果我再迟疑下去，那我就完了。于是，我在第一时间用俄语向这名士兵大声喊道：“投降，放下你的武器，举起手来！”我的坚毅神情和果断举止，让这名苏军以为当时附近还有其他德国士兵。无论如何，他最终还是放下了武器。

我接着对他喊道：“过来！”我随即跳向他，捡起了他步枪，用枪顶住了他的后背。直到这时，这名苏军士兵才意识到自己上当了。接着，我用更加轻松的语气，也就是老家的士瓦本方言对他说：“你可以跟我走了！”从此以后，我再也不会在行动中将手枪放在枪套里了，反而用一根绳子系住它，时刻准备拿起并开火。另一次在一片丘陵地带的战斗中，一名步兵来到我的突击炮跟前，通知我称丘陵后面有苏军坦克。我让他平静下来，告诉他，赫伯特 · 皮齐上士（Herbert Pietsch）已经带领突击炮去了那里。为了确保安全，我接着也带着我的突击炮前往那里。在左侧，斜坡后面，我看到了皮齐的突击炮。当时5辆苏军轻型坦克正从右侧向他逼近。我很惊讶于皮齐的突击炮竟然没有开火。由于当时我的突击炮处在更佳的射击位置，于是我下达了开火的命令。我们先后击毁了所有的5辆坦克。由于此时的无线电通讯已经中断，于是我向皮齐的突击炮靠拢，这才发现他们为什么一直没有动静：一发炮弹卡在了他的炮管中。他们这次可真幸运。

这期间，苏军近距离火力支援飞机的空袭越来越频繁。伊尔－2攻击机首先会投下大约一公斤重的开花弹，然后用机枪、火箭弹和航炮反复攻击我们。这种情况下，我们通常会让突击炮散开，然后透过打开的舱口，密切注意空袭的动向。需要指出的是，其中一架伊尔－2攻击机用航炮竟然打掉了我的舱盖。但是，通常情况下，我们在遇到这种空袭时不会受到大的损失，只有一次给我们带来了伤亡，一枚炸弹不偏不倚地落进了米尔莱森上士（Mühleisen）的突击炮打开的舱口。当时这辆突击炮装载了320升燃油和100发炮弹。不用想象，这辆突击炮发生了剧烈爆炸。爆炸过后，在其刚才所在的位置上出现了一个深达10米的弹坑，这辆突击炮和里面的乘员都不见了踪影，所有碎片散布在了方圆100米的地方。

最近才来到前线的涅曼中尉（Niemann）一时间都不知道究竟发生了什么事情。他还在无线电中喊道："米尔莱森，什么情况？你为什么不回答？"直到其他人在电台中把情况告诉他，他才知道了事情的真相。一次，我们在集结地集结了14辆突击炮和一个营的步兵，我军的Bf 109战斗机与苏军I－16战斗机就在我们头顶进行了一场狗斗。在众目睽睽下，我们的Bf 109战斗机击落了2架I－16战斗机。两名苏军飞行员都得以跳伞，并向我们这里降落。步兵们准备去生擒他们时，他们竟然在半空中用冲锋枪向我们开火。自然，这两名飞行员随后被愤怒的步兵乱枪打死在半空中。在乌克兰南部的一些激烈战斗中，由于苏军的反击过于猛烈，我们不得不突然撤离了舒基村（Schuki）。然而，一个设在一所学校中的主包扎站及其200名重伤员则未能得以疏散。

次日，我们夺回了村庄之时，发现所有伤员已经被残忍杀害，一些人显然曾经历过除暴的虐待。苏军的这种暴行导致的结果是，我们的步兵在接下来几天里很少会抓活的苏军。这种你死我活的战斗，似乎让东线的战争向更为残暴的方向升级。在与一个克罗地亚志愿兵营的配合行动中，我则体验到了最富侵略性的步兵进攻行动。我们当时负责提供掩护火力，克罗地亚人奔跑着突击苏军的阵地。克罗地亚人和苏联人随后展开了白刃战，这让我们根本无法继续开火，我们不愿意伤害到友军。我们只能继续炮击战场背后地带，隔绝战场。我从舱口看到一名克罗地亚军士向一段战壕扔了一颗木柄手榴弹，接着立即跳了进去，抓捕俘虏，如果他们没有及时投降，他便会当场将其击毙。有时，他甚至不用拉动手榴弹的火绳，便将手榴弹扔了出去，利用吓唬苏军士兵的几秒钟时间，消灭惊慌失措的苏军，接着再捡起同一颗手榴弹，将其扔进另一段战壕。他就这样用这种方法，冲过了整条苏军战壕线。

战斗结束后，我爬出了突击炮，赞扬了这名军士的勇猛战斗行为。随后他笑着说："我可没打算带上一捆手榴弹！这颗手榴弹已经跟了我快两周时间了。"好吧，我祝愿他能一直有这样的好运气，并一帆风顺。1941年7月14日，我们在夺取泰雷斯波尔（Terespol）的战斗中经历了激烈的巷战。然后我们穿过别尔基切夫和别拉亚谢尔科夫（Bjelaja Serkow），朝着基辅方向进军。1941年7月27日，我们在马卡罗夫得到了第一次长时间休息。我们将在那里休整，并维护武器和装备，做好进攻基辅的准备工作。在基辅外围的休整期间，我们终于有了些自己支配的时间。一些没有经历过战争之苦的乌克兰人非常开明，没有对我们表示出敌意。不过，俄国人看待事务的方式通常令人不解。

比如，如果他们的家庭成员死于战火，他们会大声地痛哭数个小时。当我们在晚上再次看到他们时，他们却又在开怀大笑，要么在唱歌，要么在跳舞。这种情绪的迅速转变确实让我们感到非常奇怪。一天，我们受邀到一个俄国妇女家喝茶。我们4人坐在她的起居室里，她竟然告诉我们她要去取水了。我坐在窗前，看她从30米外的一口水井取水，然后用一根扁担挑着两桶水走向了房子。突然，她用手刮了刮鼻子，然后将手伸进了水桶。之后，她又用同一桶水煮茶。我顿时没有了胃口，但我并没有告诉战友们。他们还赞扬了她煮得一壶好茶，并且很惊讶我这个喜好饮茶之人却没有喝一口茶。我们离开后，我才告诉他们我为什么不喝那壶茶的原因。听完后，他们当场就想掐死我。

部队在乌克兰南部很容易获得给养。这里到处都是种满了西红柿、西瓜、土豆、向日葵、葡萄等农作物的农田。我们总是能在突击炮的后盖板上摆满给养箱。我的战友甚至弄到一笼子兔子。我们建议他宰掉这些兔子，但他总是说这些兔子还要再喂上一个礼拜，再养肥一些。在接下来的一次行动中，他突击炮的后盖板中了一发炮弹，那些兔子便失去了踪影。

部队休整了一些天后，我们继续向基辅方向前进。不过，苏军也好好利用了这段时间，他们在各地都埋上了地雷。为了对付探测金属的探雷器，他们在某些地方使用的是木盒地雷。苏军还埋设了一些用作反坦克地雷的大型木盒地雷，我们称之为“小孩的棺材”（Children's caskets）。

1941年8月14日，我军向苏军位于基辅以南第聂伯河西岸的最后一些顽固桥头堡发动了进攻。苏军在这里密集部署了雷区。某日，在返回的途中，皮奇上士对我说：“我受够地雷了。我想还是让你的车行驶我前面吧。”我毫不犹豫地回答道：“我无所谓。补给单位整天都在路上跋涉，可以上来为我们提供救援。”当时我正坐在舱盖上，两名工兵坐在我旁边。突然，发生了一次剧烈的爆炸，我被剧烈的震动弹飞，落在了路面上。我很快醒了过来，我确定自己还活着，随即稍稍冷静了下来。我们迅速为一名刚才坐在我身旁的工兵进行包扎。他的面部受了重伤，原先背在身后的步枪已经被剧烈的爆炸折成了两截。我们肯定碾到了一颗重型反坦克地雷，左侧履带已经被炸断，和一些几百磅重的路轮一起被抛到了突击炮几米外的地方。其他战友上前帮助我们，他们看到我时都忍不住笑了出来。

扎菲尔少尉给了我一面小镜子。我这才发现自己当时看起来就像一个“黑鬼”。我的眉毛和头发都已经被烧焦，手一碰就脱落了下来。后来，我发现我的部分耳膜受损。1941年8月23日，在进攻卡涅夫附近的第聂伯河右岸的最后一处苏军桥头堡时，我们再度遇到了顽强抵抗。此地地形崎岖，稀稀疏疏散布着一些农房和果园。尽管我坐在突击炮里，自认为十分安全，但仍可以感觉到苏军的炮弹时不时地落在突击炮附近。于是，我下令改变位置，另外寻找安全地带。然而，苏军的炮火立即向我们跟进。这意味着我们身后肯定隐蔽着一名苏军炮兵观察员，通过电台指引炮火。苏军的火炮部署在第聂伯河对岸，我的突击炮则位于一处反斜面上，他们无法直接看到我们。我应该在11时去营指挥所参加一次会议，因此不得不离开突击炮。由于听力受损，因此我很晚才听到一发炮弹正在向我们袭来。

那就像是有人用力踢了我一脚，我飞了出去。然后，我感到背后有热乎乎的东西在涌动。我的右髋部和屁股被弹片打伤了。战友们过来帮助我，把我送到通讯车上，然后把我送到了主包扎站。我在这里立即得到了救治，随后又被送上了一列所谓的辅助医院列车上。这是一列用于向前线运动弹药的补给品的货运列车。他们在货物车厢里铺了一些秸秆，伤员们一个挨一个地躺在上面。每名伤员头下都枕着一条面包和一个肉罐头，用作旅途的食物。在一些停车的时候，红十字会的护士会上来察看我们的情况，并给我们一些食物和饮料。一些重伤员甚至在火车还没有抵达哈尔科夫之前便死在了车上。最初，我们被临时安置在一座野战医院中，随后又搭乘火车被送回德国。我在奥德河畔布里格被抬下了火车，并被送往穆德拉兵营。这里正是在对苏战争前的我们的驻地。这期间，我们的营地已经被改造为一座军事医院。

1941年9月1日，我被调到驻施韦因富特的补充部队，当时我还没有完全康复。我在这里得到了三周的探亲与康复假期。在施韦因富特度过了短暂而轻松的一段日子后，我在1941年11月3日再次接到了重返前线的命令。我被调进了老部队第197突击炮营。部队在此期间已经前往克里米亚。前往克里米亚的旅途持续了数天时间。我们必须搭乘货运车厢，里面只有一个小得可怜的气炉用于取暖。然而，由于它会产生大量烟雾，因此我们不能时常用它来取暖。我们只能用其他方式让自己感觉暖和些，如原地跑步。在这种严寒下，我们根本睡不着。当我们向军队调动协调人员抱怨时，时常只能得到根本没有乘用车厢的回复。当我们在几天后抵达尼古斯拉耶夫时，我们根本不敢相信自己的双眼。铁路编组站里，就在列车一旁竟然停着一列全部由加热乘用车厢组成的火车，里面坐满了“金野鸡”(golden pheasants，德国士兵对身着褐色制服和金边大盖帽的纳粹党党员的谑称)，这让我们非常不满。

一抵达克里米亚，我便在克里米亚首府辛菲罗波尔郊外的乌克兰卡，遇到了住宿在一些民宅中的老部队。此时，部队正在如火如荼地进行进攻塞瓦斯托波尔的准备工作。塞瓦斯托波尔当时作为一座重要海军港口仍控制在苏军手中。我立即作为突击炮车长被调入了第2连。我们离开了营地，经鞑靼人的旧都巴赫席斯拉伊(Bachschisserai)，前往奥塔尔凯塞克(Otar Kesek)和比尤克昂拉(Otar Kesek，两地都是鞑靼村庄)附近的雅伊拉山脉中的集结地。该地区是贫穷的农村，但景色十分优美，到处都是多姿多彩的山崖和岩层。但是，我们心中不免会想象我们在这一贫瘠的乡村究竟会遇到什么事情。我们和这里的俄国居民的关系很好，就像是与德国农民相处一样。有时，我们甚至还与他们一起举行小型聚会，共同欣赏音乐和跳舞。我们也给了他们一些我们的给养，营军医和牙医也为许多俄国人看了病，尽管这是我军高层所不允许的。

俄国人的房子有一个用于取暖的大砖炉，里面燃烧着大块大块的木头。一旦这些木头烧成了木炭，失去了火苗，只露出了红亮的灼炽，便可以关上排烟口的阀门，热量便会在房间里涌动。哪怕室外温度只有−30到−40℃，屋子里的温度可以达到20到30℃。俄国人通常半裸地睡在砖炉上。有时候，我们也会征召村民们去做各种事情，例如扫雪，修缮街道或房子，或者让他们为我们修建工事。只要好好地对待他们，他们便会勤劳且积极地为我们做事。我在他们完工后也会给他们一些土豆，而且如果哪个俄国姑娘感觉不舒服，我也会让她停下工作。除此以外，他们和乞丐一样穷困，我曾见过一名农民甚至给他的奶牛喂马粪蛋；一名妇女在铲雪提起裙子时，我看到了她的内衣上有德国野战邮政的印戳——她的内衣竟然是用一个邮件袋制作的。一些儿童的裤子则是用旧帐篷布制作的。另外，当地的居民都穿着草原灰色的夹克。我们只能在乌克兰的前波兰领土上可以看到华贵的民间服饰。

一年中温暖季节里所不会打扰我们的一个烦恼现在开始折磨我们，这便是寄生虫。躲在衣服中的虱子让我们十分难受。一旦你结束了寒冷和疲惫的白天工作，回到暖和的地方时，这些害虫便活跃起来，带来的瘙痒会让人陷入疯狂。尽管极度疲惫，但我还是得到处抓挠，我根本睡不着。有时候，我必须得去趟除虱站。在那里，衣服必须扔进大缸里熏蒸。躲在挂在大缸边缘制服中的虱子便会全数杀死，但是制服也会在熏蒸的过程中从原野灰色变成棕色。放在大缸里面的衣服，由于不会过于炎热，虱子的数量会比之前更多。第二种折磨人的东西则是一些房子里的臭虫。它们躲在床铺和墙纸的缝隙中。夜里，这些小害虫会在衣服的边角地带咬人，叮咬你的头部、颈部、手腕和脚踝。它们在夜里也会爬上天花板，然后掉到你身上。因此，我们只能将四只床腿放在装着水的罐子里，阻挡这些害虫。我在离开休假时，住在波兰的一处士兵寄宿地，这些害虫密密麻麻地躲在床垫褶皱处。因此，尽管那是一个寒冷的夜晚，我宁愿睡在房子前方的空地上，也不愿意睡在屋子里。我的一名战友竟然在屋子里安然地睡了一夜，显然他已经对这些害虫免疫了。在比萨拉比亚（Bessarabia），我见识了第三种害虫：会飞的跳蚤。这里的地板是用压紧的土和稻草制作的，这简直就是跳蚤幼虫的温床。

1941年12月17日，我军打响了进攻塞瓦斯托波尔的战斗。没什么作战经验的法兰克福人施奈德少尉，负责指挥我们战斗群。正当部队前出发起进攻时，他竟然让部队在小山口前停了下来。我明确警告他苏军在此地周围肯定部署了雷区，并建议他下车时应沿着车辙行动。他只是对我笑了笑，下车坐在了一些植被的边缘地带，准备点根烟休息。就在这关头，他屁股下的一颗地雷炸开了。

他伤得很重，数小时后就死了。之后，我从第一批俘虏中挑选了两名苏军，让他们在突击炮前方行走，寻找地雷。最初，他们想拒绝，但当我们严正地威胁他们时，他们这才看清了自己的处境并清理了大量地雷。苏军在塞瓦斯托波尔的抵抗非常顽强，即使陷入了绝境，但苏军精英士兵——“斯大林的步兵或海军陆战队”，仍没有放下武器。他们视死如归，时常在开阔地上近距离向我们的突击炮的观察缝开火。一次，一发高爆弹甚至在我身后炸开，因此我被许多小弹片击伤。幸运的是，钢盔和厚实的冬季大衣帮我挡住了大多数弹片。一会儿后，我的装填手用头顶出了一名苏军士兵在近距离扔进舱口的手榴弹。这枚手榴弹随即在突击炮旁边炸开。如果它在车内爆炸的话，那将是怎样的惨剧！我们获得了令人难以置信的好运气！

突然，我发现右侧的一块高原的地平线上突然伸出了一些带长炮管的大型装甲炮塔。这些炮塔开火时升腾起了高耸的烟团，随后又降了下去。我们部署在那里的第1连肯定没什么兵力了。苏军在那里的火炮口径高达320毫米。另外，苏军还在海上部署了大口径的舰炮。

尽管承受了严重伤亡，但是在对进攻部队进行了数次人员补充后，我军的进攻仍在继续。在战斗工兵的英勇奋战以及狙击手对苏军装甲炮塔射击口实施近距离射击下，大量苏军装甲炮塔被我军敲碎。有时，你可以听到如同“家具卡车”般的巨大炮弹滑过天空，这时你只能以最快的速度跳进掩体。一次，当一发炮弹向我飞来时，我正站在一块用于通过半米深泥潭的木板上。正当我还在考虑是否要跳进冰冷的泥潭时，那发炮弹已经在身后炸开了。

我从头到脚淋上了一身烂泥。谢天谢地，这是一发哑弹。这种现象在今年的这段时期十分常见，因为炮弹的引信时常因地面过于松软而无法被激发。我还经历了另外一次更加令人烦恼的事情。一天早上，我们原本准备执行一次相对简单的侦察行动。西里西亚人阿尔弗雷德 · 韦格纳（Alfred Wegener）是一名司机，走到我们跟前称他已经收拾好了所有个人物品，准备寄出去。他想让我们将它们寄给他的母亲，因为他觉得自己今天可能不会活着回来了。在一些作战行动前，几乎所有战友都会有这类令人烦恼的想法。

不过，阿尔弗雷德 · 韦格纳此前倒是从来没有向我们表露过这种想法。因此我们告诉他：“你什么时候也加入了预言家行列了？”他回答道：“别提了！”行动期间，一发重炮弹在他的突击炮右侧炸开。剧烈的震荡吓坏了整个车组，弹片可伤不着突击炮。当突击炮车长企图下令继续前进时，韦格纳却纹丝不动地坐在位置上。他死了，鲜血顺着他嘴角在流淌。这辆突击炮的其他三名乘员都没有受伤。我想，唯一的解释是，韦格纳可能是在巨大的冲击波袭来时深吸了一口气，因而肺部被炸裂。他是唯一在当天阵亡的战友。

这期间的天气一直都不是很冷，但风云突变，气温急剧下降至冰点并下起了雪。傍晚，我们必须把突击炮和履带车辆停放在平板或者柴捆上。如果我们不这样做，它们就会被牢牢地冻在泥潭里，我们必须花上数天时间才能将它们解救出来。我们的集结地位于一座主包扎站附近。这期间的气温已经下降到了 −43℃，地面被冻得结结实实，无法再挖掘坟墓了，尸体就这样一直排到了包扎站门前。

每天，我们都看着同样一幅令人沮丧的画面。天气越来越糟糕，我发现在两军战线之间的无人地带里有幢被遗弃的农房。每天晚上，我都会在黑暗中匍匐到那里，然后在房子里睡觉。我只能趁着天还没亮时返回己方战线。渐渐地，越来越多的士兵和我一样来到这幢房子过夜。但是，苏军后来发现了这个情况，用一门76.2毫米炮炮击了这幢房子。苏军炮击时，对于包括我和另外两名车组乘员来说太危险了。但是，次日早上，他们两人都只是脚部被轻微冻伤。

虽然遭到了苏军的炮击，我还是睡在那座房子远离敌人的那一侧。对我来说，在这里睡觉总比让双脚在室外被冻伤要好很多。房子朝着敌人的一侧墙壁被打出了洞，我用一些帐篷布把洞挡住，尽可能地挡住了寒冷。

对于我们所有人来说，1941年的平安夜是一个难忘的夜晚。我们当天经历了一整个白天的激烈战斗，直到晚上才拖着疲惫的身躯回到位于集结地的简陋的地堡中。我们耷拉着脑袋，思考着将过一个悲惨的圣诞节。然而，晚些时候，给养军官劳（Rau）带着他的卡车来到了营地，为我们带来了家乡的包裹和圣诞节小礼物。他甚至还带了一颗挂着蜡烛的圣诞树。这是我此生最值得回忆的一个圣诞节了。1941年12月31日，我们来到塞瓦斯托波尔北郊。在梅肯济戈雷（Makenzie–Gori）的高地上，我第一次看到了黑海——它在我面前正如一堵水墙。机场是如此近，以至于让我们感觉它就在我们跟前，我们甚至几乎可以向正在起飞的飞机开火了。苏军已经显露出疲态，他们很快就会放弃抵抗。在一个明月之夜，我甚至驾驶一辆卡车进入了塞瓦斯托波尔北郊居民区，期间并没有遭遇任何苏军。

后来，令人惊讶的是，我们从高层那里接到了撤退的命令。我们向上面报告了部队的状况和当时所处的位置。甚至步兵部队的指挥官也无法理解这道看起来十分愚蠢的命令，他们开始大声咒骂起来，毕竟部队在经历艰难战斗的严重损失后，目标已经唾手可得。但是，我们必须服从命令，在当夜撤离阵地，后撤至15到20公里后的进攻初始地带。苏军则将信将疑地缓慢重新占领被我们抛弃的阵地。我们的心情十分低落。部队在撤退途中必须经过位于贝尔贝克峡谷（Belbek Defile）的一处隘口。

1942年1月初，我们被部署在步兵部队的战壕线和地堡防线上，满身都是虱子，且被冻得半死。风向已经转为东风，气温下降到了 −30℃，但我们仍穿着普通的薄款冬季大衣，因为之前我们被告知克里米亚的天气十分暖和。1942年1月，在这种令人沮丧的氛围中，一名值班士官找到了我。他告诉我让我做好准备，前往德国的兵种学校学习（结业后将成为一名军官）。我此前已经拒绝了这类调动，因为我更喜欢士官的岗位。但是，在当时的凄惨环境下，我倒是十分乐意离开这里。于是，我就这样告别了充满了高贵战友情谊的第197突击炮营，开始了我的军事生涯的新篇章。我必须首先在施韦因富特的第200突击炮补充营报到，然后开始享受一段短暂的探亲假。

1942年1月24日，我被调往柏林附近的于特博格，参加军官培训班。我进入了第2炮兵学校的第9期候补军官培训班。培训主任为骑士十字勋章获得者吕佐夫上尉（Lützow），他是一位和蔼、非常有趣且富有教养的军官。此次培训班有25名参训者，全部都是富有战斗经验的士官。教学是以娴熟而友好的方式来实施的，没有党务或纳粹政治教条灌输教学内容。此次培训包括总体理论、战术指导、武器训练、课堂教学和一些讲座。我可以说，我在日后生活中学到的内容要远多于在这次培训中学到的。但是，在于特博格的日子很快就结束了。培训结束后的1942年6月1日，我从下士晋升为少尉。随后，我在第2（摩托化）炮兵教导团第3营参加了一次与突击炮相关的技术培训（驾驶和维修训练），直至1942年7月6日。

从1942年7月7日至9月14日，我回到了位于施韦因富特的第200突击炮补充营，期间从7月27日至8月22日在卢肯瓦尔德的炮兵学校参加了一次军官车辆培训课程。1942年9月15日，我便作为一名专业军官被调入位于布良斯克前线中部地段的第600（野战）突击炮营。

营部连的汉斯·塔姆斯的回忆

战争已经过去50多年了（此篇回忆写于九十年代），我觉得有义务为后代写下我的经历，并把我的照片（大部分是我自己拍摄的）编进记录中。1939年秋季，我在平讷贝格（Pinneberg）接受了兵役体检，被鉴定为适合在摩托化炮兵部队服役。宣誓入伍后，我被要求交出了护照，不能离开帝国。这当时确实让我非常恼火，因为我还想继续在瑞典的职业培训。我的入伍征召期在1940年10月初，于是我接到了入伍征召书，必须在1940年10月1日12时之前抵达汉堡－万茨贝克区（Hamburg-Wandsbek）的杜奥蒙兵营(Douamon)。我被编入了第58炮兵补充营第2(重炮)连。随后,我又在摩托化连接受训练。我们的训练持续了两个月的时间：半天为步兵基础训练，半天进行驾驶训练，执勤的日子每天需要在6时起床，直至22时吹响熄灯号。我们每周可以获得一帝国马克作为报酬。

我们在1940年11月底拿到了驾驶员执照后，我们听取了一个新兵种（突击炮兵）的介绍报告，这听起来非常令人神往。之后，我们被鼓励志愿加入突击炮兵部队。在全连80人中，有36人志愿加入，但只有18人被选中，我便是其中之一。在此之前，我们已经进行了宣誓，为此开始受到了军法的约束。另外，我们被要求保密，因为突击炮在当时仍是一种全新的武器装备。

1940年12月初，我们被派到了柏林南部的于特博格训练场，到“新营区”报到。我们在那里被编入了第197突击炮营。该营当时刚刚组建，下辖三个作战连和一个营部连。我作为卡车司机被编入了营部连。

营部连组成：

1. 营长及其幕僚；

2. 营外科医生及其医疗团队；

3. 出纳和给养供应单位；

4. 一名行政官员和一名带领30名维修人员的维修工场工长。

连队的行政官为一名连军士长。另外，营部连还有一个武器室、一个防空班和一个油料班。三个作战连各下辖三个排，每个排拥有三辆突击炮和一些相应的后勤保障车辆。全营总兵力约为600人。突击炮的重量为22吨。

这种突击炮由汽油发动机驱动，武器为一门75毫米坦克炮。我驾驶一辆3吨欧宝“闪电”卡车，被编入了油料班。这辆汽车我一直开了两年半，后来将其完好无损地交给了它的继承人。第197突击炮营做好参战准备后，于1941年2月初被调往西里西亚的布里格。直到1941年4月7日，我们一直驻扎在布里格的穆德拉兵营。这期间，我们营首先进行了铁路装卸训练、越野行军训练和战斗演习。我们营的第一次作战部署位于南斯拉夫。1941年4月7日，我们在清晨6时醒来，当时一声警报声把我从床上叫醒。

部队并没有说明警报的由来。我们得到的命令是，立即进行铁路装车作业。至上午9时，各连带着全部装备搭乘4列火车做好了出发的准备工作。火车载着我们向南方行驶，而我们并不知道目的地在哪里。1941年4月8日，我们穿过了塞默灵山口，向克拉根福方向前进。21岁的我第一次穿过了阿尔卑斯山！这真是一次美妙的经历！行军途中，我们通过电台获悉德国已经宣布与南斯拉夫交战。我们开始推测我们的目的地究竟在哪里。在奥地利克恩滕州首府克拉根福周边地区，我们下了火车，然后行军前往奥地利与南斯拉夫的边境地区。由于德拉瓦河上的一些大桥已经被炸毁，因此我们在那里被迫停了下来。三天后，工兵终于修建了一座便桥，我们这才得以再次上路。我们越过边境线后，南斯拉夫军队已经被我军击破。为此，我们行军穿过斯洛文尼亚首府卢布尔雅纳，前往克罗地亚首府萨格勒布。这场战争对于我们来说就这样结束了，我们甚至没打过一发炮弹。整个行动持续了10天时间，然后我们离开了南斯拉夫。对于我这名燃油运输卡车司机来说，这倒是一次艰难的“战火洗礼”，因为我必须夜以继日地为连队补充燃油。

1941年5月9日，我们再次上了火车。我们的目的地是西里西亚的古要塞城市格拉茨。让我们大失所望的是，我们真真切切地进驻了格拉茨要塞。这里羁押着大量违反军法的士兵。他们被剥夺了军阶，没有佩戴肩章或任何象征着军衔的标志，也没有佩戴任何勋奖章。

由于我们必须挨着这些“倒霉蛋”维护车辆，因此我们驻扎在格拉茨的几周时间并不能算上一段愉快的时间。只有一次一天的长途行军才算得上愉快的回忆，当时我们车队穿过了风景秀丽的苏台德山脉。1941年5月底，我们接到了新命令，全营再次登上了火车。这次，火车载着我们向东行驶，进入了波兰中部地区，一直来到了被德国占领的西波兰地区和被苏联占领的东波兰地区的分界线。在界河布格河附近小城索卡利，我们在一片茂密树林中占据了指定的集结地。由于德国和苏联之间存在着一份正式的互不侵犯条约，因此被调到这里让我们感觉到非常的奇怪。

我们获悉我们营已经被最高统帅部编为陆军总预备队，同时被配属给了第6集团军。另外，我们被要求做好装备的保密工作，禁止离开连队的指定集结地。

同时，我们得到了编号为25620的野战邮编。所有寄到部队和寄往家乡的邮件全部免费。另外，我军所有部署在东线的士兵，每天将获得1马克的额外津贴。我们必须时刻用绳子在脖子上戴着各自的“狗牌”。

一旦被抓到违例，无论何人都将被处以三天的禁闭。我们营驻扎在一片没有任何建筑或卫生设施的林地中，我们只能在附近的一条小溪里洗漱。我们立即修建了一些厕所。我们要么睡在帐篷里，要么睡在车里。鉴于我们营在1941年6月便基于战术需要进入了这片紧挨苏联边界的树林，特别是在两国间存在着互不侵犯条约的前提下，因此部队中流传了各种各样的猜测。甚至还有人讨论，称我们将行军穿过俄国，前往波斯夺取油田，以确保战争的石油供应。作为一名燃油运输卡车驾驶员，我是少数每天可以凭借特殊行车命令离开限制区的司机，以便为部队接收油料和邮件。

因此，除了执行公务外，我还有机会可以去逛逛士兵俱乐部。当然，我在俱乐部也私下与其他部队的士兵讨论了我们被调遣至这里的意图。值得注意的是，我们这些驾驶员必须学习俄国的字母，以便读懂一些路牌。令人好奇的是，部队竟然让突击炮乘员们下到布格河里游泳。日后我才知道，这是为了确定在过河的桥梁被炸毁后，突击炮是否可以涉水过河。

战争前夜，也就是1941年6月21日20时，全连官兵以庆典形式戴着钢盔集合，准备宣布行动命令。所有人都必须带上武器，甚至连长也戴上了钢盔。连长在大会上大声宣布了“大德意志帝国元首”的当天日令。

此后，我再也没有经历过如此庄重的仪式。55年后，我们只能凭借记忆写下部队当时宣布的命令。根据命令的意思，我们将在凌晨3时15分向苏联发起进攻，理由是我国在波兰的秘密警察已经探明，我们的对手将在一个月后向我们发起进攻！在进攻苏联的前夜，我们并没有被明确告知，我们将遭遇在数量上远超过我们的苏联军队，而且苏军在我们前方部署了大量航空兵和坦克部队。

我们也没有被明确告知，只有通过英勇作战并凭借我们的技术优势兵器，才可以赢得这场与共产主义的命运斗争。宣布完命令后，部队解散直至再次发布命令。我相信当夜（1941年6月21日至22日夜间）没有人会睡得着。与命令所宣布的一样，一分不差，我军在3时15分发起了全面进攻。

我军不计其数的火炮同时开火，天空瞬间变得通红，同时伴随着火炮恐怖的轰鸣。这真是一次令人心惊胆战的恐怖经历。10分钟后，又陷入了死一般的寂静，随后四处传来了大量车辆出击时发动机发出的轰鸣声。我们已经获悉，布格河上的大桥仍完好无损，河对岸的村庄已经遭到了弹幕炮击的严重破坏。

第6集团军已经向东进发。晚上20时，我们接到了进入苏联领土的命令。我们的突击炮需要燃油和弹药。我们的进攻轴线是索卡利－日托米尔－基辅。在服役一年后，我被晋升为二等兵，每天的津贴也涨了20芬尼，另外每天还可以获得一帝国马克的作战津贴。这意味着我每10天便可以获得22帝国马克。

营部连的油料班由一辆燃油运输卡车和三名士兵组成。我在这个班待了两年半时间，最初为司机，后来成了班长。我们的装备包括一些20升汽油罐、两具汽油手泵、一个电机润滑油油桶、一个变速箱润滑油油桶和一具润滑油手泵。我们几乎每天需要运输并手动分发大约4000升燃油。通常，我们与油库的距离有100到300公里。部队在挺进了1000公里后，我们在抵达乌克兰首府10天后来到了第聂伯河畔。由于第聂伯河上的大桥都被摧毁了，我们只能马不停蹄地调头向南挺进800公里，前往克列缅丘格。在这里我们体验到了一些在战争期间再也没有经历过的事情。第6集团军渡过了第聂伯河。工兵部队已经修建了一座800米长的浮桥，一望无垠的车队正行驶在这座浮桥上。经过激烈战斗后。我们在1941年10月初抵达波尔塔瓦市。由于我们的突击炮和车辆在长途行军中受损严重，因此从陆军总司令部那里获许进行休整。我也身心俱疲，并获得了几天休息的时间。

1941年11月3日，我军夺取了乌克兰最后一座大城市哈尔科夫。第197突击炮营解除了与第6集团军的隶属关系，并被派往克里米亚，编入了第11集团军。此时，我军已经几乎占领了整个克里米亚，只有通往高加索的交织点刻赤半岛和海军要塞塞瓦斯托波尔仍控制在苏军手中。营部连接到命令，公路行军1200公里前往克里米亚。这真是一次难以想象的长途旅行，全程几乎都在泥泞上行军，因此半数车辆被困在了途中。1941年11月3日，我们开始启程，直到11月24日才抵达了克里米亚，途中穿过了彼列科普地峡。

正当各作战连在前线作战时，我们留在了克里米亚首府辛菲罗波尔附近的乌克兰卡村。1942年5月1日，我成为连队第一名佩剑饰战功十字勋章获得者，并晋升为一等兵。另外，我还获得了克里米亚盾章和1941年冬季东线作战奖章。我军夺取塞瓦斯托波尔要塞和刻赤半岛后，我们在6月中旬再度搭乘火车启程。这次是前往北方。我们来到了莫斯科西南100公里处的斯帕斯杰缅斯克。在1941年至1942年冬季，我军的战线已经撤到了这里。这条战线此时非常平静。也就是在这里，我在突击炮部队服役22个月后，第一次获得了三周的年假。我经白俄罗斯首都明斯克、比亚维斯托克、波兰、柏林和基尔，抵达埃克尔恩费尔德（Eckernförde），随后搭乘一条窄轨小铁路回到家乡所在的一个小村子。经过5天的长途旅行，我终于回到了家中。尽管一切看起来都还是老样子，但我总是有一种不自在的感觉。

1942年12月初，我回到了部队。这期间，部队并没有出现什么严重的事情，我继续在前线过着平静的日子，直至1943年春天。我们的驻地距离前线约10公里，整个冬天的勤务工作都很轻松。1943年2月，部队中有传言称我们将很快调回到德国。当然，当时并没有人相信这些流言。然而，这却是真的。3月中旬，部队对所有车辆和装备进行了检查，一切都无可挑剔。这听起来也许像是一个奇迹，但我们真的在第二天就启程返回德国了。在晨间集合大会上，我们获悉部队将被撤编，每个人都必须交出车辆或装备。没有人知道更多的信息，大家心中都充满了疑惑。突然，一列火车驶进了村子。大约600名士兵走下了火车，来到了各连。

这些士兵属于一个新的突击炮营，他们已经在德国接受了任务分配，每个人都知道自己的岗位角色。一名司机和一名副驾驶来到了我旁边。与和平时期一样，我把车辆记录和各种油罐都移交给了他们，他们则给了我一张收条。10分钟后，交接工作完毕。伴随着短暂的鼓掌声，我们相互祝彼此好运。我们登上了同一列火车，启程返回祖国。我们一直来到了下西里西亚的法灵博斯特尔，并驻扎了下来。我们先是得到了10天的行政假期，这让我们都很高兴。抵达法灵博斯特尔两周后，突击炮炮兵学校校长京特 · 霍夫曼－沙恩博恩上校（Günther Hoffmann-Schonborn）隆重地宣布我们脱离了突击炮兵种，转入了坦克歼击车兵种。再见了，突击炮部队！

第1连的维利 · 齐默尔曼少尉的回忆

最初，我在炮兵部队（第33和第179炮兵团）接受了基础训练，并经历了一些战斗。1941年9月，我去了驻施韦因富特的第300突击炮补充营。我在那里接受了无线电员和炮手的训练。训练一直持续到1941年10月。1941年11月1日，我被调往正在辛菲罗波尔地区作战的第197突击炮营第1连。

1941年12月17日至31日，我们第一次向塞瓦斯托波尔发起进攻。我在一辆装甲运兵车上担任无线电员，参加了这次进攻行动。第197突击炮营第1连在这次行动中损失了四辆突击炮中的三辆。这期间，苏军已经在刻赤、费奥多西亚和叶夫帕托里亚登陆。为了释放一些兵力对付苏军在上述三地的桥头堡，我军开始后撤到塞瓦斯托波尔的战线。

1942年2月底，连队接收了6辆崭新的短身管突击炮，它们都涂着非洲的沙黄色涂装。随后，我们接到命令，前往费奥多西亚东北方向的帕尔帕奇防线。我被分到施皮尔曼少尉的突击炮上，担任无线电员和装填手。苏军试图用坦克获得突破，并企图在罗马尼亚军队的地段占领一些地方。我们与一个摩托车营立即发起反击，再度占领了海拔28米的22高地。我们在这里几乎天天遭到了苏军的攻击，但我们还是守住了该地。我们隐蔽在苏军挖掘的土堆后面，这些土堆与突击炮的涂装非常接近，因此突击炮的非洲涂装非常适合这种地形。在20天的行动中，我们的6辆突击炮击毁了35辆苏军坦克，其中大部分为轻型坦克。

战斗中最难对付的是一辆T-34坦克。由于我们的炮弹无法轻易击穿它的装甲，施皮尔曼少尉曾希望通过撞击解决它。最终，我们的另外一辆突击炮运动到了我们的侧翼，用一发炮弹击中了它的发动机舱。一道火苗猛烈地蹿出了这辆T-34坦克，其随后被彻底烧毁。此时正值3月中下旬，地面上的积雪已经完全消融，但夜里仍寒冷刺骨。我们不得不在晚上从我军的主防线上撤回到村子里，补充燃油和弹药，并填饱肚子。次日上午，突击炮竟然被冻在了泥泞中！经过长时间的努力，我们只完好无损地救援出了一辆突击炮。在冰冻中，任何对320马力发动机的粗心处理，都可能损伤到突击炮的尾牙或主动轮。维修单位需要两天时间才能修好所有损伤。这期间，苏军几乎成功击溃了我们的防线。

1942年4月，我们参加了第22装甲师的一次进攻行动。该师当时的装备为捷克轻型坦克——38t坦克。该师在战斗中付出了沉重损失，而苏军得以成功脱身。这场战斗结束后，第22装甲师换装了三号坦克和四号坦克。从1942年4月中旬至5月初，塞瓦斯托波尔地区的战事相当平静。我们因此得以在费奥多西亚西北地区的一处集结地待上一些日子。从1942年5月8日至15日，我们突破了帕尔帕奇防线，并包围了苏军。我作为一名“徒步”观察员和炮手参加了这期间的战斗。

1942年5月8日，我军的进攻以空军发动一次大规模轰炸准时拉开了序幕。随后，在地面部队向已经辨明的苏军阵地发起进攻前一个小时，炮兵部队又实施了炮火准备。地面部队发起进攻前不久，我军的火箭炮部队又轰炸了敌军。随后，我们与部队开始出击。我们的两辆突击炮在行动中碾到了地雷，立即失去了作战能力。但是，突击炮乘员们没有立即弃车，他们冷静地坐在突击炮上等待工兵在雷场中清理并用胶带标记出一条通道。在苏军第一道防线身后5公里处则是帕尔帕奇壕沟。这是一道深约三米的反坦克壕沟，苏军还在其背后堆积了一座大土堆。这道挖掘于1941年的反坦克壕沟长约10公里，横跨在黑海和亚述海之间地区。1942年5月10日，苏军已经被包围在帕尔帕奇防线。第22装甲师和一些其他部队已经进抵刻赤外围地区。

然而，1942年5月10日下雨了，一切都泡在了淤泥里。由于糟糕的天气，德国空军无法出动战机，为此我们只能与步兵一道继续进攻。被围的苏军进行了绝望的抵抗。此时，我们的突击炮依然没有配备机枪。因此，我们只能用高炮在近距离（30米至40米）炮击发起突袭的苏军。

我们并未能消灭这个包围圈。经过一夜的休息，我们在1942年5月21日左右向刻赤挺进。只有步兵武器的苏军残部在刻赤进行了抵抗，仅在所谓的“灯塔山”（Lighthouse）地区盘踞着至少10000名苏军。他们还有马匹，其中一些仍安装了马鞍并配备了哥萨克马刀。我们在离这些败退的苏军几百米处练习了骑术。我们用一门缴获的苏制85毫米高炮炮击了最后一批撤退的苏军。他们正企图用小船和汽艇逃往高加索海岸。

我军在塞瓦斯托波尔周边地区集结了数量惊人的火炮。各式各样的加农炮和榴弹炮悉数登场，有些甚至还是一战时期的型号。这些火炮的口径从75毫米的步兵炮到发射600毫米炮弹的“托尔”（Thor）和发射800毫米炮弹的“多拉”铁道炮。另外，我军还部署了大量火箭炮连。德国空军则投入了大批Ju 87和Ju 88俯冲轰炸机。我们（营）将进攻北面的苏军要塞群。由于我们（第197突击炮营第1连）曾参加了夺取帕尔帕奇防线的冬季战斗，第2连当时因缺少突击炮而一直在休整，因此第2连这次被选中，将在1942年5月8日伴随第一波步兵发起进攻。

拂晓，我军实施了一轮猛烈的炮火准备，从而拉开了进攻的序幕。第一波进攻的进展相当迅速，不过苏军确实进行了强烈抵抗。他们遭受了严重伤亡。到了中午，我们还没有完成当天的任务，便被命令前去接替一个姊妹连。部队在行军途中，经过了一辆被直接命中而完全被摧毁的突击炮。这辆突击炮已经分崩离析，主炮已经被抛到了旁边，乘员无一生还，全部死在了车内。在接下来的三周里，我们在艰难的战斗中，缓慢向前推进，一直推进到了谢韦尔亚纳海湾。在大多数情况下，我们不得不与据守在精心强化的阵地中的苏军交战，苏军的这些阵地用深达三米的交通壕连接在一起。苏军的轻武器火力和铺天盖地的炮火给我们的步兵带来了严重伤亡。最初，密不透风的植被限制了我们的步兵的活动。但是几天后，在我们的飞机、火炮和火箭炮部队实施的轰炸将这些植被破坏殆尽，尤其是森林“翻耕”了一遍后，战场环境就完全不同了。

我们通常在拂晓时分出击，然后在暮色降临时返回。返回途中，我们的突击炮在通过一处可以被苏军发现的小斜坡时，发动机都会可能出现停车问题。直到后来，维修单位才发现了问题所在：一发炮弹在突击炮驶上斜坡时会滑动，撞到了装填手身后的一根供油杆，从而让突击炮在上坡的时候出现供油不畅的问题。通常，突击炮使用两组电池启动。但是，在一次战斗中，这两组电池都没电了。我们当时正在主防线上准备启动车辆时，突击炮却没有一丝反应。为了寻求隐蔽，我们扔出了一些发烟手榴弹。然后，我下车，并用摇把手动启动发动机。这期间，烟雾已经笼罩了整个地区。

这时，步兵发出了毒气警报。作为预防措施，我们也带上了防毒面具。10分钟之后，我们才明白过来，烟雾弹是罪魁祸首。大约1942年6月15日，我们接收了一批从一座乌克兰酒厂运来的啤酒。尽管没有经过冰镇，但在阴凉处的气温都有35℃的炎热天气下，这些啤酒仍让我们过足了瘾。苏联空军出动了一些轻型飞机，它们的结构简单且发动机动力薄弱，因为被我们戏称为“缝纫机”。白天，我们的飞机主宰着这里的天空，苏军只能在夜间出动飞机，发出突突声飞越我们的阵地和储存了弹药、油料的物资堆积点。总体来说，苏军的这种小打小闹并没有给我们带来什么坏处，但一枚啤酒瓶大小的炸弹竟然击中一辆满载着火箭弹的卡车。

发生殉爆的火箭弹呼啸着从我们头顶飞过，然后在附近炸开。当时，我们完全处于无助之中，只能恐惧地压低身子，钻进一个地洞。我们的战斗辎重队阵亡了两人，另有一人受伤。在一些日子里，我们从一条通往谢韦尔亚纳海湾的溪谷中取水。这里有一口配有一棵树高的摇柄。每次我们搬动摇柄去取水时，都会遭到苏军的炮击，因为苏军总能观察到摇柄移动时的一部分。另外，苏军已经炸掉了这里的一些要塞和炮台。

我们在执行侦察行动时，步兵发现了一座巨大的酒窖。随后，我们从弹药运输车上卸掉了75毫米炮弹，再次返回酒窖，在运输车上装满了红酒和著名的克里米亚气泡酒。

1942年7月1日，我军召开了一次大型行动会议。这次会议下达了进攻塞瓦斯托波尔的命令。我们的突击炮将与步兵一道，攻击一些贴近地面的目标，跟随在我们身后的四联装高炮负责对付楼房上的目标。这次进攻将在9时开始。我们的突击炮一字排开，连军官在8时前往步兵指挥所。他没有回来。时间很快到了9时，又到了9时30分，但仍没有传来战斗的声音。最终，部队接到了出击的命令。

几分钟后，我们来到了一处地势高于这座遭到轰炸城市的地带。在我们下方为港口和海军兵工厂。据称，苏军指挥层已经丢下了部队，搭乘一艘潜艇逃离了塞瓦斯托波尔。因此，苏军在塞瓦斯托波尔已经没有了有组织的抵抗。第197突击炮营在克里米亚的战事就此结束。由于我们在1941年和1942年一直没有得到休假的机会，现在我们终于得到了一周的假期。我们在雅尔塔和阿卢察（Alutscha）的黑海岸岸边度假：戏水、游泳、吃甜瓜和半熟的葡萄，不用战斗，也不用执勤。我们原本预计将在塞瓦斯托波尔战役结束后前往列宁格勒。我在辛菲罗波尔登上了火车。最初，我们被部署在库尔斯克以东地区，后又转移至沃罗涅日西北地区。但是，我们在此地并没有经历大规模的行动。

“托特”组织为我们修建了一些掩体，每座掩体可以容纳两辆突击炮。这些掩体都有加温功能，因此我们在冬季里一直确保突击炮可以随时进行部署。我们砍下树木，修建人员掩体，并用作取暖材料。1942年11月中旬，我被调去参加第12期候补军官培训课程，最初来到了位于施韦因富特的补充营，然后前往法国土伦（Thorn），之后从1943年2月底到4月初留在香槟地区的小穆尔默隆（Mourmelon le Petit）。这里的1个班有大约30名突击炮部队学员和一些来自炮兵部队的候补军官。我们获许使用缴获的英国火炮学习如何接受观察哨的指引，进行间接火力打击和各种与炮兵相关的知识。值得指出的是，我们这些突击炮成员已经在实战中发射或体验过数千发炮弹。

之后，这次培训班在于特博格开展了突击炮部队的标准训练，并一直持续到了1943年年底。我渴望回到第197突击炮营的愿望最终没有实现。后来1945年4月，我才偶然遇到了老朋友莱茵霍尔特·施拉布斯（Reinhold Schlabs）和其他一些第197突击炮营的熟人。当时，我作为一名可以走动的伤员，从位于帕绍（Passau）的一所医院被调回到我所在的部队——第261陆军突击炮旅（Heeres-Sturmartillerie-Brigade 261）。我在林茨(Linz)南面的尼伯龙根工厂(Nibelungenwerk)遇到了他们。第197突击炮营第1连已经转型为第653重装甲歼击营。他们当时正准备在这个工厂接收最后一批“猎虎”坦克歼击车。1945年5月7日，我在奥地利的梅尔克（Melk）和圣珀尔滕（St. Polten）找到了我的老部队(第653营)，从而得以与他们一起逃离被苏军俘虏的命运。1945年5月9日，我们最终向美军投降，而且我们很快就都获释了。

第七章
第197突击炮营的相关行动报告

第3连从1941年8月13日至16日的行动报告

1941年8月13日。中午，我们在为其他行动执行了一次侦察任务后，被匆忙调往南面，前往第9步兵师的作战地区。18时，连长格韦中尉报告称，连队已经抵达第57步兵团位于库里连夫卡(Kurilewka)的指挥所。我们的两个排（各一辆突击炮）此时已经被配属给该团第2营，并在当晚前往该营所在地区。

第2排（博比施少尉）

1941年8月13日。14时，战斗单位从佩雷斯帕连耶村出发，前去与第57步兵团第2营一起部署在卡涅夫周边地区。晚上11时，第2和第3排各带一辆突击炮（C号和E号突击炮），与该营在皮特温耶兹（Pitwinjez）建立起连接。该营当晚占据了村子的南部。苏军占据这村子北部及其东面的高地。苏军向这个村子炮击了一整个夜晚。

1941年8月14日。当天，突击炮负责警戒苏军步兵和坦克发起进攻。第57步兵团第2营已经继续向前推进，在苏军战线上打进了一个楔子。下午，我们排被配属给该团第3营，该营随后准备以两个连进攻佩雷斯帕连耶村北部。我军最终在18时45分发起进攻。如果带着步兵穿过这个布满壕沟的村子，突击炮可以开火的机会将十分有限，因此我将突击炮部署在了教堂的左侧。步兵此前已经发现了一些苏军防御据点，然后我们的突击炮成功消灭了这些据点，从而支援了步兵向前推进。另外，我们可以在阵地上观察到左手边一个友军师的步兵行动，我们随即用侧翼火力为他们提供了支援。这些步兵单位的通讯军官此前与我取得了联系。夜色降临时，我叫停了突击炮的炮击，因为此时已经无法有效地观察到炮击效果。然而，步兵今天并没有完全达成他们的目标，苏军今天的炮火十分猛烈，并且在白天还发动了数次空袭。

1941年8月15日。4时，我们与第57步兵团第3营向佩雷斯帕连耶村东面的高地发起了进攻。苏军在此地精心修筑了一些防御阵地。经过非常艰难的战斗，我们最终拿下了这座高地。这次进攻的进展非常缓慢。此地沟壑密布，给我们的行动带来了很大的麻烦。为了对付苏军的各类野战工事，我们消耗了大量弹药。我们遇到了苏军的机枪阵地和狙击手，他们已经给我们的步兵带来了很大伤亡。

我们用高爆弹打击那些被友邻部队驱赶逃亡至我们地段的苏军士兵。我们的突击炮随后沿着苏军战壕线运动，并向战壕内投掷手榴弹。一门在250米外发现的突击炮亦被我们消灭。进攻暂停期间，拉斯下士（Lass）抓获了10名俘虏，从他们身上搜出了一些地图资料。我们的存在，让步兵从附近山脊线进攻夺取佩雷斯帕连耶村的行动容易了很多。师属炮兵未能向该地提供炮火支援。我们必须谨慎地绕过苏军的雷场。今天，每辆突击炮都消耗了大约250发炮弹，苏军则在这个日子损失了大量士兵和步兵武器。战斗期间，苏军也发动了一些低空空袭和轻型炮火支援。晚上，我们排回到了皮特温耶兹村过夜，并加油和补充弹药。

1941年8月16日。部队继续在卡涅夫方向进攻。在通过侦察发现了一条没有地雷的路线后，我带领突击炮前往科斯通耶茨（Kostonjez）南面，炮击苏军野战工事。随后，第3排也加入了第2排炮击苏军野战工事的行动。在寻找营指挥所的时候，我和萨拉蒙少尉俘获了32名苏军战俘。在部队前进至第聂伯河时，我向正在渡河的苏军开火，导致数艘小艇倾覆。我们与步兵一起缴获了大量卡车和挎斗摩托车。另外，苏军在过河的大桥前方遗弃了大量火炮、卡车和一辆重型坦克。今天，每辆突击炮消耗了100多发炮弹。晚上，两个排都退回到了皮特温耶兹集结。

第3排（萨拉蒙少尉）

1941年8月13日。天黑后，我们从库尔利科夫卡（Kurlikowka）出发。我们的行军速度在漆黑的夜晚十分缓慢，直到大约23时才抵达皮特温耶兹西部。在向第57步兵团第2营营长报到之后，我们来到了该营此前在天黑时夺取的村子南部。该村子的北部此时依然在苏军手中。

1941年8月14日。今天，我们排的两辆突击炮都被配属给了第57步兵团第3营，后者将肃清村子的北部。这次进攻的时间设定在18时35分。E号突击炮沿着土路到了教堂右侧，然后与隐藏在一些房子内的苏军进行战斗后，进入了仍被苏军占领的村子部分地区。由于夜色已经降临，而苏军仍在这里顽强抵抗，因此我们无法完全肃清这个村子。天黑后，我下令突击炮后撤。这场行动后，我们与第57步兵团第3营的配属关系就此结束。

1941年8月15日。E号突击炮被配属给第57步兵团第1营，用于该营在4时15分发起的进攻。这次进攻最初进展良好，部队向前推进了一公里，直至接到报告称遇到了苏军修建在通往卡涅夫公路上的坚固野战工事群。随后，突击炮带着小心地雷的特别指示，来到前方。经过一小段时间的战斗，我们精心部署的突击炮火力消灭了这些苏军工事。但是我们仍无法继续前进，因为我们左侧还有另外一道完整的野战工事群。随后，我们在步兵突击单位的支援下，在近距离战斗中捣毁了这些工事后才彻底瓦解了苏军在此地的抵抗。在短短的一会儿时间，E号突击炮摧毁了一些马匹牵引的车辆、一门反坦克炮和一些步兵武器。随后，我们的这次进攻又向前推进了500米至600米，直到再次在右侧遇到了一处新的苏军野战工事群。最初，E号突击炮从公路左侧向这些苏军阵地开火，但是并未能获得完全有效的打击效果，直至步兵清除了这条沥青公路上的地雷，突击炮才得以翻越路基来到公路的右侧。第二辆突击炮在结束了支援第57步兵团第2营的战斗后，赶来支援E号突击炮。于是，我们随后很快击溃了这处野战工事群的抵抗。特里特上士（Teriete）在战斗中将一辆坦克打着了火，并击毁了一辆满载的卡车。这样，之后，通往科斯通耶茨的道路便被我们打通了。E号突击炮在今天的进攻行动中发射了大约260发炮弹。随后，我们撤回到了皮特温耶兹过夜。

1941年8月16日。第57步兵团第2营向卡涅夫发起了进攻。由于存在地雷的巨大威胁，我们的突击炮最初没有部署战斗。此时，敌人勉强组织起像样的抵抗。第57步兵团第2营再次冲进了敌军精心修建的阵地，守军随即迅速撤出阵地，但还是有很多人成了俘虏。随后，步兵得以兵不血刃地继续向卡涅夫前进。由于恶劣的路况，突击炮无法跟上步兵的脚步，于是我加入了博比施少尉的排。他计划与第57步兵团第3营一起前进，穿过卡涅夫。当我穿过卡涅夫向东继续前进时候，我们的两辆突击炮再次被部署在了该镇的郊外。我们用高爆弹凶狠地炮击了正在横渡第聂伯河的苏军。当暮色降临时，突击炮再次撤回到了皮特温耶兹，部队随即接触了与第57步兵团的配属关系。特别需要指出的是，我们和博比施少尉当天在短时间内俘获了32名大部分全副武装的苏军战俘。

第2连的维尔纳·萨拉蒙少尉的记录

1941年7月22日，当我们被解除了与第57步兵师的隶属关系之时，我不得不将我的排移交给雷拜因少尉，以便他可以再次“向前”。让我很失望的是，我必须接管辎重队队长的职务。1941年7月22日傍晚，战斗单位从马尔卡诺夫卡朝着别尔基切夫方向前进。他们经日托米尔，向马卡罗夫方向行动。需要指出的是，日托米尔是我们进入的第一个拥有大约8000人口的较大苏联城市。马卡罗夫距离基辅大约50公里。

1941年7月23日清晨，我带着辎重队前进。从别尔基切夫到马卡罗夫是我们进入苏联以来第一次在沥青路面上行军。对我们辎重队来说，这是一段枯燥的旅程。与此同时，战斗单位不得不在科罗斯坚东南地区经历一些非常艰难的战斗。起初，我的任务是为连队运输弹药和给养，直到营部接管该职责，并在某种意义上让我“失业”。对我来说，这开启了我在战争中最无聊的日子，不过我无能为力。

7月底，我们营被撤出了行动地区，并得到了数天的休整时间，以便修复部分被地雷炸伤的车辆。1941年8月2日，我利用这个机会去看望了负伤的汉斯·贝克少尉，他当时在距离我们营地250公里的舍佩托夫卡。1941年8月7日，我获得了普通突击章。8月8日，我再次接管了我的排。我们在非常恶劣的天气中朝着基辅方向进发，途中多次遭遇苏军空袭，这让我们感到非常不快。起初，上级计划让我们参加进攻基辅的战斗，途中却接到了不同的命令，于是调头向东南方向行军。1941年8月13日，我们去第132步兵师师部参加了一次会议——作战意图是我们将去进攻勒奇谢夫桥头堡(Rshischtschew bridgehead)。这将是一场大战。在我们返回时，我们被叫停了行军，连队再次接到了继续南进军的命令。我们接到的命令是前往第9步兵师，后者任务是夺取苏军在卡涅夫的一座大型桥头堡。进攻的日期被定为1941年8月16日。在进攻过程中，苏军被我们赶出了精心修筑的野战工事，这多亏了我们的突击炮。我们一直前进到了距离卡涅夫不到4公里的地方。

1941年8月17日，部队继续进攻。在我们的突击炮的持续攻击下，苏军的损失越来越大，只能采取微弱的抵抗。当日，我军占领了卡涅夫。苏军在第聂伯河岸边遗弃了大量物资。对于俄国人来说，卡涅夫便是一个小型的“敦刻尔克”。将近傍晚时分，我们的突击炮骚扰了一些正在渡河的苏军小规模单位。这天，我为连队贡献了5辆新缴获的卡车。在几分钟时间里，我和博比施少尉便抓获了32名俘虏。当时我们正在寻找一个步兵营指挥所，但我们并不知道将执行什么任务。苏军的指挥体系已经出现了混乱，这可以从苏联空军和炮兵当天轰炸了自己的部队中看出来。随后，我们获得了几天休整的时间。在休息的最后一天，也就是1941年8月28日，我被授予了二级铁十字勋章。当天晚上，我奉命带着我的排加入第1连。

我们在拂晓时分与第1连一起行动，我将带着我的两辆突击炮通过了一座斜拉桥。随后，一辆突击炮在途中被困，最重要的是，当时天色仍是一片黑暗。我们花了5个小时才把它抢救出来。因此，我们只能在车里睡半个小时后。拂晓，我们必须继续向北行军。起初，我们将占领一处集结地。就在我们待命的时候，驾驶员维尔辛(Wiersing)和无线电员埃里希·比尼克(Bönike)制作了薄煎饼。

煎饼上面有李子黄油——棒极了！随后，我们前往第聂伯河。由于两座桥都损坏了，我们不得不在野地中等待。我们的突击炮在岸边运送钢梁，以便让工兵修复大桥。

工兵们在规定的时间里完成了大桥的加固工作，所以我们可以去参加进攻维塔奇夫（Witatschew）的苏军桥头堡。不过因为这个地区到处都是地雷，我们必须小心翼翼地前进。但幸运的是，这次并没有发生什么坏的事情。我们没有碰到任何抵抗地抵达了这个村子，反而遇到居民的友善接待。我们得到了渴望的食物：鸡蛋、黄油、牛奶、面包、禽肉和各种水果。本来，我们应于1941年8月24日向特里波列发起一次进攻，但最终上级没有给我下达进攻的命令。进攻这座强大的桥头堡的行动已经被推迟了一天，以便部队进行重组。1941年8月24日是个星期日，我的乘员们刚做了一锅美味的鸡汤，此时命令到了："准备出发！"我们的隶属关系突然改变了，我们将跋涉350公里，前往另外一个集团军的作战区域。这道命令当即生效，我们已经被调拨给了第17集团军。1941年8月26日，我们开始了这次长途行军，经温策托夫卡、博古斯拉夫、斯温尼格罗夫卡、施波洛和斯拉托波尔，前往基罗沃格勒以北30公里处的费达瓦尔。

因为雨下个不停，我第一次在一间凄惨的俄国民房里睡觉，这倒是让我有一点不太乐意。次日上午，我们冒着暴雨再次出发。我为我的指挥车做了防渗处理，遮了个密密实实，外面的人根本看不到我。即使这样看起来我似乎是被关了禁闭，但我还是这样做了。我们经格林斯克（Glinsk）和克索夫卡（Kossowka），在路况非常恶劣的道路上前往沃罗博耶卡（Worobojka）的新营地。这个村子可能是我见过的最破败的村子。我们将在那里等待多长时间呢？我来到克列缅丘格周边地区，并做好了渡过第聂伯河的准备工作。1941年9月1日，我们向第聂伯河方向前进，随后在1941年9月2日渡过了该河。我们的22吨突击炮搭乘进行了强化处理的16吨渡船过河。截止到17时，所有战斗单位都渡过了第聂伯河。期间，由于渡船开始漏水，一辆突击炮不得不在河道中央转移到另外一艘渡船上。

我们的任务是扩展刚刚在第聂伯河东岸建立的桥头堡。因此，我们希望尽快加入所配属的营。不幸的是，部队在行军途中很快就天黑了，而且我们竟然迷路了。我们的5辆突击炮中有4辆被困在沼泽地中。正当我们将一辆突击炮牵引出沼泽地，另外一辆又陷了进去。这足够让我们气馁的了。我们还得花上3个小时以上的时间摆脱这种困境。当我们抵达集结地时，大伙儿已是筋疲力尽。1941年9月3日，我们与一个工兵部队的突击分队一起向波托基火车站方向行军。但是，我们沿着铁路路基只向前移动了两公里，因为我们遇到了一些苏军精心修建的工事，而且我们根本没有办法对付他们。最终，我军在经历了艰难的战斗，直到1941年9月4日中午才占领了铁路路基和铁路大桥。这座铁路大桥在战斗中只轻微受损。一辆突击炮在战斗中恰巧炸掉了起爆药，从而阻止了苏军彻底炸毁大桥。傍晚，一列苏军装甲列车出现在我们右侧。实际上，这列装甲列车在过去几天中已经多次与我们相遇。这次，我们的步兵扳倒了一条铁轨使其脱轨。

但是，这并没有阻止其开火。我的两辆突击炮立即介入战斗，几次命中了装甲列车，最终将其炸飞上了天空。在我们向铁路线推进的过程中，我们占领了一座苏军补给仓库。我们每个人在这里都得到了大量肉罐头、鱼罐头以及大量白糖和烟草。每个人都在尽可能多地拿走了大量黄油。一路上，大伙儿都很高兴。我们留在该地区警戒，直到9月6日。当时，这里相当安静，只有苏军偶尔的骚扰性炮击会在附近落下几颗炮弹。再次，当我刚准备躺下睡觉时，一发炮弹落在了我的小屋附近，震碎的玻璃砸在了我的脸上。但是，我并没有因此受伤。在一些侦察行动中，我们见到了一座横跨第聂伯河的大型浮桥。1941年9月8日，我们奉命进攻克列缅丘格。我和博比施少尉带着指挥车进入了这座城市，但没有碰到任何敌人。相反，当地的居民用鲜花欢迎了我们。苏军已经系统地摧毁了这座城市。苏军在这里的破坏行为是我此前从未见到过的。在接下来的几天里，我们参加了封闭基辅包围圈的战斗。9月13日，我们被解除了在这里的隶属关系。在前往新行动区域的途中，我们遇到了许多克莱斯特装甲集群的坦克，他们替下了我们在基辅包围圈上的位置。

✚

维尔纳·萨拉蒙少尉就与一列苏军装甲列车交战的行动报告

1941年9月2日，我们从帕夫里西出发，下午搭乘16吨渡轮渡过了第聂伯河。我们已经被配属给了第125步兵师，奉命向部署在伏龙芝的第419步兵团报到。9月3日清晨，我向第419步兵团第3营营长报到。我们的任务是与一个工兵排一起，在上午执行一次地形侦察行动。在我前头出发的第2排，已经开始执行该任务，在新斯亚罗夫卡（Nowosjalowka）和通往北方的铁路路基之间地带遇到了苏军的抵抗。随后，第2和第3排进入了沿村子北面部署的阵地，准备迎击一列装甲列车。当天晚上，一列装甲列车确实出现了，停在波托基火车站前方1公里到1.5公里处，并开始开火。尽管第3排一路运动到了右侧，但仍无法进入可以打击装甲列车的位置，因为后者随后相当迅速地向东北方向撤退了。

尽管如此，诺伊森斯下士（Neusens）仍向装甲列车打了几炮，但都因射程不够，没有击中它。1941年9月4日，那辆装甲列车再次现身。这次，它停在了离火车站更远的地方。第3排的突击炮迅速前出，来到距离被苏军占领的铁路路基约400米处。但是，由于装甲列车已经注意到了他们并迅速撤退，因此他们并没有来得及开火。14时，我们向铁路路基和普肖尔河上的大桥发起了进攻。我们将与第9连一起进攻，夺取铁路路基及其北面一个村子。我们的进攻十分顺利，在很短的时间内便完成了进攻任务。第9连随即在村子北部边缘挖掘散兵坑，而E号和F号突击炮则负责为他们提供警戒。当晚，有报告称那列装甲列车正在向波托基火车站靠拢。第3排的两辆突击炮当即扑向了装甲列车。

特里特上士的E号突击炮运动到了路基左侧，向着苏军方向前进，并第一个向装甲列车开火。这期间，我军沿铁路路基部署的步兵挪走了一根铁轨，从而截停了这列火车。尽管如此，装甲列车仍用几门76.2毫米炮和大量机枪攻击我军。这时，步兵也在用轻型高炮打击这列火车。这列装甲列车前后都有两节平板车厢，在机车头前后各加挂了一节装甲车厢。每节装甲车厢上各有两个炮塔。特里特上士打出了所有穿甲弹，并观察到一些炮弹击中了装甲列车。

同时，诺伊森斯下士的F号突击炮来到了距离装甲列车1200米处，也开火了。由于他所处的位置无法有效打击到装甲列车，于是他下令突击炮继续向前推进。他们来到了距离路基非常近的400米处，才得以击中装甲列车。最终，在步兵的掩护下，他又前进至100米以内，打出了最后一发穿甲弹和一些高爆弹。根据两名车长的报告，他们观察到了一些命中情况。由于天色已经暗下来，两人都无法准确判断炮弹击中装甲列车的具体位置。但是，两名车长都报告称，装甲列车的一些部位在他们的突击炮击中前并没有起火。正是因为突击炮的打击，装甲列车的尾部在1.5到2个小时后发生了一次剧烈爆炸而被炸得七零八落。遗憾的是，也正是这次爆炸，让我们之后根本无法判断突击炮的准确命中位置。次日上午，我仔细查看了这列装甲列车，在第一节装甲车辆上发现了几处被突击炮75毫米主炮命中的

■ 1941年9月4日，第3连的两辆突击炮在与一列苏军装甲列车的交战中，迫使其因发生剧烈爆炸而被摧毁。上图及下图为一些德军士兵在次日上午检查这列装甲列车的受损情况。

■ 诺伊森斯下士的 E 号突击炮和特里特上士的 F 号突击炮给这列装甲列车实施了决定性的打击。上图为装甲列车尾部发生剧烈爆炸后的景象。下图为几名德军步兵正在脱轨的一节车厢旁警戒。

痕迹。我们的炮弹击穿了车厢的装甲，但是由于炮弹是在车轴高度炸开的，因此并没有给装甲车厢带来损伤。火车头则几乎没有受到什么损伤，可以看到一些被反坦克炮和突击炮击中时的跳弹痕迹。一些穿甲弹击穿了火车头的管线和下部装甲，但只是击穿，并没有给它带来二次伤害。我的观点是，那节车厢发生的爆炸是被我们的突击炮命中所引起的。

1942年4月24日的1份与苏军坦克交战的行动报告

南方集团军群大本营　　大本营，1942年4月24日

作战部副部长，第2644/42号文件

机密

事由：与苏军坦克交战的经验

至：德国国防军最高统帅、陆军总参谋部和训练总监

如下附件为一份来自第197突击炮营（第11集团军）用于评估的行动报告。这份报告特别是对刚抵达东线，没有战斗经验的部队尤其有用。这些经验收集于第11集团军在刻赤半岛成功的防御战。

至：战区野战部队指挥官

参谋长

作战部副部长签署（签名）

第197突击炮营　　营指挥所

1942年4月2日

营作战军官，第216/42号文件，　机密

1942年3月，我们连在刻赤半岛与苏军坦克交战的作战报告

1942年3月初，我营在第42军的作战区域沿着该军的防线，部署了两个具备作战能力的连。从1942年3月13日至16日和1942年3月19日，苏军以中型、重型和超重型坦克在该地区发动了一系列进攻，我部在我军胜利的防御行动中做出了显著贡献。在这些行动中，我营共击毁了70辆坦克。除此之外，部队还曾与苏军步兵、反坦克炮等单位交战。这是我营第一次参加对抗大量坦克进攻的防御行动。在这些行动中，部队得到的主要经验如下：

1. 突击炮执行反坦克任务

作为一种鲜明的进攻性武器，突击炮在防御战中通常应进行抑制性部署，在敌军突入我军主防线时，立即执行经过深思熟虑的反击行动。目前看来，当敌军以占据数量优势的坦克、步兵和炮兵成功突入我军主防线时，而我军小规模的步兵兵力发起的反击，即使在突击炮的支援下，通常不会获得成功。因此，我军应将最小的突击炮单位——一个排的三辆突击炮，以梯队形式直接部署在主防线上或主防线身后。他们的任务是阻止敌军坦克及其身后的步兵突入我军主防线。

2. 行动准备工作

在选择集结地时，应根据地形，敌军最有可能实施的进攻类型，以及敌军坦克进攻的路线和方向，尽可能寻找隐蔽的位置作为集结地。另外，部队应尽可能与友军步兵制定好合作细节。部队应在集结地附近或集结地内部署观察哨。应采用一切可能的措施为突击炮找好掩护和隐蔽。如有必要，部队应

挖掘好防御工事。被击毁的苏军坦克可以接连数日作为突击炮最好的掩体。应确定一条尽可能隐蔽的路线，用于突击炮在白天进行弹药补充作业，以及向前线输送补充人员。

3. 单排部署方式

各排应于拂晓前进入位于主防线身后的待命区域，然后在夜色降临时撤回。在进入或退出待命区域时，如遭遇敌军，应避免行动受到干扰或损失车辆。夜间用突击炮防御坦克进攻没有意义。突击炮排在部署时应尽可能做好掩护措施：排长座车应尽量部署在前方，其他两辆应分散部署在排长座车身后200米至300米处，并做好身后的保护措施。部队应不间断地观察敌军区域，观察敌军的动向，尤其是装甲车辆的动向，并注意发动机的噪音。

4. 战斗

排长应通过电台下达命令，将他的排带领至敌军接近方向的侧翼，并查明苏军的坦克进攻行动，这样便可以不用顾忌自身暴露的侧翼。如此部署，部队可以有效地打击敌军，相比从正面进攻，突击炮可以更好地从侧面攻击敌军。最重要的时候，从侧翼发起进攻可以达成更好的突然性，为此应以单辆突击炮实施佯动，欺骗敌人。但是，这两项部署都必须建立在苏军坦克视野有限的前提下（坦克的舱盖都为关闭状态）。这种战术更容易达成目的，由于苏军坦克经常从侧面或至少以一定角度进攻我军的主防线，以此专注于突破的意图，而我军的大多数突击炮可以各自为战，分配目标。当敌军在800至1000米的距离上发起大规模进攻时，排长应下令全排开火。在这种情况下，突击炮的火力必须迅速和精准。通常，一辆T−34坦克打出一发缺少精度的炮弹时，一辆突击炮可以连续打出3到4发炮弹。当突击炮遭遇敌军，尤其是在与苏军T−34坦克和超重型坦克交战时，突击炮应使用烟雾掩护，频繁并迅速进行转移机动。如有必要，在其他突击炮转移阵地时，排里的一辆突击炮应立即向进攻方发起反击，为其他突击炮提供掩护火力。通过这种战术，突击炮营度过艰难的防御战时期，而在与敌军坦克的交战中仅全损一辆突击炮。由于友军步兵的撤退，我们无法抢救出这辆突击炮，相反只能将其炸毁。

5. 友军步兵的行动

在任何情况下，即使一些苏军坦克已经获得突破，友军步兵必须坚守主防线，是突击炮获得这种防御战斗胜利的先决条件。这种战术只能在苏军坦克与步兵的协同进攻初期进行。苏军的步兵将遭受严重伤亡（其中大部分由突击炮的弹跳炮火所造成）。随后，苏军坦克只能孤军前进。但是，如果苏军步兵注意到我军步兵正在后撤，其会立即跟进并在我军的主防线上巩固阵地，那么正如以往所提到的那样，我军立即发起反击将会遇到严重伤亡且不会获得胜利。在最近的几次战斗中，我们击毁了大量坦克（其中一些已经突入我军防线），激励了步兵以此恰当且成功的战术继续战斗。

6. 火力控制和弹药

在遭遇敌军大规模进攻时，突击炮必须在600米以内开火，部队甚至击毁了一些距离更远的车辆。在某些情况下，苏军坦克会在1000至1200米处停车并开火。在这种情况下，突击炮在几乎毫无遮挡的开阔地带上根本无法前进至更近的距离。除此以外，由于友军的地雷或友军炮兵实施的掩护炮火，突击炮亦无法运动至主防线前沿地带。在与苏军中型坦克交战时，使用撞击引信，有时使用延迟引信，可以确保100%击毁坦克。以T−34坦克为例，应使用撞击引信和38型穿甲弹，在600米以内或有时在800米以内向其开火，可以将其击毁。击毁苏军坦克的有效性包括：完全摧毁坦克的整个行走机构，完全摧毁其内部机构，消灭整个车组，或在许多情况下导致其立即起火。如果在更远的距离遭遇T-34坦克，应使用撞击引信和穿甲弹实施距离校正射击，在进行有效火力射击时，穿甲弹应交替使用撞击引信和延迟撞击引信。我营使用这种交火方式，击毁了大量苏军车辆。如果击中了坦克，但并没有观察到击毁效果时，因立即叫停交火，并等待坦克行进至更近的地点。当一辆突击炮在1200米距离上遭遇一辆52吨坦克时，我们观察到了坦克并击中受损，但其并没有失去作战能力。在这类战斗中，我们必须预想到弹药消耗量将相当高，毕竟除了装甲车辆外，突击炮还要对付步兵、反坦克炮和火炮。为此，每辆突击炮除各自携带100发炮弹外，部队还应在集结地预存足够的弹药。突击炮必须在敌军的进攻被击退后补充弹药。因此，我们营最后一辆装甲弹药运输车时常往来于运送更多补给的路上。

7. 总结

在大多数情况下，我们仅以一个突击炮排，依靠一种富有想象力的专业指挥方式和充足的弹药储备，便能击退敌军装甲部队发动的一次大规模进攻。这其中的关键要素为：奇袭敌军，从侧翼进攻，同时开火，保证高速和精准的火力。在有效距离上率先开火将获得胜利。突击炮排的排长和所有乘员接受过严格训练，并进行团队协作，亦是获得胜利的一个重要因数。如果他们能够在与数量上占据优势的苏军坦克的战斗中坚持下来，他们必将保持住自信，而胜利也将伴随他们。

签字：营长 施泰因瓦赫斯少校

在刻赤半岛以及进攻塞瓦斯托波尔的行动报告

副本

机密

第197突击炮营　　　　地点机密

1942年7月9日

营作战军官 作战报告

1942年5月8日至22日在刻赤半岛以及6月7日至7月1日进攻塞瓦斯托波尔的行动报告

作为1942年4月2日和8日报告的补充，以及39型穿甲弹（1942年5月31日）的使用报告，这份报告涉及到了如下重要经验：

1. 在刻赤半岛行动中获得的战术经验；
2. 在塞瓦斯托波尔外围行动中获得的战术经验；
3. 反坦克防御作战经验；
4. 弹药使用经验；
5. 对突击炮进行爆破；
6. 通讯。

1. 在刻赤半岛行动中获得的战术经验

在行动发起前，就进攻行动如何进行，部队与步兵、战斗工兵部队多次进行了协同演习和深度探讨。尤其是，确定如何与战斗工兵合作克服不同类型的雷场和铁丝网障碍区，以及帕尔帕奇壕沟，将非常重要。这里，战斗工兵单位携带的装备包括：三挺轻机枪、一支反坦克步枪、4个燃烧瓶、一些发烟罐、炸药包、地雷探测器、挖掘工具和爆破筒，以及足够的炸药、爆破器材、柴捆和突击梯。战斗工兵制作了一些低矮的雪橇，用于运送部分装备。这些雪橇由装甲弹药运输车牵引。战斗工兵在行动前于夜间在友军的雷区上建立行军通道并做相应的标记。另外，他们在此工作中得到了相应的指导。友军的炮火事先部分破坏敌军的铁丝网障碍，战斗工兵接着使用爆破筒拓宽铁丝网障碍区内的通道。当战斗工兵清理掉残余的铁丝网后，由他们打通的通道的宽度至少达到了5米。与前卫步兵单位一起行动的战斗工兵探雷小组负责探察敌军的雷区，并在突击炮前方打开通过雷区的通道。战斗工兵探雷小组一旦发现雷场，应立即通过手势让突击炮停车。扫雷小组随后在突击炮、火炮和步兵重型武器的掩护火力下，迅速进行扫雷作业，在必要时候还应利用烟雾屏障进行掩护。突击炮随后在指引下穿过通道。穿过雷区后，突击炮应立即横向散开。在这种行动中，战斗单位接受过战斗工兵部队地雷专家如何辨识敌军地雷和清除方法的培训，将十分有利于行动。这种行动的主要难点在于如何辨识我军的前沿雷场的边界。

反坦克壕沟

在步兵清理反坦克壕沟内及其附近的地雷，并布设用于炸平反坦克壕沟沟壁的炸药时，突击炮为其提供了掩护火力。爆破进行后，突击炮应在战斗工兵的手势信号引导下通过通道。一些情况下，敌军自行修建的通道也完好无损地落入我军手中。通过反坦克壕沟后，突击炮尽快与步兵建立了联系。个别战斗工兵排此时将被抽调出执行其他任务。突击炮与步兵、战斗工兵的合作非常优秀。尽管敌军的雷区十分严密，并用炮火、反坦克炮、迫击炮、反坦克步枪和狙击手进行了顽强抵抗，部队仍在进攻首日的中午通过了帕尔帕奇壕沟。根据陆军总司令部的命令，我营依照教学电影《突击炮与战斗工兵》(Assault Guns and Combat Engineers)对行动所获得的经验进行了评估。接下来的进攻行动证明了部队在之前所学到的一些作战基本原则的正确性。这些基本原则包括：突击炮单位在行动中的整体性，在主攻方向的阵型，一个排三辆突击炮的作战准则，在行动中与步兵保持密切联系期间的行动灵活性，以及地形侦察和营长亲自侦察最前沿地带。

2．在塞瓦斯托波尔外围行动中获得的战术经验

这次进攻所需要通过的地形——卡梅奇利峡谷及其西南方地区，与我营在1941年12月的进攻行动中的地形非常类似。此地被认为更难让步兵和突击炮单位通过。此地的植被正在疯长，某些地带的野草已经长到了一人多高，因此该地区现在已经难以突破。这期间，敌军通过修建大量野战防御工事、狭窄且很深的壕沟和只露出地面一点点经过精心伪装的地堡，显著强化了其在该地区的防御体系。另外，敌军在该地布置了一些不规则的宽大雷区。我们的视野时常只有几米远。地雷、陡坡和狭窄的隘道严重限制了突击炮的机动性。在没有步兵直接支援的情况下，突击炮孤军进入该地区行动，亦是被禁止的。而且，在这种地形上，突击炮会被无法发现的敌军反坦克步枪在极近距离上击穿，或遭到燃烧瓶的进攻而失去作战能力。

我军以前从未曾有过如此经历，突击炮在某个作战区域内因缺少近距离防御武器，将会如此的不利。因此，我们建议在突击炮内加设一挺机枪，并且如有可能加设一具火焰喷射器，突击炮的另一项

不利之处在于38型榴弹，由于该弹缺少延迟设计，其会在非常近的距离提前炸开，会严重威胁到友军步兵，同时无法有效对付隐蔽在植被中的敌军地堡。在这种环境中部署突击炮确实是一种非常不负责任的行为。尽管存在诸多不利因数，我们通过不断地审视各项限制行动的因数，最终克服了这些巨大的困难。在许多情况下，突击炮从可以观察整个战场的地势较高的地点为部队提供火力支援。

如有可能，应在抵达进攻目标后，才从侧翼实施这种进攻战术。该战术的最大困难在于辨别友军部队进军界限。我军在盖坦尼（Gajtani）山西坡和乔尔纳亚（Tschornaja）前方的进攻停滞时，为了向那里提供绝对必要的火力支援，我们的突击炮因无法翻越陡峭的斜坡，因而穿过了马卡谢维－戈雷（Makansiewy–Gory）东面的一条铁路隧道。在随后的逐屋争夺战中，我军的进攻在一到两辆突击炮和两辆自行高炮的支援下获得了很好的效果，高炮在突击炮身后运动时消灭了房顶和楼房内的敌军。

3．反坦克防御

在刻赤半岛，尤其在塞瓦斯托波尔外围，敌人坦克只以小股单位出现在我们营面前。我们一共击毁了50辆坦克。部队在这里收获的经验与1942年3月在刻赤半岛防御战中收获的经验类似。

4．弹药：配38型撞击引信38型75毫米炮弹

在常规的岩石地形上，尤其是在斜坡地形上，该弹出现哑弹或跳弹的数量相当少。该弹对付石崖上的轻型工事差强人意。但是，该弹的引信非常敏感，使其即使细微擦到树枝都会提前引爆。因此，该弹无法用于对付隐蔽在植被后面的地堡，而且还会危及到友军步兵。我们故意让炮弹在隐蔽于堑壕内的敌军上方植被处提前爆炸，从而有效杀伤敌军。我们在1942年5月31日的报告《第272/42号绝密文件》（No. 272/42 SECRET）中所提及的具体经验，现在又大体上得到了印证。38型炮弹完全不适合单一地作为突击炮的炮弹。需要指出的是，我们营已经因38型炮弹发生了第二起炸膛事故。

5．对突击炮进行爆破

某次，一发飞机曳光弹打穿了舱盖，引爆了根据条例与引信分开储存的炸药，导致全损了一辆突击炮。因此，部队认为，在炮弹没有组装好引信之前，应将炮弹存在保护容器中，以此保护车内的炮弹。使用汽油焚毁，或使用手榴弹将其炸毁，或用另外一辆突击炮将其击毁，可以让敌军无法使用我军失去机动能力的突击炮。

6．通讯

这两次作战行动都证明，对于部队保证严格的战斗纪律和战术恰当性上，无线电通讯系统非常关键。因此，我们营希望在近期内为我们提供一辆无线电通讯车。我们已经损失了无线电通讯车，也曾反复提出这方面的要求。与步兵指挥官进行分析讨论会议，研读敌军形势报告，进行地形侦察等措施，以及营长对突击炮深思熟虑后的当机部署，最终证明都是非常出色的。

签字：营长 施泰因瓦赫斯少校

第八章
附　录

第197突击炮营历任营长

赫尔穆特 · 克里斯特少校，1940年11月25日至1941年9月9日；

库尔特 · 冯 · 巴里扎尼上尉，1941年9月9日到10月；

海因茨 · 施泰因瓦赫斯上尉，1941年11月1日到12月1日；

赫尔穆特 · 克里斯特少校，1941年12月；

海因茨 · 施泰因瓦赫斯少校，1942年1月到1943年4月1日。

1941年4月9日至1943年6月12日，第197突击炮营的行动大事记

1941年4月9日：突破南斯拉夫边境线；

1941年4月10日至22日：远征南斯拉夫，期间并未参加任何战斗。

在苏联的行动

1941年6月22日至7月12日：沿着在比萨拉比亚（Bessarabia）、加利西亚和沃尔尼亚（Wolhynia）的边境线作战；

1941年6月22日至28日：沿着布格河和斯特里河之间地区的边境线作战；

1941年6月23日至7月12日：在斯特里河和“斯大林”防线之间地区作战；

1941年6月25日至7月4日：渡过戈伦河朝着“斯大林”防线挺进；

1941年7月2日25日：向基辅方向突破，挺进至第聂伯河地区；

1941年7月2日至25日：突破“斯大林”防线；

1941年7月8日至16日：在库德诺－别尔基切夫地区作战；

1942年7月11日至24日：基辅郊外执行警戒任务；

1941年7月1日至24日：在日托米尔北部地区作战，向第聂伯河方向追击敌人，进攻渡过第聂伯河；

1941年7月26至29日：追击苏军至第聂伯河；

1941年8月31日至9月12日：进攻渡过第聂伯河；

1941年9月13日至10月5日：追击苏军，经过波尔塔瓦；

1941年8月21日至9月27日：参加基辅战役；

1941年10月1日至10日：向顿涅茨方向追击苏军；

1941年10月1日至10日：沿着普肖尔河和沃斯克拉河（Worskla River）与苏军交战；

1941年10月17日至25日：在基辅和别尔哥罗德地区作战；

1941年10月26日至11月6日：部署在作战地区，进行休整。

克里米亚的行动

1941年11月17日至12月16日：在克里米亚执行警戒防御任务；

1941年12月17日至31日：进攻塞瓦斯托波尔；

1942年1月1日至18日：在费奥多西亚西北周边及西北地区作战；

1942年1月19日至5月7日：沿着帕尔帕奇防线进行防御战；

1942年5月8日至21日：在刻赤半岛作战，并夺取刻赤城；

1942年5月22日至6月1日：在克里米亚执行警戒防御任务；

1942年6月2日至7月4日：进攻并夺取塞瓦斯托波尔要塞；

1942年7月5日至31日：在克里米亚执行警戒防御任务。

1942年在东线的进攻行动

1942年8月1日至25日：在沃罗涅日参加防御战；

1942年8月26日至1943年1月21日：在中央集团军群战区内进行阵地战；

1942年8月26日至9月12日：在别廖夫－科泽利斯克－苏奇尼奇（Belew–Koselsk–Szuchinitschi）以南地区进行进攻和防御作战；

1942年9月13日至1943年1月20日：部署在作战地区；

1943年1月21日至6月12日：部署在本土。

第197突击炮营的金质德意志十字奖章获得者

弗里茨 · 施罗德尔军士长（1915年6月29日 －？），作为第197突击炮营第1连排长期间，于1942年4月11日获得金质德意志十字奖章，签发机构为南方集团军群所属第11集团军第42军。此前，他因1942年3月13日在图卢姆奇克的战斗中表现出色，而获得了元首嘉奖证书。施罗德尔曾在1941年7月13日和9月26日先后获得二级和一级铁十字勋章。

乌尔里希 · 布林克中尉（1916年3月28日 –1945年1月15日），作为第197突击炮营第1连连长，于1943年1月8日获得金质德意志十字奖章，签发机构为B集团军群所属第2集团军第55军。布林克中尉此前分别于1939年和1941年7月13日获得二级和一级铁十字勋章。1945年1月15日，布林克作为第227突击炮旅旅长，在东普鲁士施洛斯贝格（Schlossberg）附近的战斗中阵亡。

海因茨 · 施泰因瓦赫斯上尉（1897年10月5日 －？），作为第197突击炮营营长，于1942年3月25日获得金质德意志十字奖章，签发机构为南方集团军群所属第11集团军第54军第22步兵师。施泰因瓦赫斯上尉曾在1940年6月21日和1941年4月21日先后获得二级和一级铁十字勋章，其在一战期间也曾获得过这两款勋章。

格拉尔德 · 德 · 拉 · 雷诺提尔中尉，作为第197突击炮营第3连连长，于1942年7月28日获得金质德意志十字奖章。

■ 海因里希 · 施泰因瓦赫斯日后晋升为中校，后在1944年4月15日以第116装甲炮兵团团长身份获得了骑士十字勋章。1972年1月6日在第二故乡南非去世。

橡叶饰骑士十字勋章获得者约翰内斯 · 施皮尔曼少校

1916年12月29日，约翰内斯 · 施皮尔曼出生于德国与瑞士边境小城劳芬堡（Laufenburg）。1936年10月1日，尚未年满20岁的施皮尔曼加入了帝国青年义务劳动军。一年后的1937年11月5日，他正式参军入伍，在多瑙艾辛根（Donaueschingen）加入第5炮兵团第2连。

完成基础训练后，施皮尔曼于1938年4月先后在多瑙艾辛根和皮尔森（Pilsen）参加了候补军官培训课程。1939年10月13日，他被分配到了第5轻型炮兵补充团第1连，同年11月22日又被调回到第5炮兵团第1连。1940年2月1日，施皮尔曼在多瑙艾辛根成为伊格曼炮兵连（Igman Battrie）的连军官，并在一个半月后转入第401炮兵团第1营担任连军官。

1940年5月1日，施皮尔曼被调入第206炮兵团第1营，继续担任连军官，并参加了西欧战役。1940年11月16日，他被正式列入德国陆军总司令部军官人才库，同时被调入了驻于特博格的第2（摩托化）炮兵教导团第6营，从而转入突击炮部队。

1940年11月25日，施皮尔曼成为新组建的第197突击炮营第1连的一名排长。1942年3月27日，施皮尔曼因在克里米亚地区连续击毁大量苏军坦克，而被授予了骑士十字勋章，成为第197突击炮营第一位骑士十字勋章获得者。1942年5月8日，他又被任命为第197突击炮营第1连代理连长。第197突击炮营被改组为第653重装甲歼击营后，他又在1943年4月1日成为该营第1连连长。

1943年7月5日，施皮尔曼在东线奥廖尔地区严重受伤，因而不得不在医院中养伤12个月。1943年11月17日，施皮尔曼的行政关系被调入了第200突击炮补充与训练营。1944年8月8日，伤愈复出的施皮尔曼正式来到该营报到，随后在1944年9月4日被任命为第202突击炮旅代理旅长。1945年1月9日，施皮尔曼正式被任命为该旅旅长（生效日期为1945年1月1日）。1945年3月28日，施皮尔曼以第202突击炮旅少校旅长身份，在库尔兰包围圈内成为德国国防军第804名橡叶饰骑士十字勋章获得者。施皮尔曼少校于1945年5月10日向盟军投降，后在1946年6月8日获释。2005年8月14日，这位参加过西欧战役、巴尔干战役和苏德战争等一系列战役的老兵，因年迈在家乡劳芬堡去世。

骑士十字勋章的官方推荐理由

1942年2月27日，苏军沿着帕尔帕奇战线和刻赤狭地发起了旨在夺回克里米亚的攻势。最初，第197突击炮营第1和第2连被部署在46步兵师作战地区，随后转到了第170步兵师地段，接着与第213步兵团并肩战斗。1942年3月13日，53辆苏军坦克在步兵的伴随下发动了进攻。施皮尔曼的排受命迅速进入第213步兵团（希茨菲尔德战斗群）的左翼后方。施皮尔曼少尉随后带领6辆突击炮挡住了苏军的进攻。期间，两辆突击炮因触雷履带受损，失去了行动能力。根据战地记者奥托－维尔纳 · 弗兰克（Otto-Werner Frank）的一篇报道：“施皮尔曼在这场不平等的交战中击毁了13辆坦克，军士长施罗德尔则击毁了8辆坦克；我军的4辆突击炮在战斗中总共击毁了44辆坦克。”

南方集团军群发布于1942年3月14日每日报告曾这样描述道：“第197突击炮营的一个排在施皮尔曼少尉的指挥下，在1942年3月13日和14日一共击毁了14辆敌军坦克。在这个只有一条薄弱步兵战线的地区，他对取得辉煌胜利防御战做出了巨大贡献。”一天后，《国防军公报》这样报道到：“在刻赤半岛的战斗中，某突击炮营某排在施皮尔曼少尉的指挥下，在1942年3月13日和14日击毁了14辆敌军坦克。”1942年3月15日和3月16日，施皮尔曼少尉指挥他的排又分别击毁了7辆和11辆坦克，再度创造了伟大的胜利。1942年3月19日，第213步兵团报告称施皮尔曼少尉和他的手下又击毁了9辆坦克。

第213步兵团团史摘录

在第213步兵团团史中曾这样写道：“施皮尔曼少尉的突击炮排在本团战区内一共击毁49辆坦克的那段时期，让所有步兵们都非常高兴。施皮尔曼等人仅在4天时间里便击毁了35辆坦克，其中包括数辆超重型坦克。因此，我们团推荐向这名一如既往严守职责、英勇的突击炮指挥官，授予其骑士十字勋章。当然，他后来获得了这枚勋章。”

其他信息

1942年5月8日，在第50步兵师的作战地区，施皮尔曼中尉被任命为第1连代理连长。在与第50步兵师一起进攻塞瓦斯托波尔期间，施皮尔曼中尉再度脱颖而出。施皮尔曼中尉的连队为进攻一座严密防守的山头提供了支援；苏军在此地埋设了大量地雷，并在炸开的山崖上修建了大量堡垒和野战工事。尽管施皮尔曼中尉在这次行动中第7次受伤，但他仍留在突击炮上指挥连队作战，直至肃清了敌军。

1942年6月13日，《国防军公报》这样报道到：“在塞瓦斯托波尔外围的战斗中，某突击炮营的骑士十字勋章获得者施皮尔曼中尉和某步兵团的连弗兰克中尉（Frank），做出了特殊的英勇表现。”

橡树叶饰骑士十字勋章的认定书

在医院中度过了12个月的康复期后，施皮尔曼被任命为第202突击炮旅旅长。他带领这支部队走向了胜利。1944年10月，该旅在图库姆（Tukkum，拉脱维亚境内）作战。1944年圣诞节期间，他们又战斗在弗劳恩堡(Frauenburg，今波兰北部港口小镇弗龙堡)。从其在1941年春天组建到1944年年底，第202突击炮旅一共击毁了1000辆坦克。1944年12月29日，施皮尔曼上尉的名字第三次登上了《国防军公报》：“我军继续在西线、匈牙利和库尔兰奋战。在库尔兰的三次防御战役中，敌军损失了1235辆坦克。这其中大量坦克可以归入骑士十字勋章获得者施皮尔曼上尉指挥的突击炮旅帐下，该旅至1944年12月27日的总战绩已经累计到1000辆坦克。在东线北部的最近5个月战斗中，该旅共击毁了273辆坦克。”

在第三次库尔兰战役中，第202突击炮旅再度出现在了弗劳恩堡南面和多贝伦（Doblen）北面的作战热点地带。除消灭了大量步兵目标外，该旅的突击炮仅在那里的三天战斗中便击毁了44辆坦克和10门反坦克炮。如此，该旅的总战绩已经上升为1017辆坦克。在过去的几个月中，施皮尔曼上尉带领部队一如既往地在最前沿指挥每一次进攻。由于他的旅在第三次库尔兰战役中阻挡了敌军的一次突破行动，因此在被晋升为少校后获得了橡叶饰骑士十字勋章。

其他勋奖章和奖励

1943年7月13日：二级铁十字勋章；

1941年8月5日：普通突击章；

1941年9月11日：银质战伤勋章；

1941年9月26日：一级铁十字勋章；

1941年10月31日：金质战伤奖章；

1942年3月28日：获得元首嘉奖证书；

1942年6月13日：获得元首嘉奖证书；

1942年9月12日：东线冬季作战勋章；

1942年11月11日：克里米亚盾章。

军衔晋升时间

1938年10月1日：二等兵和候补军官；

1939年6月1日：下士；

1939年10月1日：炮兵上士；

1940年2月1日：预备役少尉；

1942年2月1日：少尉（职务军衔，1942年2月1日生效；资历军衔于1940年1月1日生效）；

1942年3月14日：中尉（1942年2月1日生效，而资历军衔于1942年3月1日生效）；

1943年2月15日：上尉（1943年1月1日生效）；

1945年2月14日：少校（1945年3月1日生效）。

■ 左图为1942年4月11日，第42军军长弗朗茨·马滕克洛特上将（Franz Mattenklott）在克里米亚的斯拉尔里（Slary）授予施皮尔曼中尉骑士十字勋章之后，正与营长施泰因瓦赫斯上尉握手。一个星期前，也就是1942年4月4日，马滕克洛特上将也恭贺了施泰因瓦赫斯上尉荣获金质德意志十字奖章。

■ 下图为1942年5月初，佩戴着骑士十字勋章的施皮尔曼中尉在一辆突击炮前听取手下的报告。

■佩戴着骑士十字勋章的约翰内斯 · 施皮尔曼。

■ 佩戴着骑士十字勋章的约翰内斯 · 施皮尔曼。

■ 在经历了长期的东线艰苦作战后，第197突击炮营终于可以返回德国。这让全体官兵的情绪十分高涨。图为施皮尔曼中尉和施泰因瓦赫斯上尉开怀大笑地面对着镜头。

■ 图为佩戴着骑士十字勋章的施皮尔曼中尉正在用斧头劈柴火。

第九章
第 197 突击炮营车辆涂装范例

■ 1941 年 3 月德国西里西亚地区布里格，第 197 突击炮营第 1 连 C 号突击炮（ 三号 B 型突击炮 ）涂装电脑模拟图。

■ 1941 年 5 月南斯拉夫，第 197 突击炮营第 1 连马道斯上士的 A 号突击炮（ 三号 B 型突击炮 ）涂装电脑模拟图。

1942年克里米亚半岛，第197突击炮营第1连马道斯上士的A号突击炮（三号C型突击炮）涂装电脑模拟图（左前侧视图）。

1942年克里米亚半岛，第197突击炮营第1连马道斯上士的A号突击炮（三号C型突击炮）涂装电脑模拟图（右前侧视图）。

1942年克里米亚刻赤半岛，第197突击炮营第3连的一辆三号B型突击炮涂装电脑模拟图（左前侧视图）。

1942年克里米亚刻赤半岛，第197突击炮营第3连的一辆三号B型突击炮涂装电脑模拟图（右前侧视图）。

1942年12月俄国斯帕斯杰缅斯克，第197突击炮营第1连弗林特罗普下士的E号突击炮（三号E型突击炮）涂装电脑模拟图（右前侧视图）。

■1942 年 12 月俄国斯帕斯杰缅斯克，第 197 突击炮营第 1 连弗林特罗普下士的 E 号突击炮（三号 E 型突击炮）涂装电脑模拟图（左前侧视图）。

■1942年克里米亚半岛，第197突击炮营第3连比尔曼上士（Biermann）的三号F型突击炮的涂装电脑模拟图（左前侧视图）。

1942年克里米亚半岛，第197突击炮营第3连比尔曼上士的三号F型突击炮的涂装电脑模拟图（左后侧视图）。

1942年12月俄国乌特里科瓦，第197突击炮营第1连塞茨中尉的三号F型突击炮涂装电脑模拟图（左前侧视图）。

1942年12月俄国乌特里科瓦，第197突击炮营第1连塞茨中尉的三号F型突击炮涂装电脑模拟图（右前侧视图）。

■1942年12月俄国乌特里科瓦，第197突击炮营第1连塞茨中尉的三号F型突击炮涂装电脑模拟图（左后侧视图）。

1943年1月俄国伊波特－维索科耶，第197突击炮营第1连亨宁下士的三号F型突击炮（出厂编号91284）涂装电脑模拟图（右前侧视图）。

1943年1月俄国伊波特－维索科耶，第197突击炮营第1连亨宁下士的三号F型突击炮（出厂编号91284）涂装电脑模拟图（左前侧视图）。

1943年1月俄国伊波特－维索科耶，第197突击炮营第1连亨宁下士的三号F型突击炮（出厂编号91284）涂装电脑模拟图（右后侧视图）。

参考文献

[1] Roger James Bender. Uniforms, Organization and Histroy of Panzertruppe. Bender Publishing, San Jose. 1980

[2] Paul Carell. Unternehmen Barbarossa. Ullstein−Verlag. Fankfort am Mein. 1978

[3] Peer Fellgiebel. Die Ritterkreuzerträger des Eisernen Kreuzes 1939−1945. Podzum−Verlag. Bad Nauheim. 1986

[4] Wolfgang Fleischer. Die deutschen Sturmgeschuetze 1939−1945. Podzum−Pallas−Verlag.Woelfersheim−Berstadt. 1966

[5] Joachim Engelmann, Horst Scheibert. Deutsche Artillerie 1939−1945. C.A. Stark Verlag. Limberg. 1974

[6] Franz Kurowski, Gottfried Tornau. Sturmartillerie 1939−1945. Motorbuch Verlag. Stuttgart. 1994

[7] Werner Haupt. Krim, Stalingrad Kaukasus−Die Heeresgruppe Sued 1941−1945. Podzum−Verlag. Bad Nauheim.1977

[8] Edwin Kapitz. Verbaende und Einheit der Sturmartillerie. Selbstverlag. Hammelburg 1998.

[9] Walter Spielberger. Sturmgeschuetz. Motorbuch Verlag. Stuttgart. 1991

[10] Sturmgeschuetz vor. Ein Buch der Sturmartillerie von Oblt.Dr.Werner Mueller Verlag. Berlin. 1944

[11] Franz Thomas. Sturmartillerie im Bild 1939−1945. Biblio−Verlag. Osnabrueck. 1986

[12] Gerhard Taube. Festung Sewastopol. Verlag E. S. Mittler & Sohn GmbH. Hamburg−Berlin−Bonn. 1995

[13] Kriegstagebuch der 1. Battrie StuG. Abt. 197 （Zeitraum November 1940−1943）.Im Kopie im Archiev des Verfassungs.